_____ 님께

언제나 용감하게 당당하게
여러분의 인생을 만들어가세요.

_____ 드림

언니의 독설

흔들리는 30대를 위한

언니의 독설

김미경 지음

21세기북스

언제나 용감하게
당당하게

~~~~~~~~~~~~~~ 요즘 많은 팬들이 저와 SNS로 소통합니다. 그중에 적지 않은 팬들이 이런 메시지를 보내주곤 합니다.

"『언니의 독설』덕분에 직장 때려치우려던 마음을 다잡고 지금 열심히 일하고 있습니다. 그때 그만 안 두길 정말 잘했어요. 감사합니다."

"돈 관리를 못해 맨날 마이너스 인생으로 살다가『언니의 독설』보고 그때부터 적금 들기 시작했어요."

출간한 지 벌써 5년도 더 된『언니의 독설』을 읽는 독자들이 아직도 많다는 것, 그리고 제 독설이 여전히 통한다는 점이 놀랍고 기뻤습니다. 시간은 흘렀지만 독설이 여전히 필요한 이유는 무엇일까요? 아마도 여자에게 가장 '치명적인 나이'가 30대이기 때문은 아닐까요?

30대는 여자가 할 수 있는 모든 고민이 뒤죽박죽 한꺼번에 몰려오는 시기입니다. 이 나이를 통과하며 우리는 여러 번 중대한 선택의 기로에 놓입니다. 이 사람하고 정말 결혼해야 할까? 아이를 낳아야 하나, 말아야 하나? 일을 계속해야 하나, 그만둬야 하나? 내 꿈은, 도대체 뭐지?

내가 어떤 사람이고 어떤 인생을 살 것인가에 대한 모든 고민을 집중적으로 하는 나이, 그것이 바로 30대라는 것이죠. 실제로 제가 만나본 많은 여자들이 30대에 내린 결정으로 인생이 180도 바뀌기도 합니다. 한 번의 선택이 삶에 어마어마한 변화를 불러올 수 있다는 것을 알기에, 30대는 끊임없이 흔들릴 수밖에 없습니다. 또 그래야 정상이고요.

30대가 이렇게 힘든 시기이기 때문에 어쩌면 저 같은 인생 선배가 들려주는 진짜 조언이 필요한지도 모릅니다. 독한 결정을 해야 하니 독하게 고민해야 하고, 현실을 분명히 말해줄 수 있는 독한 충고가 필요한 것이죠. 고민이 있어서 술자리에 나가면 누구는 해라, 누구는 하지 마라, 저마다 말들이 다 다릅니다. 어설픈 위로도 그때는 듣기 좋지만, 고민을 실질적으로 풀어주지 못할 때도 많지요.

그럴 때 조금은 거칠고 오지랖 넓지만 애정 어린 누군가의 독설이 귀에 들어올 때가 있습니다. 『언니의 독설』이 사랑받았던 이유도 제 얘기가 다 맞아서가 아니라 훌륭한 독자들이 독설 아래에 담긴 제 진심을 알아줬기 때문이라고 생각합니다.

　고백하자면 원고를 반말로, 때로는 싫은 소리도 섞어가면서 쓰는 일이 저로서도 쉽지만은 않았습니다. 특히 요즘처럼 위로와 공감이 사회적인 트렌드가 된 세상에서는요. 5년이 지난 지금, 이 책을 다시 펴보면 저조차도 '이렇게 세게 썼나?' 하고 놀랄 때가 있을 정도이니까요. 그러나 욕먹기 싫고 책임지기 싫어서 아무도 싫은 소리를 하지 않는 요즘 세상에, 제가 내는 센 소리가 여러분에게 조금이라도 도움이 된다면, 저는 그걸로 충분합니다. 이 책이 흔들리는 여러분의 30대를 다잡아주고 옳은 선택을 할 수 있도록 도울 수 있다면요.

　사랑하는 독자 여러분, 언제나 용감하게 당당하게 여러분의 30대를 스스로 만들어가세요. '언니'도 옆에서 늘 응원하겠습니다.

2018년 3월

포기하고 싶을 때
언니를 찾아와

~~~~~~~~~~~~ 언니들은 알 거야, 동생이라는 존재의 의미를. 때로는 너무 얄미워서 꼴 보기 싫을 때도 많지만 그 마음 밑바닥에는 애틋함이 있어. 할 수만 있다면 대신 아파해주고 대신 혼나주고도 싶어. 언니는 엄마가 처리해주지 못하는 인생 숙제를 함께 풀기 위해 신이 주신 선물일지도 몰라.

내게는 수많은 동생이 있어. 19년간 강의를 하면서 현장에서 만났던 20~30대 여성들. 처음에는 강사로 만났지만 헤어질 때 나는 늘 '언니'였어. 직장에서의 차별과 아픔, 워킹맘의 애환과 좌절을 얘기하면서 부둥켜안고 여러 번 울었지. 짧은 시간이었지만 우리가 나눴던 찰나의 공감은 서로의 가슴을 뒤흔들었어. 그렇게 나는 너에게 언니가 됐고 너 역시 '세상에서 가장 특별한' 동생이 된 거야.

세상에서 내가 가장
초라해 보이는 나이, 서른 살

〰〰〰〰〰〰〰 서른 살을 이미 넘겼거나 한창 살아가고 있는 너. 힘드니? 그래, 힘들 거야. 왜냐하면 넌 속았거든. 네가 자랄 때까지만 해도 세상은 너에게 모든 기회를 다 열어줄 듯이 굴었잖아. 열심히만 하면 남녀 차별 없이 무엇이든 이룰 수 있다고 배웠지.

적어도 우리 때는 속이지는 않았어. 넌 여자라서 반장 못하고 넌 여자라서 집에 있는 게 당연하다고 대놓고 말했으니까. 그런데 이제는 세상이 달라졌다고 말해. 능력만 있다면 무엇이든지 할 수 있다고 네 등을 떠밀어. 요즘엔 취업 못 한 여자들을 '루저' 취급하잖아.

그런데 막상 직장에서는 어때? 상사와 임원들은 죄다 남자야. 그들의 뇌 구조 속에는 여자를 지지하고 키워줘야 한다는 개념이 없어. 여자들은 지금껏 소수에 불과했으니까. 기득권을 쥐고 있는 남자들의 생각이 20년 전이랑 똑같은데 도대체 세상이 뭐가 달라졌다는 거야? 여전히 남자들은 형님 아우 하면서 밤마다 끈끈한 전우애를 다지고 여자들은 열외시켜.

니들 때문에 출산율 떨어진다고 죄인 취급하면서 막상 임신하면 죄지은 사람처럼 눈치 봐야 하는 게 현실이야. 그러니 과연 마흔 살 이후에도 이 회사에 남을 수 있을까, 불안에 시달리면서 일하는 기계로 살아. 일하는 여자가 아름답다고? 도대체 뭐가? 자기계발은커녕 미용실 갈 시간도 없는 네 서른 살이 정말 아름다워 보이니?

많은 여자가 여기서 좌절하고 안식처를 찾아. 결혼하는 거지. 그러나 행복은 신혼여행까지야. 시댁에 처음 인사드리러 갈 때부터 억울함에 치를 떠는 일들이 벌어져. 일하는 아내, 일하는 며느리가 좋다고 대놓고 말하면 뭐 해. 집구석은 회사보다 더 변한 게 없는데. 아무리 직장에서 잘나가는 과장이면 뭐 하냐고. 명절날 시댁 가서 산더미 같은 설거지 혼자 다하고 어린이집에 애 맡기고 엉금엉금 기어 나와야 하는데. 아이 찾느라 회식 때마다 눈치 보면서 빠지고 회사일 때문에 학교 급식 때 따뜻한 밥 한번 못 펴줘. 남편은 '그러고도 네가 엄마냐?' 부장은 '네가 그러고도 과장이냐?' 양쪽에서 한 대씩 얻어맞으면 살맛이 뚝 떨어지지. 그럼 밤에 혼자 생각해.

'얼마나 더 많이 잃어야 내가 원하는 걸 가질 수 있을까?'

그럼 또 다른 네가 악다구니를 치지.

'고작 이 정도에서 포기하려고 독한 년 소리 들어가면서 몇 년씩 버텼니?'

일과 집 그리고 나 자신과 매일 고독한 전쟁을 벌이는 거야.

10년 전만 해도 넌 기댈 곳이 있었어. 힘들면 회사 선배, 남자친구, 엄마 붙잡고 하소연하면 됐지. 하지만 지금은 온 세상이 다 너한테 기대려고 해. 직장 후배들, 남편, 아이, 시댁 식구들……. 감당하기 어려운 짐을 진 사람의 걸음이 온전할 수 있겠니? 비틀비틀 갈지자로 흔들려. 그래, 그게 너희가 겪고 있는 서른이야.

이 세상에서 내가 가장 초라해 보이는 나이. 초라해지니까 갑자기 멈춰야 할 것 같은 생각이 들어. 불현듯 부장님한테 '드릴 말씀'이 생기는 거야. 실제로 많은 여자가 그 무게에 짓눌려 때늦은 방황을 시작해. 누군가는 갑자기 필리핀이나 호주로 떠나고 누군가는 계획에도 없던 대학원에 가. 무모하고 막연한 변화를 시도하는 거지. 결혼한 여자들은 울면서 집으로 들어갔어.

내가 겪은 아픔을
반으로 줄일 수 있다면

———〜〜〜〜〜〜〜〜——— 나는 그게 너무 화가 나. 가슴속에 뜨거운 것이 끓어올라 미치겠어. 첫 번째는 내 피붙이 같은 동생들을 벼랑으로 내모는 세상에 대해. 그리고 두 번째는 바보같이 도망쳐버리는 너에게. 왜 네 소중한 인생과 꿈을 이런 같잖은 현실과 맞바꾸니? 왜 네 안에 축적된 강한 힘을 보려고 하지 않는 거야? 치열한 20대를 살아오면서 네가 세상에 당하기만 했니? 아냐. 너도 때로는 주먹을 날리고 하이힐로 꽉 밟아버린 게 있을 거야. 답을 찾지 못해 웅크리고 있었더니 어느 날 사라져버린 고민들도 많을 거야. 그렇게 멍들고 때로는 할퀴고 때로는 묵묵히 견딘 그 시간들이 너의 서른 살 속에 지문처럼 남아 있어.

싸움이 필요할 때 물러서지 않는 전투력과 시간이 필요할 때 웃으며 기다리는 지혜. 치열한 20대를 견딘 30대만이 가질 수 있는 선물을 너는 이미 받았잖아. 이제 7부 능선을 넘어 정상이 눈앞에 다가왔잖아. 모르겠니? 그래, 잘 보이지 않을 수도 있어. 그래서 언니가 있잖아. 너희가 겪었던 그 모든 전투를 10년 일찍 치르고 10년 먼저 끝낸 강한 언니. 증평, 그 촌동네에서 태어나 온갖 차별과 무시 속에서도 꿈을 포기하지 않았고 반만년 미풍양속과 더불어 아이 셋과 씨름하면서 결국 꿈을 이뤄낸 여자.

하지만 그 과정은 아주 많이 아팠어. 내가 쏟았던 눈물, 내가 겪었던 아픔을 네가 고스란히 겪게 하고 싶지는 않아. 사랑하는 동생이니까. 딱 절반으로 줄여줄 수만 있다면 그러고 싶어. 그런 마음으로 나는 이 책을 썼어. 무릎을 맞대고 등을 두드려주는 심정으로. 애정이 격해지니 말도 독해졌지. 포기하고 싶을 때마다 나를 일깨운 독설로 너도 일으켜주고 싶었으니까. 네 가슴속에 들어갔다 와본 사람만이 할 수 있는 통찰로 너를 흔들고 싶었으니까. 포기하고 싶을 때 언니를 찾아와. 나는 세상에 하나밖에 없는 특별한 동생을 위해 늘 여기서 널 기다리고 있을 거야.

2012년 10월

03   사랑 •Love

01

꿈 · Dream

네 나이에 집 사면,
그게 자본주의냐?

～～～～～～～ 30대 여자들의 문제가 뭔지 알아? 직장생활 시작한 지 이제 5~6년밖에 안 됐으면서 무슨 대단한 커리어우먼이 된 걸로 착각을 해. 남자들보다 먼저 직장생활 시작해서 또래 남자들보다 경력도 많고 직책도 높잖아. 서른다섯 살쯤 되면 회사에서 자기가 최고 선배인 경우도 많아. 그러니까 남자들이 40대 중반에나 이루는 일을 자기는 35세나 36세에는 해내야 한다고 생각하는 거야. 조로증에 걸린 거지.

게다가 그놈의 드라마가 문제야. TV에서 비쳐주는 30대 커리어우먼들은 하나같이 럭셔리한 오피스텔에 살아. 주말이면 청담동 브런치 먹고 외제차 모는 남친까지 있어. 직장에서도 럭셔리 정장 입고 사람들 앞에서 영어로 프레젠테이션을 멋지게 해. 그러니 30대가 되면 다들 저 정도 하고 사나 보다고 착각하는 거지.

그런데 현실은 어때? 직장생활 9년 차가 넘어가는데 전세 얻을 돈도 없어서 월세로 전전하거나 부모님께 빌붙어 살아. 피부는 점점 칙칙해지는데 남자도 없어. 어쩌다 소개팅 나온 남자들 보면 하나같이 상태가 안 좋아. 직장에서도 영어 잘하는 후배 여자애들 때문에 스트레스 받지, 일이 익숙해지긴 했는데 매일 비슷한 일 하니까 지겹기도 하고 적성에도 안 맞는 것 같아. 화려한 드라마 속 주인공과 초라한 나 사이의 간극이 너무 큰 거지.

사실 나도 그랬어. 스물세 살부터 서른세 살까지 10년을 일했는데 뭐 하나 이루어놓은 게 없었거든. 서른세 살 때 나는 북가좌동의 14평짜리 연립주택 꼭대기에 살았어. 꼭대기 층이니까 여름에 열이 막 내려오잖아. 그럼 더워서 환장하는 거야. 밤마다 코딱지만 한 목욕탕 타일 바닥 위에 얇은 이불 깔고 잤어.

내 30대도 그랬다고. 모아놓은 돈도 없고 하는 일도 전문직이라 부르기 민망할 정도였지. 찔끔찔끔 강의 다니는 걸로는 왠지 불안하고 나라는 인간에게 투자하는 게 맞나, 내가 과연 싹수가 있는 인간인가 끊임없이 고민했어.

그러다 서른다섯 살 때 문득 깨달은 거야. 10년 동안 알게 모르게 나에게 쌓인 커리어와 장점이 어마어마하다는 걸. 사람 볼 줄 아는 능력이 생기고 돈 관리 하는 노하우도 생겼다는 걸 알게 된 거지. 나를 믿어볼 만한 데이터가 축적되니까 내가 점점 달라지더라고. 시간이 아까운 줄도 알게 됐고 성공을 위해서는 지금 내가 뭘 해야 하는지 감이 오기 시작했어. 승부는 여기서부터 갈리는 거야. 서른다섯 살부터 10년 동안 숙성과정을 거쳐야 그때부터 돈도 많이 벌고 자기 이름도 낼 수 있어. 진짜 화려하게 사는 시기는 45세부터 55세까지라는 거지.

정직한 서른은 초라한 게 정상이야

〰〰〰〰〰〰〰 엄마들이 자주 하는 말 있지. 여자 인생 뒤웅박 팔자라고. 틀린 말은 아니야. 남자들은 일렬종대로 줄 서서 동시에 직장생활을 시작하잖아. 그러니까 격차가 거의 없어. 대개 스물아홉이면 사원이고 서른셋이면 대리고 서른여덟이면 과장이야. 순번대로 가는 거지.

그런데 여자들은 아냐. 학교 다닐 때 공부도 잘했고 나이 서른다섯에 과장도 됐어. 이 정도면 괜찮잖아. 또래 남자들보다 엄청나게 빠른 거지. 그런데 공부도 못하고 생긴 것도 별로인 애들이 어느 날 부자집에 시집가더니 귀부인이 돼서 나타난 거야. 그러면 내 30대가 몹시 초라해지는 거지. 누구는 남자 잘 만나서 인생 활짝 폈는데 나는 이 나이에 철저하게 내 정직한 월급으로만 살아야 하는 건지 급후회가 몰려오는 거야.

이런 애들도 있잖아. 부모 잘 만나서 유학 다녀오더니 명품 브랜드 디자이너 된 애들. 그런데 나는 부모도 가난해. 조그만 출판사에서 구질구질한 옷을 입고 온종일 노트북 앞에 앉아 있거든. 갑자기 내 인생이 구질구질해 보이는 거야.

여기에 남자까지 없으면 더 헷갈리는 거지. 제대로 연애를 하는 것도 아니고 결혼을 해서 딱 자리를 잡은 것도 아니잖아. 그럴 때 옆에서 결혼으로 부를 거머쥔 애들이나 부모 잘 만나 좋은 직장 다니는 애들이 살랑거리고 가면 열 받는 거야.

우리 회사에도 30대 여자들이 많잖아. 나한테 와서 늘 이런 상담을 해.

"벌써 서른다섯인데 아직 집이 없어요."

너 등신이니? 여자 혼자 한 달에 200만 원 벌어서 7년 만에 어떻게 집을 사냐. 부동산 투기를 하지 않고서야 집 못 사는 게 정상이지. 그러면 또 이런다.

"제 친구는 집이 있단 말이에요."

걔는 걔지. 걔는 누가 벌어서 샀어? 자기가 벌어서 샀어?

"아니요, 남편이 샀어요."

그러니까 어떤 놈한테 얻은 거잖아. 그럼 너도 얻으면 되겠네.

"남자가 안 생기는 걸 어떡해요."

그럼 그런 남자를 찾아! 그런데 또 이러는 거지.

"그건 좀 치사한 것 같아서요."

그 치사한 상황 누가 만들었니? 네가 만든 거잖아. 내가 보기에 너는 지극히 정상이야. 서른다섯에 집 없는 게 정상이라고. 한번 따져보자. 네 연봉이 3,000만 원이라고 치자. 1년에 1,000만 원씩 모아도 7년이면 7,000만 원이지. 그런데 이렇게 깔끔한 계산이 안 나와. 동생 제대하고 취직할 때 양복 한 벌 해 줬고요, 부모님 외국여행 보내드렸고요, 자기 딴에는 엄청나게 효녀 노릇 한 거지. 자기도 돈 쓸 게 얼마나 많아. 옷 사고 구두 사고 그랬을 거 아니야. 그러고 나면 남는 돈이 얼마야. 아마 3,000만 원도 없을걸.

너만 그런 게 아니고 다들 그래. 그게 정상이라고. 그런데 자기 혼자만 자꾸 아니라고 현실을 부정하는 거지. 왜? 다른 사람들은 다 잘나 보이거든.

다른 친구들은 외국계 기업 다니면서 화려하게 사는 것 같은데 자기만 구질구질하게 사는 것 같잖아. 이런 애들이 꼭 대여섯 명씩 모여서 궁색해진 자신들을 즐긴다고. 낮에는 문자로 밤에는 맥주 마시며 자기들이 얼마나 초라한지 확인하고 〈서른 즈음에〉 이런 노래 들으면서 신세 한탄이나 하는 거야.

"우리 단체로 왜 이런 거니……."

서른, 익지도 않았는데 밥뚜껑 열지 마

～～～～～～～～～ 원래 시간이 많은 사람이 자기를 초라하게 만들어. 50대 아줌마들, 남편 회사 가고 아들 군대 가고 딸 유학 갔어. 그러면 정말 심심하잖아. TV 보면서 소파에서 뒤적거리면 어떤 생각이 드는 줄 알아?

'나 왜 이렇게 사나. 몸은 아프고 얼굴은 늙고 살은 자꾸 찌고. 아우, 이 살들 어떡해.'

자기 뱃살 만지면서 계속 초라해지는 거야. 외출도 못해, 뱃살 때문에.

30대는 다른 줄 알아? 주말에 간만에 쉬어야지 그러면서 드라마에 빠져들어. 그러다 이런 생각이 드는 거지.

'친구들은 남자 잘 만나서 다 부자로 사는데 나는 아직도 월세네. 언제 여기서 벗어나나. 옛날에는 허리가 24인치였는데 언제 30인치가 된 거야. 직장생활 하면서 늘어난 건 살밖에 없네. 어디 여행이나 훌쩍 떠날까? 아, 돈이 없구나. 계집애들, 지금쯤

다들 남자친구 만나고 있겠지.'

그러다 자기 뱃살 만지고 외출을 포기하는 거야. 자신을 초라하게 만드는 방법이 50대 아줌마랑 똑같은 거지.

30대 여자들이 범하는 가장 큰 오류는 자기 상황보다 화려한 걸 보고 자신을 구덩이에 집어넣는다는 거야. 지금껏 자신이 일군 착실한 커리어와 연봉을 인정하지 않고 더 높은 걸 바라는 거지. 그래서 30대 여자애들이 그렇게 드라마에 미쳐 날뛰는 거야. 자기 인생이 드라마처럼 될 줄 알고. 드라마 여주인공이 부잣집 남자한테 발탁되는 걸 보면서 나도 언젠가는 저렇게 발탁되겠지 하고 무모한 꿈을 꾼다고.

그런데 어떤 드라마도 내가 만들어낸 드라마처럼 값진 건 세상에 없어. 내가 만들어낸 드라마처럼 나에게 의미 있는 드라마는 세상에 없잖아. 그런데 다들 드라마 만들 생각은 안 하고 캐스팅될 생각만 하는 거야.

내 친구 중에 결혼하자마자 48평 아파트로 간 애가 있었어. 걔는 시어머니가 준 1억 원 종자돈이 있으니까 분당에 아파트 분양을 받은 거지. 그런데 나는 고만고만한 남자한테 시집간 거야. 처음에 600만 원으로 시작해서 몇 년 후 연립주택에 전세로 들어갔어. 내가 기특하니, 걔가 기특하니? 내가 더 기특하지. 나는 내 힘으로 전세까지 온 거잖아.

'두고 봐라. 내가 50대가 되면 너보다 더 부자로 살 거다.'

늘 속으로 이런 얘기를 했어. 남들이 어떻게 집을 장만하든 상관하지 않고 내 노력으로 얻은 결과만 인정하는 거야. 나 스스로를 구덩이에 빠뜨릴 일이 없었다는 거지. 그러니까 너도 남의 스피드 구경하면서 침 흘리지 마. 추해. 네 페이스를 그대로 유지하라고.

지금부터 내가 하는 말 따라해.

"지금이 정상이다!"

제발 30대에 뭔가 이뤄야 한다는 생각을 버려. 네가 몇 년 노력했어? 네가 몇 년 돈 벌었어? 네 나이에 집을 사면 그게 정상적인 자본주의냐!

너는 아직 멀었어. 쌀이 익으려면 한참 남았는데 왜 자꾸 밥 뚜껑을 열어. 왜 밥이 설었다고 성질을 부리느냐고. 닫아. 닫고 기다려. 제발 뜸 좀 들이라고. 그럴 시간에 너의 장점을 들여다보고 앞으로 10년 동안 어떻게 치고 나갈 건지부터 고민하란 말이야.

다시 나 따라해.

"지금이 정상이다!"

꿈꾸는 방법을 모르면
꿈은 이루어지지 않는다

~~~~~~~~~~~~~~~~~~~~ "네 꿈이 뭐니?"

어린애들한테 물어보면 요즘은 연예인이 1순위야. 그리고 과학자, 영부인, 대통령, 아나운서 등 다양한 대답이 나오지. 그런데 어린애들이 말하는 꿈은 정말 꿈에 불과해. 꿈을 정말 꿈처럼 꾼단 말이야.

어른들은 어때? 자기 몸매 생각 안 하고 막연하게 "슈퍼모델이오!" 자기 재능 생각 안 하고 "개그맨이오!" 이러지는 않잖아. 꿈은 내가 걸어가야 할 곳, 지향해야 할 미래니까.

철없는 애들은 자기 꿈을 대통령이라고 대답해. 대통령이 제일 높아 보이니까. 하지만 어른인 너는 어릴 때와 달라야 해. 어

른이 되면 책임져야 할 일들이 많아. 꿈도 마찬가지야. 네 꿈에
도 책임이 따라야 해. 꿈을 현실로 만들기 위한 자산도 있어야
하고. 말 그대로 꿈만 꾸고 있다면 그 꿈은 영원히 이루어지지
않지.

"앞으로 꿈이 뭐예요?"

강의 가서 청중에게 물어보면 반 이상은 대답을 못해. 생각
을 안 해본 거야. 왜냐? 스스로 끈질기게 묻지 않았으니까. 내
꿈이 뭔지 알려면 자기 자신과 끊임없이 대화를 나눠야 해. 꿈
은 남이 대신 꿔주지 않아. 부모라 할지라도 내 꿈을 대신 꿔줄
순 없거든. 그런데 아주 많은 사람이 내 꿈이 뭔지 깊이 생각해
본 적 없어. '오늘 뭐 먹지?'는 하루도 빼먹지 않고 생각하잖아.
그렇지만 '10년 후에 나는 뭐가 될까?'에 대해서는 지속해서 생
각하지 않아.

자기 자신과 끝없이 대화를 나눠보면 내가 뭘 원하는지, 내
꿈은 뭔지 알게 돼. 지금은 돌아가셨지만 예전에 법정 스님한
테 상담하러 오는 사람이 그렇게 많았대. 그때마다 법정 스님
이 단호하게 말씀하셨지.

"내게 묻지 마라. 그걸 네가 모르느냐. 몰라서 못하는 게 아
니라 알면서도 안 하는 게 아니냐?"

이 말처럼 폐부를 깊숙이 찌르는 말이 어디 있겠어.

자기 자신과 대화를 나누지 않고 자기가 뭘 원하는지 모르는 사람들은 세상에서 제일 헷갈리고 두려운 게 자기 자신이야. 그래서 누군가가 대신 자기의 미래를 찾아주길 바라지.

1월 1일만 되면 3만 원씩 혹은 5만 원씩 들고 점집 가서 고개 조아리면서 물어보잖아.

"제가 이 남자를 계속 만나야 할까요?"

"이 회사를 올해도 계속 다녀야 할까요?"

아니, 그걸 자기가 모르면 누가 알겠냐고? 내가 만나는 남자를 한 번도 만나본 적이 없는데 어떻게 알아? 내가 다니는 회사 문턱에도 가본 적 없는 아줌마가 어떻게 아냐고.

자기가 몇 년간 몸담은 회사와 몇 년간 사귄 남자에 대해서도 분별을 못하는데 어떻게 10년 후의 나를 그려볼 수 있겠니. 이거야말로 정말 나약한 인간이야. 나약하니까 자꾸 남에게 의존하게 되고 남한테 위로받으려고 하는 거 아냐. 점집 아줌마가 지금 회사 계속 다니는 게 맞다고 하면 정말 그렇게 할 거야?

그런데 많은 사람이 이런 짓을 해, 그것도 매년. 현명한 사람들은 이런 짓을 절대 안 하지. 대신 자기 자신과 대화해. 〈내 인생은 나의 것〉이라는 노래도 있잖아. 지금까지 내 인생을 다른 사람이 대신 살아준 게 아니라 내가 살아온 거잖아. 그럼 내게 물어봐야 할 것 아냐. 그 남자랑 왜 헤어지고 싶은지 스스로 물어보고 이 직장 계속 다녀야 하는지도 스스로 물어보고 답을 들어야지.

자기 자신과 대화해서 스스로 물어보고 그렇게 해서 얻은 답을 토대로 움직이는 게 꿈꾸는 사람의 기본자세야. 자기 꿈에 대해서도 스스로 질문하고 스스로 답을 내려야 해.

욕망에 의한 꿈 vs. 통찰에 의한 꿈

———~~~~~~~~~~~~~ 꿈에는 두 종류가 있어. '욕망에 의한 꿈'과 '통찰에 의한 꿈'이야. 어린애들에게 꿈을 말해보라고 하면 이렇게 말해.

"저는 커서 대통령이 될 거예요."

대표적인 욕망에 의한 꿈이야. 어른들도 마찬가지야.

"뭐가 되고 싶어요?" "부자요."

밑도 끝도 없이 부자래. 이건 욕망에 의한 꿈이야. 욕망에 의한 꿈은 실현 가능성이 없어. 꿈은 구체적으로 통찰해가면서 꿔야 해. 통찰에 의한 꿈은 정확히 말하면 '데이터에 의한 꿈'이야. 지난 세월 내가 가지고 있는 데이터를 분석하고 그것을 통찰하다 보면 내가 어떤 꿈을 꿔야 할지 알게 돼. 그 데이터가 말해줘서 말이야. 그리고 그 데이터가 말해준 꿈이 가장 나다운 꿈인 거야.

하지만 쌓아놓은 데이터가 없는 사람은 통찰할 데이터가 없으니까 욕망에 의한 꿈만 꾸게 돼. 어떤 사람이 "나는 부자가 될 거야." 하고 말했어. 그 꿈이 정말 현실이 될지는 그 꿈이 단순한 욕망에 의한 꿈인지 구체적인 통찰에 의한 꿈인지에 따라 결정이 되는 거라고. 만약 욕망에 의한 꿈이라면 계속 꿈만 꾸고 부자 근처에도 못 가. 하지만 통찰에 의한 꿈이라면 부자가 될 수 있는 근거, 말하자면 데이터가 쌓여 있기 때문에 가능해.

예를 들면, 어떤 애가 어렸을 때부터 용돈을 모으는 습관이 있었어. 애는 10원짜리 동전 하나도 허투루 쓰는 법이 없어. 그러면 스물아홉 살 때 친구들한테 "어머, 네가 우리 중에서 제일 부자구나." 하는 소리를 듣는다고. 이게 애가 가진 데이터인 거야. 근거에 의한 꿈을 꾸고 있는 거라고. 그래서 얘는 남들이 1,000만 원도 못 모았을 때 벌써 1억 원 모으게 돼. 그러면 1억 원이라는 데이터가 있기 때문에 내년에는 또 얼마를 모아야지, 10년 후에는 근사한 아파트와 좋은 차를 사야지, 그렇게 구체적인 꿈을 꿀 수가 있어. 그런 게 바로 통찰에 의한 꿈이야.

통찰에 의한 꿈은
저절로 그다음 꿈을 꾸게 해

〰〰〰〰〰〰〰〰 여기서 또 한 가지! 통찰에 의한 꿈은 꿈꾸는 순간 이미 50퍼센트 달성한 거야. 그 근거가 꿈에 가까이 데려다준다고. 확 밀어붙여주는 거지. 그래서 나머지 50퍼센트만 노력하면 꿈을 달성할 수 있게 돼. 이게 통찰에 의한 꿈의 가장 좋은 점이야.

어떤 애가 '내 꿈은 원어민처럼 영어를 잘하는 거야'라고 했다고 쳐봐. 만약 통찰에 의한 꿈이라면 애는 이미 영어공부를 위해 하루에 두세 시간씩 투자하고 있어. 이런 시간이 쌓여서 적어도 1년 정도 된 거지. 혹은 말한 즉시 실행에 옮기고 있든지. 그러면 애한테는 하루하루가 꿈에 도달할 수 있는 근거, 즉 데이터가 되는 거라고.

그런데 욕망에 의한 꿈을 꾼 애는 영어 학원 등록해놓고 한 번도 안 가. 한 달에 세 번 정도 가면 많이 간 거야. 이런 애한테 영어는 영원한 욕망에 불과한 거야. 그런데 얼마나 많은 사람이 이런 욕망에 의한 꿈만 꾸고 사느냐는 거지.

우리 형님은 항상 남편 은퇴를 대비해서 샌드위치 가게를 차릴 거라고 말해왔어. 그런데 안 차려. 말만 그래. 데이터가 없어. 그래서 하루는 "형님, 샌드위치 가게 차리려면 뭐라도 해야 하지 않아요?" 하고 물어봤어. 데이터를 쌓아야 꿈이 이루어질 거 아냐. 그러더니 어느 날 나한테 전화가 와. 요리 학원 괜찮은 데 없느냐고 묻는 거야. 샌드위치에 아무 관심도 없는 내가 어떻게 알겠어? 모른다고 하니까 자기가 알아봐야겠대.

그러더니 샌드위치 잘 만드는 곳 찾는 데도 한 달이 걸려. 결국은 샌드위치 만드는 법이랑 커피 만드는 법 배우더라고. 지금은 정말 맛있게 잘 만들어. 집에서 만드는 것과는 차원이 다르더라고.

게다가 다른 가게에서 아르바이트 하면서 손님 응대하는 법과 가게 경영까지 차근차근 배우고 있어. 이젠 데이터가 쌓여서 정말 차리기만 하면 돼. 이게 통찰에 의한 꿈인 거야. 입에서 나오는 대로 꿈꾸지 말고 데이터에 근거한 꿈을 꾸라는 거지. 그럼 이렇게 묻는 사람도 있을 거야.

"그럼, 저는 쌓아놓은 데이터가 없으니까 꿈도 꾸지 말아야 하나요?"

아니지. 꿈꾸는 즉시 실행에 옮기면 돼. 그러면 실행한 그 하루가 데이터가 되는 거야. 그 하루하루가 쌓이면 처음에는 욕망에 의한 꿈이었어도 통찰에 의한 꿈으로 바뀌지. 그렇게 1년을 보내고 12월 31일이 되면 내년에는 내가 무슨 꿈을 꿔야 할지 자연스레 알게 돼. 통찰에 의한 꿈은 저절로 그다음 꿈을 꾸게 해. 그래서 통찰에 의한 꿈은 인생이 답보하고 퇴보하는 느낌이 안 들어. 사람을 늘 전진하게 만들지.

통찰에 의한 꿈을 꾸는 사람은 12월 31일이 절대 두렵지 않아. 내가 뭘 원하는지, 가야 할 길이 뭔지 절대 헷갈리지 않는다고. 그래서 1월 1일이 되어도 3만 원, 5만 원씩 들고 절대 점집 찾아가지 않아. 갈 시간도 없어. 데이터 쌓기에도 바쁜데 어딜 가냐고. 데이터도 안 쌓고 한가한 사람이나 점집 가서 머리 조아리는 거야. 그런 초라한 모습 보이지 말고 내년 1월 1일 당당하고 자신감 있는 나를 만나려면 어떻게 해야 돼?

오늘, 지금 당장 데이터부터 만들어.

시간 아까운 줄 알아야
철드는 거야

~~~~~~~~~~~~~~~ 내가 올해부터 시작한 게 '김미경의 파랑새 강연회'야. 일종의 기부 강연인데 사람들이 3만 원씩 내고 강의를 들으면 그 돈의 3분의 1을 '아름다운재단'에 기부하고 있어. 3만 원이 사실 적은 돈은 아니잖아. 그래도 매달 400~500명씩 사람들이 찾아와. 심지어 광주, 대구, 부산 등지에서도 강연 들으러 오더라고.

그렇게 많은 사람이 왜 무엇에 목말라서 찾아오는 걸까. 더나은 자신을 발견하기 위해, 더 나은 자신을 만들기 위해 투자하는 거지. 나는 정말 그분들이 대단하다고 생각해. 한 달에한 번씩 강연 들으러 오는 거 절대 쉽지 않은 일이야. 강연이 끝나면 많은 분이 무대 뒤로 찾아와. 그리고 이렇게 물어봐.

"과연 제가 성공할 수 있을까요?"

"과연 제가 지금보다 더 나은 나로 변할 수 있을까요?"

왜냐하면 자기들은 학력도 직장도 집안도 별로 좋지 않다는 거야. 하지만 나는 자신 있게 그들에게 말해. 당신은 세상에서 가장 소중한 것을 이미 가졌다고. 그게 뭐냐면 365일이라는 시간이야. 시간은 가장 공평한 선물이지. 이 세상에 존재하는 모든 사람은 1월 1일이면 365일이라는 선물을 받아. 이게 시간의 첫 번째 특징이야. 두 번째는 소멸한다는 것. 안 쓴다고 해서 적립되는 게 아냐. 그냥 자연스럽게 사라져버려.

혹시 사람들이 365일을 던져주면 어떻게 쓸지 모를까 봐 인간의 지혜로 나눴어. 12개 패키지로 담아서 어떤 건 28개, 많은 것은 31개를 넣었어. 혹시 그 선물을 잘못 썼으면 내년이 있지 않니? 그러면서 1월 1일에 또 선물을 받아. 나는 지금 마흔여덟 살이니까 벌써 48개의 박스를 선물 받은 거지. 이걸 어떻게 쓰느냐에 따라 인생이 완벽하게 결정돼. 그래서 시간 박스를 하나씩 풀 때마다 아주 잘 써야 하는 거지.

나의 하루 가치는 얼마나 될까?

~~~~~~~~~~~~~~~~~ 만약 365일을 365만 원이라고 쳐봐. 그러면 하루가 1만 원이잖아? 알뜰한 사람은 그걸 100원 단위로 쪼개서 써. 먹는 데도 쓰지만 100원은 자기계발, 100원은 독서 등으로 아껴 쓰는 거지. 결국 돈을 쓰는 장소와 쓰임에 따라 내 인생이 달라지거든.

이걸 잘 쓰는 사람은 나중에 교수가 되기도 하고 기업의 유능한 인재가 되기도 하고 무용가가 되기도 해. 그들은 하루를 헛되게 쓴 적이 없어. 발레리나 강수진은 120퍼센트로 살지 않은 날이 단 하루도 없다고 했어. 무용을 시작하면서 어릴 때부터 하루를 얼마나 아껴서 썼겠냐고. 그러니까 그의 하루 가치가 나중에는 100만 원, 1,000만 원이 된 거지.

실제 하루를 가장 아껴 쓰는 사람들의 연봉은 수십억 원이 넘잖아. 축구선수 박지성의 연봉이 70억 원이야. 그가 1만 원짜리 하루를 얼마나 쪼개 썼겠어. 100원 쓸 때마다 그 가치를 1,000만 원으로 만들었으니까 지금 70억 원이 된 거 아냐. 하루를 얼마나 제대로 쓰느냐에 따라 나의 가치가 달라지는 거야.

내가 스물세 살에 첫 직장 가졌을 때 첫 월급이 24만 원 정도였어. 하루 내 가치가 7,000원 정도 됐던 거야. 이후 스물아홉 살에 처음 강의했을 때 내 강사료가 하루에 2만 5,000원이었지. 그리고 19년간 최고의 강사가 되기 위해 나한테 끊임없이 투자했더니 지금 나의 하루 가치가 270만 원 정도야. 25년 만에 거의 400배 이상 성장한 거야.

나는 20대 때 완전 바보 멍청이였어. 시간이 아깝다는 생각을 해본 적이 없어. 아침에 뭐 좀 하려고 일어나잖아. 그럼 누가 와서 시계를 돌려놓은 것 같아. 11시야. 그때까지 열심히 주무신 거지. 느릿느릿 일어나서 이 닦으면서 TV 보고 세수도 30분 동안 하고 머리 말리는 데 1시간 걸리고. 그러다 친구한테 전화 오면 걔 만나러 가서 수다 떠는 거야. 오다가 시간 남으면 이대 앞에서 아이쇼핑도 하고. 그러다 들어오면 7시야. 그럼 저녁 먹고 드라마 봐야지. 물론 밤이 깊을수록 서서히 짜증이 나. 하루가 아까워서가 아니라 오늘 못한 일 때문에.

"아, 교수님이 숙제 낸 리포트 써야 하는데, 이 교수는 왜 매일 이렇게 숙제를 내는 거야, 다음에 이 과목 듣나 봐라."

욕이란 욕을 다하면서 자고 일어나면 다음 날 또 11시지. 그런데 오늘 미룬 일을 내일은 하냐고. 다음 날 또 안 해. 이런 식으로 매일매일 사는 거야. 취직한 후에도 크게 달라진 건 없었어. 그냥 조금 빨라진 것뿐이야. 직장이 족쇄니까 안 빨라질 수가 없잖아. 내 마음대로 11시에 출근하면 안 되니까.

그런데 처음에는 출근 시간 맞춰서 출근하는 게 그렇게 힘들 수가 없는 거지. 5분만 더 자자고 뻗대다가 꼭 1분 전에 들어가. 사장님과 눈이 마주쳤을 때 지금 오냐, 그러면 머리 조아리면서 지나가고. 그땐 왜 그렇게 매일 죄송한 출근을 했나 몰라.

그나마 내가 피아노 학원을 운영하면서부터 조금 철이 들기 시작했어. 시간이 아깝다는 생각이 드는 거야. 왜냐하면 내가 조금 일찍 나가서 한 명이라도 더 가르치면 4만 원을 버니까. 그 생각에 알람을 맞춰놓고 일어나기 시작했지. 물론 그때도 학원 끝나면 남편이랑 된장찌개 끓여 먹고 신나게 놀다 잤어.

하루가 정말 아깝다는 생각이 본격적으로 들기 시작한 것은 강의하고 몇 년 지나서야. 당장 강의 프로그램을 개발해야 하는데 머리에 들어간 게 없으니까 나올 게 없는 거야. 그래서 급하게 영양분을 넣어주려고 하다 보니까 하루가 너무 짧은 거지. 강의 시간 맞춰서 뛰어갔다가 집에 오면 또 책을 읽는 거야. 강의용 에피소드집도 만들어야 하고 할 일 리스트가 점점 늘어나.

원래 일이라는 게 하면 할수록 늘게 돼 있어. 하는 만큼 일이 줄면 제대로 일하는 사람이 아니야. 오늘 일을 제대로 하면 일이 스스로 말해주거든. 내일 이것도 더 필요하지 않아요? 일하면 할수록 점점 바빠지니까 세상에 시간이 그렇게 아까울

수가 있어?

자는 시간도 아까워서 책상 앞에서 쪼그리고 자는 거야. 침대에서 자면 오래 잘까 봐. 그렇게 하루에 서너 시간씩 자면서 미친 듯이 사니까 내 인생이 변하고 있다는 것을 분명히 감지할 수 있었어. 얼마나 다행이야. 시간이 정말 아깝다는 걸 쉰세 살이 아닌 서른다섯 살에 깨달아서.

시간의 곱셈 법칙으로
능력 변수를 높여라

～～～～～～～～ 그렇게 하루 경영자가 되면서 나는 점점 시간을 효율적으로 쓰는 방법을 개발하기 시작했어. 예를 들면 1+1(원 플러스 원) 시간법이야. 어떤 일을 하든 항상 한 가지 일을 더 하는 거야. 내가 한때 찜질방을 아주 좋아했는데 찜질하는 그 시간도 너무 아까워서 책을 들고 들어갔어. 그런데 뜨거운 수증기에 풀이 녹아서 책장이 떨어져 나가는 거야. 아깝잖아.

그래서 내가 고안한 방법이 있어. 읽을 자료를 프린터로 출력한 뒤 삼공펀치로 뚫어 파일에 끼워서 들고 가는 거야. 한 손에는 볼펜과 포스트잇을 들고. 땀 빼면서 자료를 다 읽고 나오는 거야. 그냥 앉아서 땀나는 거 기다리려면 힘들잖아. 그런데 자

료를 다 읽고 나가야 하니까 남들보다 더 오래 견디지. 일석이
조야. 물론 찜질방에서 나를 보는 아줌마들의 눈빛은 장난 아
니지.

'아유, 놀고 있네. 너만 잘났냐?'

매일 그런 광경을 목격하는 남편은 어땠겠어? 지겹지. TV 볼
때마다 에피소드 건지려고 포스트잇 들고 째려보니까 TV
보는 맛이 뚝 떨어진다는 거야. 이렇게 1+1으로 몇 년 살
아보니까 나중에는 3 in 1(쓰리 인 원)으로 발전하는 거야. 한
꺼번에 세 가지 일을 눈 깜짝할 새에 해치워. 시간을 악착같이
아끼려는 노력에 탁월함이 더해지니까.

예전에는 책 한 권 읽는 데 네다섯 시간이 걸렸다면 이제는
한 시간 만에 다 읽어. 책을 하도 많이 읽다 보니까 나한테 꼭
필요한 핵심 부분을 귀신같이 찾는 거지. 그러니까 강의자료
발췌하는 데 엄청 속도가 붙는 거야.

전문가들은 일반인과 달리 내공이 있잖아. 척 보면 그냥 답
이 나오는 거야. 남들 열 시간 걸릴 일을 십 분 안에 끝내는 거
지. 그러면 남들의 한 시간과 그의 한 시간은 사회에서 거래되
는 가치가 완전히 달라. 수십 년 동안 자신의 시간을 최고의 가
치로 만들기 위해 갈고닦았기 때문이지.

시간을 최대한 아껴 쓰는 성실함과 일의 핵심을 꿰뚫어보는

탁월함은 우리의 능력을 객관적으로 잴 수 있는 척도가 돼. 특히 이 둘은 서로 곱셈 관계야. 시간을 아껴 쓰는 성실함이 지금보다 3배 늘었다, 그리고 일에 대한 탁월함까지 3배 늘었다면 3×3=9가 되는 거지. 결국 지금보다 9배로 능력이 향상했다는 걸 의미해. 시간을 성실하게 쓰는 사람이 탁월해질 수밖에 없고 탁월해진 사람은 시간을 아껴 쓸 수밖에 없으니까. 이게 서로 상승 작용을 하면서 능력도 업그레이드되는 거지.

여기서 나온 9라는 숫자는 능력 변수야. 너의 연봉과도 직결돼. 네 연봉에 9를 곱하면 그게 앞으로 네가 받게 될 연봉이야. 지금보다 너의 성실성과 통찰력을 3배씩 높인다면 네 연봉은 9배로 뛴다는 거지.

능력 변수=성실성×탁월함

자, 이해했지? 옆자리 애보다 연봉을 4배 이상 받고 싶어? 그럼 걔보다 4배로 열심히 뛰거나 2배 열심히 뛰고 탁월함을 2배 높여. 그렇게 시간의 곱셈 법칙을 실천하면 네 능력이 4배, 9배, 16배로 확확 성장하게 돼 있어.

지금 너의 시간 통장에는 얼마가 들었니? 지난 10년간 정신 못 차리고 살았다면 네 잔액은 마이너스야. 성장은 못한 채 나이만 들어버렸으니까. 많은 직장인이 능력 변수를 2배로도 못 올리고 죽어. 10년이 지났다고 해서 탁월함이 2배, 3배 뛰는 사람들도 많지 않고 매너리즘에 젖어 더 게을러지거든.

지금이라도 마이너스 통장 갚는다는 생각으로 뛰라고. 네 하루를 바꾸는 게 제일 좋은 투자야. 세상의 어떤 펀드와 어떤 변액보험이 4배, 9배의 수익률을 가져다주니? 주식에 투자한다고 아까운 시간을 펑펑 쓰지 말고 네 능력 변수부터 높이란 말이야. 그렇게 능력 변수를 높이다 보면 어느새 네가 상상도 못했던 너를 만나게 될 거야.

네 뇌가 좋아하는
일부터 찾으라고!

━━━━━━━━━━ 장롱면허만 가진 여자들은 자기 자동차의 성능이 얼마나 되는지 몰라. 자기 능력의 성능이 어느 정도인지 모르는 거지. 아무것도 하지 않고 집에만 갇혀 있으니까. 그러다가 어떤 계기로 사회에 나와서 일하기 시작하잖아? 그럼 자동차 계기판이 움직이기 시작해. 시속 몇 킬로미터까지 속도가 나는지, 시속 몇 킬로미터에서 차가 흔들리는지, 연비는 어느 정도인지 자세히 알게 된다고. 그러다가 작은 고장이나 불편함이 느껴지기 시작해. 웬만한 건 수리하거나 참아. 그러다가 결국은 차를 바꿔야 되는 순간이 와. 새롭게 재탄생하는 거지.

20대 때 나는 티코였어. 몸은 20대인데 성능은 티코인 거야.

그 나이 때는 터보 엔진 단 사람이 드물잖아. 그런데 어떤 20대들은 체력도 티코야. 50대 임원이랑 똑같이 술 먹었는데 다음 날 머리 깨진다고 조퇴해. 50대 임원은 생생하게 살아 있는데 말이지. 물론 어떤 50대들은 나이가 50인데도 여전히 티코야. 대부분 그런 분들은 집에 계셔. 아무도 안 써주니까.

프로는 나이가 들수록 성능을 업그레이드해줘야 해. 30대가 되면 소나타, 40대가 되면 그랜저급은 돼야 해. 그러다 50대가 되면 에쿠스 타는 거지. 최고의 프로들은 짧은 시간 안에 일을 효율적으로 하면서 가장 높은 성과를 내잖아. 연비가 좋으니까. 옛날만큼 10시간씩 일하지 않아도 그가 가진 성찰로 1시간 만에 최고의 성능을 끌어내는 거지.

그럼 스티브 잡스는? 비행기지. 상상도 못할 속도를 내잖아. 결국 프로의 능력은 연비야. 똑같은 기름 넣고 누가 더 오래 잘 달리는가의 싸움이라고.

네 마지막 차는 소나타가 아냐, 더 달려!

~~~~~~~~~~~~~~~ 차를 바꿔 탄다는 것은 새로운 도전을 의미해. 내가 예전에 티코였을 때 했던 게 CS강의였어. 최대 출력으로 원 없이 달려봤지. 그랬더니 어느 순간 한계가 오는 거

야. 더 달리고 싶은데 얘가 흔들려. 더는 속도를 낼 수 없어. 내 차가 아니라는 느낌이 들면서 바로 소나타로 바꿔 탔지. 두 시간짜리 여성 리더십 특강을 시작한 거야.

처음에는 살살 달렸어. 나중에는 160까지 달려도 멀쩡한 거야. 아, 나는 더 달릴 수 있겠다는 느낌이 오면서 몇 년 뒤에 그랜저로 갈아탔어. 여덟 시간짜리 여성 마케팅 프로그램을 나 혼자 개발한 거야. 어디서 배운 적도 없었어. 어떻게 하면 빨리 달리는지, 최대 출력 내려면 뭐가 필요한지, 차가 흔들릴 때는 어떻게 대처해야 하는지를 모두 구체적인 경험 속에서 터득한 거지. 덕분에 여성 마케팅 프로그램이 국내 대기업들을 다 섭렵했어. 그다음에 도전했던 것이 TV 강연이야. 내가 그동안 상대하던 여성이나 직장인들뿐만 아니라 아이들부터 할아버지까지 몽땅 설득해야 했어. 매주 한 시간짜리 강연을 만들면서 너무나 고통스러웠지만 그때 내 연비가 최고로 치솟았어. 덕분에 지금 내가 에쿠스까지 타게 된 거야.

요즘 진행하는 파랑새 강연도 엄청난 도전이지. 회사에서 교육한다고 끌려온 사람들이 아니잖아. 자발적으로 3만 원 내고 온 사람들에게 300만 원, 3,000만 원 벌고 간다는 느낌을 주려면 내 연비가 어때야겠느냐고. 예전에는 24시간 달려야 나오는 콘텐츠가 요즘엔 세 시간 만에 나와.

연비가 좋아지니까 강의만 하는 게 아냐. 1년에 책을 4~5권씩 낼 수 있어. 우리 회사의 모든 스피치 프로그램 다 돌려도 돼. 비행기가 될 준비를 하는 거지. 내 목표대로 파랑새 강연에 5,000명씩 모이는 날이 오면 아마 나도 비행기가 돼 있을 거야.

연비를 높이려면 가장 중요한 게 뭔지 알아? 일단 달리는 거야. 그리고 오래 달려보는 거야. 그래야 네 연비가 지금 어느 정도인지 정확히 알 수 있어. 30대 여자들의 대다수가 아직 티코야. 잘 나가야 소나타라고. 그런데 이 바보들은 소나타가 마지막 차인 줄 알아. 에쿠스까지 타보지 못하고 이 정도면 다 달렸다고 생각하는 거야. 티코에 탄 채 왜 나한테 에쿠스급의 보상이 안 오는지만 투덜댄다고. 이렇게 앞뒤가 안 맞으니 인생이 괴롭지.

그다음으로 중요한 게 뭐냐면 네 뇌가 좋아하는 일을 찾는 거야. 세상에서 제일 불행한 게 뇌가 싫어하는 일을 하는 거야. 머리는 문과인데 부모한테 떠밀려서 이과 가는 애들, 너무 불쌍하지.

그런데 진짜 머리 좋은 애들은 이과 가도 잘해. 이런 애들은 오히려 머리 좋은 게 재앙인 거야. 성과가 안 나면 이게 아니구나, 하고 딴 일 찾을 텐데 결과가 잘 나오니까 이러지도 저러지도 못해. 서울대 나온 사람 중에서 끝까지 적성 못 찾고 한탄

하는 사람이 얼마나 많은지 알아? 안정적인 직장 들어가면 뭐 하느냐고. 인생이 재미없는데.

연비를 높이려면
거침없이 투자하라

〰〰〰〰〰〰〰〰〰 오랫동안 신나게 일하려면 뇌가 좋아하는 일을 해야 해. 그걸 빨리 찾으면 찾을수록 인생이 잘 풀려. 그런데 학교 다닐 때까지는 못 찾을 가능성이 높아. 전 과목에 밀리고 전교 등수에 밀려서 잘 안 드러나거든.

회사에 들어가면 서서히 알게 되지. 회사에서는 IQ 쓸 일이 별로 없잖아. 만약 네가 고객 불만을 접수하는 부서에 있어. 그럼 사람하고 대화하는 게 즐거워야 해. 고객한테 한 소리 들었다고 화장실 들어가서 세 시간 동안 안 나오면 곤란하다고.

어떤 일을 해도 크게 혼나지 않고 칭찬도 안 받는 사람들이 제일 문제야. 차라리 회사에서 없어야 되는 사람이 나을 때도 있어. 그래야 뇌가 좋아하는 일을 빨리 찾을 수 있으니까.

나도 회사 직원들 중에서 뇌가 좋아하는 일이 아니다 싶을 때는 부서를 바꿔줘. 한 직원은 법학과를 졸업했는데 처음에는 콘텐츠 개발 쪽을 맡겨봤어. 법대 나오면 왠지 꼼꼼하고 연구 열심히 할 것 같잖아. 그런데 영 갈피를 못 잡고 헤매는 거야. 1년이 지나니까 점점 의욕까지 없어져. 그런데 가만히 관찰해 보니까 성격이 외향적이고 사람 만나는 걸 좋아하더라고. 그래서 아트 스피치 CEO 과정의 영업파트로 보냈어. 그랬더니 훨훨 하늘을 날아. 일에서 3~4배 성과가 나는 거야. 걔가 무능력했던 게 아니라 그동안 뇌가 싫어하는 일을 했던 거지. 법이랑 뇌랑은 아무 상관도 없었던 거야.

너도 아직 뇌가 좋아하는 일을 찾지 못했다면 일단 다양한 현장에서 부딪쳐봐. 그리고 그중에서 가장 성과가 좋았던 일, 하면서 흥분되고 신났던 일을 찾아. 네 뇌랑 수없이 대화를 해보라고. 마침내 그걸 찾으면 그때부터 네 연비를 높이기 위해 거침없이 투자해야 돼.

나는 스물아홉 살까지만 해도 그게 음악인 줄 알았어. 물론 음악도 뇌가 좋아하는 일이었지. 하지만 강의만큼은 아니었어. 강의를 하면서부터 연비가 미친 듯이 올라가기 시작했어. 내 뇌가 너무 좋아하는 거야. 물론 사람들 앞에서 강의하려면 준비 단계부터 긴장되고 힘들지. 하지만 떨리는 만큼 흥분돼. 밤을 새도 하나도 안 피곤해.

일단 그렇게 뇌가 일에 마취되면 48시간도 깨어 있을 수 있어. 연비가 급상승하면 피곤을 느낄 새가 없는 거야. 잠이 안 오고 뇌가 신나게 뛰는 소리가 들린다고.

그럴 때 '미친 콘텐츠'가 나와.

그걸로 강의를 멋지게 하고 나면 그 뿌듯함 때문에 또 계속 흥분돼. 결코 쉬고 싶지 않아. 일이 끝나기가 무섭게 뇌가 두 번째 일을 벌써 시작하고 있어. 그렇게 나는 지난 19년간 한 번도 쉬지 않았어.

아마 내 차는 칠순 잔치를 할 때쯤 멈추지 않을까 싶어. 그때쯤에는 연비 높이고 싶은 사람들을 코칭하면서 여유롭게 살려고 해. 연비 높은 사람들은 때가 되면 스스로 자기 차에 브레이크 걸고 주차할 줄 알아. 남들이 정해놓은 정지선에 걸려서 주차하거나 딱지 끊어서 멈추는 일은 없지. 스스로 쉬고 싶을 때 가장 쉬고 싶은 곳에 주차하는 명품차. 상상만 해도 멋지지 않아?

결핍을 자산으로
셀프 리더가 돼라

━━━━━━━━━ 우리가 살면서 가장 감동을 받는 드라마는 고난이 담긴 드라마야. 우리는 역경을 이겨내고 꿈을 이룬 사람에게 아낌없이 박수 쳐. 그래서 TV 프로그램에서 영원히 없어지지 않는 게 바로 〈인간극장〉 같은 다큐야. 그런데 이런 다큐드라마에는 공통적인 키워드가 있어. 바로 '결핍'이야. 가진 게 아무것도 없고 믿을 사람은 오직 자기 자신뿐인 사람들이 주인공이야.

부모가 부자이고 집에서 도와줘서 성공한 사람은 절대로 〈인간극장〉에 못 나온다고. 자기 몸뚱어리 하나 믿고 세상의 풍파와 싸워 결국 뭔가를 이루어낸 사람, 그런 사람들이 TV에 나와.

이 사람들한테서 우리가 배울 게 있기 때문이지.

내가 태어난 곳은 충청북도 증평. 아주 작은 시골 읍이야. 여기서 가장 부자인 사람은 양조장, 목재소, 인삼집 사장님. 그다음이 양장점, 수예점, 철물점, 아니면 야채가게 등 자기 사업하는 사람, 나머지는 다 밭농사 짓는 농부들이야. 우리 반 애들 대부분은 농사짓는 집 자식들이었어.

농부의 딸들은 학교도 맘대로 못 가. 여름 모내기철, 가을 추수철에는 일하느라 학교에도 못 가. 그래서 여름 모내기철 되면 아예 전교생이 논으로 갔다니까. 어차피 학교에 못 오는 애들이 절반이니까. 엄마들도 모내기철 되면 당당하게 학교를 안 보내거든.

"지금 모 심는 일이 더 중요하지, 공부가 중요하냐?"

나도 모내기하러 다니면서 새참 얻어먹고 그랬어. 그때 먹었던 새참이 얼마나 맛있었는지 아직도 기억이 생생해.

어렸을 때 나는 증평이 우리나라에서 제일 큰 마을인 줄 알았어. 그래서 우리나라에서 제일 부자는 양조장집, 인삼집 아저씨인 줄 알았어. 인삼집 아저씨 떴다 하면 대단했지. 증평에서 제일 좋은 자가용도 그 집 거였거든.

열다섯 살 이후에는
'인간 기초역량'끼리 맞짱 뜬다

~~~~~~~~~~~~~~ 그러다 고등학교를 청주로 갔어. 거기서 놀라운 문화적 충격을 받은 거야. 증평 인삼집 아저씨는 명함도 못 내밀어. 교수 딸, 은행장 딸, 국회의원 딸, 이런 애들이 반에 쫙 깔렸어. 시니까 벌써 다른 거지. 충청북도의 그 많은 읍이 모여 시가 되는 거잖아. 내 옆 짝도 국회의원 딸이었어. 다 너무 잘난 거야.

'큰일 났다. 여기서 내가 어떻게 기를 펴고 사나.'

반 애들이 공부도 너무 잘해. 영어 발음도 좋아. 옷도 예쁘게 잘 입고 다녀. 그러니까 기가 죽는 거지. 그런데 가만 생각해보니까 내가 여기서 기 못 펴고 살 필요가 없더라고. 몇 개월 지켜보니까 애 아빠가 병원장이고 교수지, 애는 아무것도 아니야. 나랑 똑같아. 게다가 그분들은 학교에 안 오시잖아. 애만 해치우면 되는 거지.

그렇게 맘먹고 나서부터는 고등학교 생활이 매일매일 새로운 도전이었고 새로운 테스트였어. '증평 시골 촌년'이 청주에서 얼마나 잘하는지 보여주겠다고 결심한 거야. 그래서 공부도 열심히 했고 모든 일을 도맡아 했어. 고등학교 때 나만큼 손을 자주 든 애가 없었어.

"이번에 허슬 대회 맡아서 다른 반 이겨볼 사람?" "저요!"

"이번에 합창대회 맡아서 지휘해볼 사람?" "저요!"

"중창단대회 나가게 됐는데 책임지고 해볼 사람?" "저요!"

그렇게 무조건 "저요!" 하고 외쳤어. 그렇게라도 튀어야 할 거 아냐, 병원장 딸 이기려면. 하도 "저요, 저요!" 하면서 손을 드니까 나중에는 손드는 애들이 없어지더라고.

한번은 허슬 경연대회를 맡아서 한 적이 있어. 애들이 안 하겠다고 하는 걸 내가 일일이 설득해서 결국 하기로 한 거야. 그 당시 애들한테 5,000원씩 걷었어. 허슬 경연대회 나가려면 단체복 입어야 하잖아. 그 돈 모아서 서울 동대문시장까지 갔어. 아줌마한테 깎아서 티셔츠랑 모자랑 싸게 맞췄지. 그리고 그 무거운 걸 혼자 매고 낑낑대면서 고속버스 타고 청주로 내려온 거야.

덕분에 빨간 티에 노란 모자 쓰고 춤추는 사진이 지금도 있어. 당시 올리비아 뉴튼존 노래가 유행이었는데 그 노래에 맞춰 직접 안무 짜서 1등 했거든. 또 체육대회 응원전 나가서 온몸을 불살라 1등을 했어. 내가 맡아서 한 것 중에 1등이 아닌 게 없었다니까. 학교에 소문이 났어.

"김미경 떴다 하면 1등이다!"

어느 학교든 명물 같은 언니 하나 있잖아. 후배들이 아직도 나를 기억해. 하도 나대고 뛰어다녀서. 고3 끝날 무렵 이런 생각이 들었어.

'게임은 끝났다. 청주는 내가 다 평정했구나.'

그러면서 깨달은 게 있어. 사람은 열다섯 살 이후에는 '인간 기초역량'끼리 붙는다, 발가벗고 맞장 뜨는 거다, 느낌이 확실히 오더라고. 그래서 서울 와서도 맞짱 뜨는 싸움을 계속할 수 있었지. 지금도 하고 있잖아.

나는 "저요!" 할 수 있는 '용기'와 그 "저요!"를 감당하는 '책임감'만 있다면 어떤 상황에서도 싸워 이길 수 있다고 생각해. 그리고 그런 용기와 책임감을 가진 나 스스로를 기특하고 대견스럽게 여겼어.

'비빌 언덕'이 '자빠질 언덕' 된다

～～～～～～～～～ 그런데 그분을 만나는 순간 그게 다 무너졌잖아. 그렇게 훌륭하고 멋진 사람이 있구나. 그 사람이 바로 『나는 희망의 증거가 되고 싶다』의 서진규 박사야. MBC 파랑새 특강 때 인연이 돼서 만났거든.

박사님과 나는 지금도 동지처럼 지내고 있어. 우리는 '인간의 기초역량' 부분에서 딱 맞는 사람인 거야. 나는 그래도 엄마나 잘 만났지. 우리 엄마는 양장점 하면서 그랬거든. 우리 엄마는 그런 각오로 자식을 키웠어.

"내가 머리 깎고 살 베어서라도 너희들 키워준다."

그런데 서진규 박사 엄마는 안 그랬어.

"저 놈의 가시나를 내가 왜 낳았나. 가시나가 무슨 공부야?"

그러면서 여자 무시하고. 예전에 〈아들과 딸〉이라는 MBC 드라마 있었잖아. 서진규 박사는 딱 거기 나오는 후남이었어. 새벽 6시가 되면 엄마가 막 뺨을 때리면서 깨웠대. 밥 하라고. 가마솥에 불 지피라고 말이야.

"딸년이 엄마 안 돕고 자빠져서 아직까지 자고 있냐."

오빠는 안 깨워. 더 자야 하니까. 그래서 서진규 박사는 엄마가 계모라고 생각했대. 나중에는 분노가 치밀더래.

"여자는 왜 이렇게 살아야 하나. 우리 엄마는 같은 여자이면서 왜 나를 이렇게 무시하나."

서진규 박사의 가장 큰 힘은 바로 '분노'였어. 그 힘으로 악바리처럼 고등학교까지 간신히 마치고 가발공장에 들어간 거야. 거기서 여공으로 있다가 미국에서 가정부를 구한다는 광고를 보게 됐어. 결국 '한국에서는 내가 희망이 없다'면서 미국으로 갔지.

그때 친구들이 다 말렸대. 미국 가면 창녀 된다고. 못사는 나라 여자애들 가정부 시켜준다고 하고 결국 창녀로 팔아버린다고. 너무 무서웠지만 한국에서는 더 이상 희망이 없다는 생각으로 미국에 갔대. 다행히 너무 좋은 집에 들어가게 됐어. 거기서 돈 모아서 독립하고 식당에서 웨이트리스 하면서 팁 모아 대학을 간 거야.

그런데 지지리 복도 없지. 남편을 잘못 만난 거야. 태권도 사범이었는데 여자는 사흘에 한 번씩 북어 패듯 패야 말을 듣는다고 생각하는 남자였어. 태권도 사범이니까 때리면 얼마나 아팠겠니? 어디 한 구석 성한 곳이 없었대. 하도 맞아서 둘째 아이는 유산이 됐어.

결국 도망을 쳐서 미국 육군에 신병으로 들어간 거야. 유산한 지 얼마 안 된 몸으로 남자랑 똑같이 훈련받으면서 미국 육군이 됐어. 군대에서도 얼마나 공부를 열심히 했는지 아주 유명했대. 여기서 멈추지 않고 더 노력해서 하버드대 박사학위까지 딴 거야.

얼마나 훌륭한 인생 역전 드라마냐는 거야. 나는 서진규 박사가 쓴『나는 희망의 증거가 되고 싶다』라는 책을 줄 치며 읽었어. 그분 인생 자체가 감동적인 한 편의 드라마야. 우리나라 방송에도 소개됐고 책도 엄청 팔렸어.

지금도 왕성하게 활동하고 계셔. 미국과 한국 오가면서 강연하는데 미국에서 영어로 하는 강의가 더 많아. 그분 얘기 듣고 미국인들도 막 울면서 열광했어. 그런데 서진규 박사가 뭐라고 하냐면 자기는 꿈이 있다는 거야.

"다 이루신 거 아니에요?"

내가 물었더니 아직 아니라면서 자기는 미국 국무장관이 되고 싶대. 너무 놀라서 토끼 눈을 뜨고 물었어.

"진짜요?"

"왜 안 돼? 할 수 있어."

그러면서 이미 그 꿈을 다른 사람한테 다 공표해놨다는 거야. 그래야 한국 인재 찾는다고 하면 아는 사람들이 다리를 놓아줄 수 있다고.

그분 얼굴을 보고 있으면 정말 저분이 고생한 사람인가 싶어. 웃는 모습도 서글서글하고 강의할 때는 얼마나 열정적인지 몰라. 서진규 박사를 보면서 '저분 나이가 되어도 저렇게 강의할 수 있을까' 하는 생각을 하게 돼.

그분은 강의를 너무도 즐겨. 사람들의 마음에 희망을 심어주고 나면 자기 마음에는 더 큰 희망이 끓어오른대. 열정을 심어주고 나면 더 큰 열정이 끓어오르고. 그분은 사람들에게 희망과 열정을 심어주면서 더 큰 꿈을 꾸게 된 거야. 더 강해진 거야.

우리가 흔히 '비빌 언덕'이 있어야 한다고 말하잖아. 그런데 비빌 언덕이 잘못하면 '자빠질 언덕'이 될 수 있어. 살짝만 비비고 나와야 하는데 자빠져 누워버리는 거야. 그분은 비빌 언덕이 없으니까 자기 자신을 믿고 뛴 거지.

그런 분들이 '셀프 리더십'의 대가야. 내가 나의 리더가 되는 거야. 어떤 상황에 있든 자기 자신을 포기하지 않고 스스로 일으켜 세우는 거지. 그 힘은 안정과 풍요 속에서는 생겨나지 않아. 인간은 안정적이고 풍요로운 상황이 되면 자빠져서 누워버리게 돼 있어. 그게 본능이야.

하지만 가진 것 하나 없고 비빌 언덕도 없고 믿을 건 자기 자신뿐이라고 생각하면 그때부터 자신을 컨트롤하게 돼. 자신을 자산 삼아 세상과 거래하기 시작하는 거라고. 내가 커지면 세계를 흔들 수 있게 되는 거야.

30대 여자, 아직 미약하지. 가진 것도 별로 없어. 하지만 가장 중요한 건 자기 자신이라고 생각해봐. 30대엔 미약했지만 30년을 열심히 뛰면 뭐든지 쥐고 흔들 만큼 힘이 세져. 회사 하나 차려서 쥐고 흔드는 건 문제도 아니야. 전 세계도 흔들 수 있다고. 그런 자신감으로 셀프 리더가 돼보란 말이야.

돌아가고 싶지 않은
나를 만들어라

내가 즐겨보는 TV 프로그램 중의 하나가 〈무릎팍 도사〉야. 여기에 나오는 사람들은 사회 각 분야에서 성공한 사람들이지. 그들의 말 한 마디 한 마디가 다 명언이야. 그냥 툭 하고 한마디 하는데도 거기에 인생이 녹아 있어. 그 사람들의 피와 땀이 담겨 있단 말이야. 그런 말은 듣는 사람의 정곡을 찌르지.

2010년에 〈무릎팍 도사〉에 강수진이 나왔어. 강호동이 강수진 나이가 마흔세 살이라는 사실에 깜짝 놀라서 물어봤어.

"젊었을 때로 돌아가고 싶지 않나요?"

발레리나라는 직업이 나이가 들수록 역할에 한계가 있으니까. 그런데 강수진이 뭐라고 한 줄 알아? 한 치의 망설임도 없이 대답해.

"아니요."

아까워서 못 돌아가겠다는 거야.

"20대 때는 자세도 유연하지 않고 연기 표현력도 좋지 않았어요. 하지만 끊임없이 도전해서 지금은 20대 때보다 희로애락도 잘 표현돼요. 나는 그렇게 만든 마흔세 살의 내 몸이 아주 마음에 들어요."

그러면서 수십 년 동안 노력한 게 아까워서 절대로 못 돌아간다는 거야. 그 말을 듣는 순간 나는 너무 충격을 받았어.

'지금까지 이뤄놓은 게 아주 맘에 들어 다시 젊은 날로 돌아가고 싶지 않다고 말하는 여자가 얼마나 될까.'

그러면서 나 자신에게 질문을 던져봤어.

'김미경, 너는 다시 돌아갈래?'

생각해보니까 나도 돌아갈 이유가 없는 거야. 돌아간다고 해도 지금처럼 살았을 테니까. 그렇다면 왜 두 번 반복하느냐고. 어차피 지금 여기에 와 있을 텐데. 강의 가서도 한번 물어봤어.

"젊었을 때로 돌아가고 싶은 사람 손들어봐요."

그랬더니 반 이상이 손을 들어. 후회되는 것도 많고 '그때 더 잘했더라면······.' 하는 생각이 드는 거야. 그걸 보면서 한 가지 물음이 생겼지. 예전으로 돌아가고 싶지 않은 내가 되려면 어떻게 해야 할까?

넌 아직 멀었어. 네 기준을 높여!

～～～～～～～ 첫째, '내적 동기'가 강해야 해. 〈무릎팍 도사〉에 나오는 사람들은 다 내적 동기가 강한 사람들이야. 내적 동기가 뭐냐면, 남은 다 잘했다고 칭찬해도 나는 아니라고 하는 거야. 예를 들면, 미켈란젤로가 시스티나 성당에서 〈천지창조〉를 그릴 때야. 그가 아주 미세한 부분에 집착하면서 그것만 며칠째 계속 고치는 거야. 〈천지창조〉 그림이 얼마나 크니? 그런데 손바닥보다도 작은 부분에 며칠째 매달리고 있으니까 보다 못한 친구가 한마디 했지.

"아니, 자네는 그걸 누가 안다고 그러고 있나?"

그랬더니 미켈란젤로가 하는 말.

"내가 알지."

이게 바로 내적 동기야.

나도 강의가 끝나면 사람들이 아주 좋았다고 칭찬해줘. 그런데 강의가 잘 안 된 날은 아무리 칭찬을 들어도 우울해. 나 스스로 뭐가 부족했는지 너무도 잘 알기 때문이지. 발레리나 강수진도 아마 그랬을 거야.

"오늘 공연 아주 좋았어요."

사람들이 그렇게 말해도 공연에서 실수한 것, 부족한 점 때문에 끊임없이 자신을 채찍질하며 연습했을 거라고. 성공한 사람들은 대부분 남의 기준이 아니라 자기 기준에 맞춰 움직여 온 사람들이야. 이런 사람들은 자기 기준이 엄격해. 어떤 사람들은 평생 남의 기준도 못 맞춰서 일을 이 따위로 하나? 남들만큼은 해야 할 것 아니냐는 소리를 평생 듣는 사람도 있잖아.

그런가 하면 우와, 정말 멋진데, 이만하면 됐어. 네 나이에 이 정도 하는 사람이 어디 있느냐는 말을 듣는 사람도 있겠지. 그런데 칭찬에 '으쓱' 해서 이 정도면 됐다고 멈춰버리는 사람은 결국 남의 기준 이하로 떨어지게 돼 있어.

하지만 "감사합니다." 하고 돌아서서는 '아직 세밀함이 부족해.' '인내심을 더 키워야 해.' 이렇게 자신을 야단치면서 부족한 부분을 스스로 채워가는 사람들도 있어. 강수진이 바로 그런 사람이야. 그들은 남들이 잘했다고 칭찬해도 자기가 부족한 부분을 채워넣어. 남의 기준이 아닌 자기 기준으로 세상과 거래하니까.

나는 명창 안숙선 선생을 보고도 너무 놀랐어. 그분은 여섯 살 때부터 노래를 해왔는데 그때부터 자기 자신이 기준이었다는 거야. 노래 대회, 창가 대회 나가서 대상을 탔어, 우레와 같은 박수를 받았어. 그런데 그분은 너무 속상했대. 실수한 것, 틀린 것 때문에. 어디가 틀렸는지 다른 사람은 몰라도 나는 아는 거야.

〈서바이벌 나는 가수다〉에서도 그러잖아. 박정현이 조용필의 〈이젠 그랬으면 좋겠네〉로 1등 했어. 그런데 무대에서 내려오면서 '더 잘했으면 좋았을 텐데'라고 말해. 윤도현도 다른 사람들이 다 잘했다고 말해도 '음정이 좀 틀렸어요.' 말하잖아.

다른 사람들이 아무리 칭찬을 해도 자기 기준에 도달하지 못했기 때문에 속상한 거야. 그렇게 프로들은 내적 동기가 강해. 남의 기준은 이미 뛰어넘었어도 자기 기준에 도달하기 위해 초인적인 힘을 발휘해. 그러다 보면 최고가 돼 있게 마련이야.

그렇게 되려면 겸손해야 해. 내 직업 앞에 겸손해야 하고 나의 하루에 겸손해야 해. 겸손하면 내 허물을 찾을 수 있어. 그래서 계속 노력하게 되는 거야. 그러다 보면 강수진 같은 세계적인 발레리나가 되기도 하고, 안숙선 같은 명창이 되기도 하고 〈서바이벌 나는 가수다〉의 치열한 경쟁에서 1등도 하는 거야. 나중에 후회하지 않는 삶을 살고 싶으면 남의 기준에 맞춰서 살지 말고 '아직 멀었어. 더 잘할 수 있어.' 하는 마음가짐을 가지고 노력해야 해.

널 용서하지 마. 더 독하게 다뤄!

〰〰〰〰〰〰〰〰 두 번째는 독해져야 해. 남의 기준에 대충 맞춰 사는 사람들은 독하질 않아. 또 이런 사람들은 자신한테 관대하면서 남한테는 독해. 그래서 남의 허물을 그렇게 잘 봐.

남한테는 일을 그따위로 하냐고 나무라고는 자기가 해놓은 것에 대해서는 이만하면 됐다고 칭찬해. 남한테 독하고 자신한테 후한 사람이 성공할 수 있겠어? 제발 남한테 후하고 자신한테 독한 사람이 되란 말이야. 자신에게 엄격한 잣대를 들이대라고.

우리 회사 강사들이 강의하고 돌아오면 피곤할 텐데도 밤늦게까지 공부하는 거 보면 애처로워. 그래서 그만하고 들어가라고 말하지. 그러면서도 정작 나는 집에 안 들어가고 공부해. 나한테 후하게 굴었던 대가를 밖에서 얼마나 혹독하게 치르게 되는지 아니까. 나 자신에게 독해야 밖에서 후한 대접을 받을 수 있어. 그걸 알기 때문에 끊임없이 나 자신을 채찍질해온 거야. 그러다 보면 내가 목표했던 것들이 이루어져 있더라고.

그러니까 우리는 항상 반성할 필요가 있어.

'나에게 너무 후한 것은 아닐까?'

'나 자신을 너무 잘 용서하는 것은 아닐까?'

만일 나 자신한테 후하게 굴잖아? 그럼 어리광쟁이가 돼. 그런데 이 세상 어디에도 어리광쟁이를 받아주는 곳은 없어.

배우면 내 것, 안 배우면 남의 것

～～～～～～～～ 셋째, 계속 배워야 해. 사회가 끊임없이 변하잖아. 변하는 사회에 맞추려면 끊임없이 배워야 하고 배울수록 강해져. 네가 강해지면 사람들은 그걸 알고 너를 쓰게 돼있어. 네가 처음 직장생활을 할 때와 지금을 비교해봐. 얼마나 다르냐고.

네가 광고회사에 다닌다고 쳐봐. 채널이 한정돼 있잖아. 신문, 잡지, 라디오, 텔레비전……. 그런데 퍼스널 미디어 시대가 되면서 블로그를 알아야 해. 이제는 트위터, 페이스북, 소셜미디어 시대잖아. SNS를 모르면 광고 일을 할 수가 없어.

조찬 모임에 사람들이 얼마나 많이 오는지 알아? 그 이른 시간에 하나라도 더 배우고 인맥 하나 더 쌓으려고 온단 말이야. 서울 시내에서 매일 열리는 조찬 모임만 해도 수백 개야. 그런데 거기 가보면 더 안 배워도 될 것 같은 사람들만 와. 일주일 내내 조찬 모임 가는 분도 봤어. 이른 아침 시간을 이용해서 계속 배우는 거야.

'저 나이에 아랍어는 배워서 뭐 하나?'

'저 나이에 중국어는 배워서 뭐 하나?'

이런 생각이 들지만 그분들은 하나라도 더 배우려고 애써. 그래서 세상의 모든 정보를 자기 것으로 만들려고 한다고. 사회가 늘 쓰고 싶은 사람이 되는 거야.

"제 나이가 서른여섯 살인데 이제 배워서 뭐 해요. 애가 둘이나 있는데……, 직장 대충 다니다 마흔다섯 살쯤 은퇴하면 되지."

이런 사람은 사회가 쓰고 싶지 않은 시기가 앞당겨질 거야. 마흔다섯 살 이전에 은퇴하게 되는 거지.

내가 구호처럼 외우는 말이 있어.

'배우면 내 것, 안 배우면 남의 것.'

이 세상 모든 것이 배우면 내 것이 되고 안 배우면 남의 것이 돼. 조찬 모임 가서 하나라도 더 배우려고 하는 사람들은 하루를 뿌듯하게 시작해. 아침 먹고 강의 듣고 질문해서 뭔가 알아낸 사람들의 하루가 상쾌한 건 당연한 거 아니겠어? 그뿐만이 아니야. 서로 네트워크도 쌓는다고.

"이번 일 잘 처리해야 하는데 혹시 행정안전부에 아는 사람 있나?"

부장이 이렇게 말하면 남자애들은 인맥이 넓어서 꼭 손을 들어. 그날을 위해 고등학교 동창모임부터 조기축구회, 조찬 모임에 많이 나갔거든. 그런데 아무데도 참석 안 하는 여자들은 아는 사람이 없어. 아는 사람은 자기 남편 하나뿐이야.

그러지 말고 멋지게 이렇게 말해봐.

"조찬 모임 가서 만난 분인데 행정안전부 과장님이시더라고요. 그분께 연락해볼게요."

그러면 네 위치가 순식간에 올라갈걸? 배움에 열정이 있는 사람들은 '성분'이 비슷해. 게다가 남 도와주는 열정도 넘쳐서 조금만 친해지면 잘 도와줘. 새로운 걸 배우고 네 일을 도와주는 사람까지 얻으면 그것만큼 금상첨화인 게 어디 있겠니?

스물여섯 살에 시작해서 이렇게 10년만 살아봐. 서른여섯 살 되면 스물여섯 살로 돌아가고 싶지 않을 거야. 열심히 산 인생이 아까워서 못 돌아가는 거야. 돌아가는 건 아예 생각하지 않고 앞으로 뛰기만 할 거야.

그러다 뒤에서 바람이 확 밀어줄 때가 있어. 더 신나게 앞으로 달리는 거지. 이렇게 마흔여섯 살이 됐어. 돌아가고 싶겠어? 아까워서 어떻게 돌아가느냐고. 그렇게 산 사람들은 여든 살, 아흔 살이 되어도 안 돌아간다고 해.

"한세상 열심히 살았으니 이젠 그만 가야죠."

이게 사람이 누릴 수 있는 가장 멋진 인생 아닐까?

02

일 · Work

여자, 자발적
생계부양자가 돼라

~~~~~~~~~~~~~~~~~~ 이런 가정을 한번 해봐.

전 세계 남성 인구가 100명이야. 그러면 사회적 능력과 돈벌이 능력이 탁월한 남자가 50명은 되겠지? 나머지 50명은 그런 능력이 없거나 부족해. 여자도 마찬가지야. 사회적 능력과 돈벌이 능력을 갖춘 여자가 50명, 나머지는 그렇지 않은 여자야.

그런데 이상하지 않아? 남자들은 다 일을 하잖아. 능력에 상관없이 100명이 다 밖에서 일한다고. 그런데 여자들은 거의 집에 있어. 능력에 상관없이 집에서 애 낳고 살림하는 거야. 왜 그럴까?

나 때만 해도 남자들은 생계부양자로 길러졌어. 아들이 공부를 못하잖아? 엄마들이 이렇게 야단을 쳐.

"너 그렇게 공부해서 처자식이나 먹여 살릴 수 있겠냐?"

딸들한테는 이런 소리 절대 안 해. 오히려 이렇게 얘기했어.

"여자가 1등 하면 팔자가 세다."

지금도 부모가 가장 속상한 게 뭐냐면 딸이 생계부양자가 되는 거야. 딸이 가난한 남자랑 결혼해서 돈을 벌어. 심지어 자기 딸이 남편 공부 비용까지 대는 거야. 그 딸 엄마는 환장하는 거지. 내 딸이 팔자가 세서 저런다고 생각하는 거야. 딸도 그렇게 생각해. 정말 나는 팔자가 세서 그런가. 내 친구들은 남편이 벌어다 주는 돈으로 신나게 쇼핑하면서 사는데 왜 나만 이렇게 살아야 해? 이런 생각을 한단 말이야.

물론 지금은 사회가 많이 변했지. 하지만 아직도 남자는 생계부양자인 게 당연하고 여자가 생계부양자가 되면 팔자가 세거나 불쌍하다고 취급받는 경향이 있어.

남자가 돈 못 버는 건
이혼 사유가 아니라 여자가 돈 벌 사유다

〰〰〰〰〰〰 난 사회적 능력과 돈벌이 능력이 현저히 떨어지는 남자를 평생 봐왔어. 바로 우리 아버지야. 우리 아버지

는 초등학교 선생님이 딱 맞아. 그런데 욕심을 내서 학교를 그만두고 삼성전자 대리점을 했어. 근데 영업 능력이 없다 보니 그걸 감당 못하고 2년 만에 홀러덩 말아먹더라고. 그래서 방마다 재고 TV를 다섯 대씩 놓고 살았잖아. 그걸 볼 때마다 우리는 신나서 죽고 엄마는 속 터져 죽었지.

그다음엔 아버지가 자개농 장사를 시작했어. 영업 능력이 없으니까 시장분석 능력도 없는 거야. 내가 증평에 살았는데 80퍼센트가 농사를 지어. 15퍼센트 정도가 철물점, 수예점, 청과물상회 같은 자영업이야. 동네에 자개농 놓을 집이라고는 양조장, 목재소, 사단장 사모님, 딱 손에 꼽을 만큼이야. 몇 집에 자개농 파니까 더는 팔 집이 없어.

그래서 1년 만에 또 접었지. 이번에는 방마다 자개농을 놓고 살았어. 어렸을 때 내 책상이 자개농이었다니까. 내가 제일 싫어하는 게 거북이랑 봉황이었어. 자고 일어나면 거북이랑 봉황이 화장대에도 있고 책상에도 있고 장롱에도 둥둥 떠다니는 거야. 오죽하면 애들이 우리 집 놀러 오면 할머니 방 같다고 놀렸겠어.

우리 엄마는 처녀 때부터 양장점을 했어. 만약 아버지가 잘 벌었다면 중간에 접었겠지. 엄마도 옛날 사람이니까. 결혼할 당시에는 평생 양장점을 하게 될 줄 몰랐을 거야. 그런데 아버지가 사업을 족족 말아먹으면서 엄마의 놀라운 능력이 개발된 거야. 생계부양자 능력이지. 서른여덟 살까지 애 넷을 낳으면서 본격적인 생계부양자가 됐어. 우리 집이 딸만 넷이거든. 그러다 엄마가 마흔 살에 늦둥이 아들을 낳았어. 그때부터는 거의 투사가 된 거야. 죽으라고 돈을 벌었어.

우리 아버지가 나중에는 돼지를 키웠어. 그런데 능력이 없으면 하늘도 안 돕는 것 같아. 구제역은 왜 그리 자주 오는지. 1,000마리 기르면 500마리는 땅에 묻어. 그럴 때마다 아버지가 울어. 그러면 엄마가 괜찮다고 아버지 등을 두들기며 위로했어.

"그까짓 500마리 더 사다 기르면 되지."

그러면서 양장점에서 번 돈으로 새끼 돼지 500마리 사서 아버지 주는 거야. 이렇게 우리 엄마가 평생을 생계부양자로 살면서 한 얘기가 있어.

"남자가 돈 못 버는 건 이혼 사유가 아니다. 여자가 돈 벌 사유지."

이 간단한 걸 왜 헷갈리느냐는 거야. 난 평생을 생계부양자로 사는 엄마를 봐왔기 때문에 '여자도 일해야 해?' '여자도 돈 벌어야 해?' 이런 의문을 가진 적이 없어. '한 번 일하면 끝까지 한다'를 당연하게 여기면서 살았지. 우리 엄마가 나에게 물려준 최고의 유산이 바로 이런 생계부양자 기질이야.

일하는 여자는 팔자가 세다고?

~~~~~~~~~~~~~~~ 그런데 주위를 보니까 우리 집만 좀 특별하더라고. 어른들이 어렸을 때부터 그러는 거야.

"여자는 좋은 남자 만나서 시집가고 남편 내조하면서 사는 게 제일 행복한 거다."

"돈 벌면서 사는 여자 인생은 팔자가 센 거다."

어렸을 때부터 이런 얘기를 수없이 들었어. 내 윗세대는 더해. 오빠 공부시키기 위해서 여동생들이 다 공장으로 갔어. 피복공장과 가발공장에 여동생 혹은 누나들이 오빠, 남동생 공부 가르치려고 들어가는 거야. 그러다가 우리 세대에 와서는 좀 산다 싶으면 여자도 고등학교 대학교 보냈어.

우리 때 공부 잘했던 애들이 갔던 데가 여상이야. 공부 잘하는 애들이 이화여대보다 서울여상을 더 많이 들어갔어. 여상 나오면 좋은 데 취직도 빨리 됐으니까. 여자들이 생계부양자를 양산하기 위한 임시 인력이었던 시절 얘기야.

하지만 학력수준이 높아졌다고 해서 생계부양자적 기질까지 높아진 건 아니야. 엄마들이 그렇게 안 길렀으니까. 다행히 나는 엄마한테 생계부양자적 기질을 물려받았어. 스물세 살 때부터 일하기 시작해서 지금까지도 일하고 있잖아. 세상이 보기에 나 같은 여자는 너무 이상한 거지.

얼마 전까지만 해도 드라마에서 일하는 여자들은 팔자 센 여자, 성질이 못된 여자로 그려졌어. 남편 무시하고 말투도 사나운데다 머리는 짧고 바지만 입고 다녀. 그래서 내가 한때 화가 나 일부러 머리 기르고 치마만 입고 다닌 적도 있어.

사회에서는 나를 생계부양자로 인정 안 해주는 거야. 생계부양자적 기질을 가지고 열심히 일하면 일할수록 사회는 나를 팔자 센 여자 취급했어. 그런데 요즘은 달라졌어. 나 같은 여자를 성공한 골드미스, 커리어우먼으로 그려주기 시작한 거야.

어떻게 보면 지금 20~30대 여자들은 축복받은 거야. 대한민국 역사상 생계부양자로 인정받은 첫 번째 세대니까. 지금은 대학 나오면 일하는 게 당연하잖아. 졸업하자마자 결혼하면 오히려 이상한 애 취급해. 그런데 문제는 여전히 생계부양자 기질은 약하다는 거야. 왜 그럴까?

남자는 원초적 생계부양자, 여자는 자발적 생계부양자

〰〰〰〰〰〰〰 생계부양자에는 두 가지가 있어. 자발적 생계부양자와 원초적 생계부양자. 남자들은 원초적 생계부양자

고 나는 자발적 생계부양자야. 둘 중에 누가 더 셀까? 자발적 생계부양자가 훨씬 세. 왜냐하면 남자들은 직장을 '그냥' 다녀. 이유도 아주 간단해. 안 다니면 이상하니까.

하지만 여자들은 직장을 다니기 위해 하루에도 열두 번씩 자신과 싸워. 애가 아파서 입원해봐. 그러면 '내가 간호해야 하는데…….' 애 성적 떨어져 봐. '내가 집에서 애 공부시켜야 하는 건 아닌가.' 하루에도 몇 번씩 고민하는 거야. 내가 일한다고 해서 누가 수고했다고 말해주는 사람도 없어.

요즘 남자 중에는 아직도 집안에 원초적 생계부양자가 하나면 충분하다는 사람들도 많아.

"내가 버니까 너는 집에 있어. 좀 아껴 쓰면 되잖아."

그렇게 단순하게 말하거든. 그런데 아낄 게 있어야 아끼지.

"너 어제도 1시에 들어왔지. 주말에도 출장 갔지. 여자가 그래서 가정이 제대로 꾸려지겠어?"

그렇게 생계부양자 역할을 하는 여자를 끌어내리는 거야.

"네가 일하는 건 너 좋아서 하는 거지, 내가 시켜서 하는 게 아니다."

협박까지 해. 그러니 자발적 생계부양자로 직장 다니는 여자들은 일하는 이유를 자신에게 수도 없이 물어가며 근성을 키울 수밖에 없어. 내가 강의를 하다 보면 남자 교육 담당자들이 이구동성으로 하는 말이 있어.

"여자들은 직업의식이 약해요. 여자들 직업의식 교육 좀 시켜줘요."

그럼 내가 뭐라고 하는지 알아?

"여보세요. 당신이랑 당신 옆에 있는 여직원이랑 누가 더 직업의식이 센지 나랑 삼자대면 해볼래요? 당신은 그냥 다니는 거지만 당신 옆에 있는 여직원은 자기가 직장에 다니는 이유를 하루에도 몇 번씩 자신에게 묻고 살아요. 그러면 당신과 당신 옆자리에 앉은 여직원 중 누가 더 직업의식이 강하냐고요."

나는 스물세 살부터 마흔여덟 살 때까지 25년간 단 한 번도 쉬지 않고 일해왔어. 우리 남편이랑 나랑 직업의식이 누가 더 강할까? 당연히 내가 100배는 세다고 자부해. 우리 남편은 친구 따라 강남 가듯 회사도 친구들이 다니니까 그냥 다니는 거야. 반면 내 친구 중 직장에 남아 있는 애는 거의 없어.

내가 남아 있는 1퍼센트에 불과해. 여자 나이 마흔여덟 살에 직장에 남은 여자는 거의 없다고. 내 친구들은 자기가 집에 있는 게 당연한 거니까 이유를 댈 필요가 없지. 반대로 나는 애들한테 끊임없이 이유를 대면서 직장에 다녀야 했어. 내 친구들뿐만 아니라 내 남편한테도 내 아이한테도 이유를 대야 했어. 그래서 나는 직장에 다니는 근거가 엄청나게 확실해. 직업

관이 나보다 더 투철한 사람도 별로 없을 거야. 근성? 대한민국 남자들 다 나와보라고 해.

너희가 자발적 생계부양자로 살기 위해서는 매일같이 자신이 일하는 이유에 대해 묻고 답하면서 자기 안의 근성을 끌어내야 해. 물론 여자들이 자발적 생계부양자로 살다가 복병을 만나기도 하지. 그래도 애가 몹쓸 병에 걸려서 엄마가 없으면 안 될 정도의 복병 아니면 계속 일해야지. 그런데 그런 대다수의 여자가 복병을 만나기도 전에 자기가 쳐놓은 바리케이드에 알아서 넘어져.

남자들은 웬만한 이유 아니면 넘어지지 않아. 자기 아내가 있으니까. 애가 아프든 어머니가 아프든 집에 큰일이 생기든 신경을 안 써도 아내가 다 처리해주잖아. 자기가 생계부양자 역할을 심플하게 할 수 있도록 복잡한 문제를 아내가 해결해줘. 그러니까 남자들은 마음 편하게 직장에 다닐 수 있는 거야.

한번 이혼해봐. 아내가 혹시 독한 여자여서 애 둘 두고 나가면 그 남자는 끝장이야. 그 남자 옆에 있는 여자 대리랑 똑같아지는 거야. 낮에 몰래 쇼핑도 해야 하고 회식 가자고 하면 급한 약속이 있다고 죄송하다고 하고 집에 뛰어가서 애들 알림장을 봐야 해. 이혼율이 늘어나니까 실제로 그런 남자들이 많이 생기고 있어. 남자들 정신 차리게 하려면 이혼해도 6개월 정도는 애 두고 나와야 해. 여자가 그동안 얼마나 많은 복잡한 문제들을 대신 처리해왔는지 남자가 알아야 한다고.

결혼해도 남자들 인생은 달라지지 않아. 밥 먹고 직장 가면 끝이야. 여자는 어때? 세 식구 밥 먹여야지, 직장에 나가야지, 결혼하면 시댁식구까지 다 딸려오잖아. 이 모든 복잡한 문제들을 다 처리해야 하는 거야. 여자는 생계부양자적 기질만 유지하고 살기에는 너무 복잡해. 내가 가슴 아프게 생각하는 것도 바로 이 부분이야.

나는 자발적 생계부양자로 자라왔고 대학 들어가서 그런 생각이 더 강해졌어. 내 꿈을 이루는 게 내 인생의 목표야. 그런데 결혼을 하자마자 내가 선택한 남자와 내가 낳은 아이들이 내 인생을 복잡하게 만들어. 이렇게 복잡해질 줄은 상상도 못했지. 울면서 회사에 다녀야 했어. 너희는 오죽하겠냐고. 어떻게든 심플하게 만들어야 할 거 아냐. 그러니 애라도 낳지 말자, 이렇게 되는 거지.

자발적 생계부양자가 세상을 바꾼다

2010년 출산율이 1.2명이야. 이렇게 30년이 지나면 인구수가 현저히 줄겠지. 애들이 없으니까 기저귀 회사도 안 되고 분유회사도 안 돼. 초등학교도 문 닫아. 여기서 끝이 아니지 중고등학교 학생용품도 안 팔려. 아무리 물건을 생산해도 팔리지 않아. 그리고 노동인구가 줄어들면서 경제도 어려워져. 그래서 21세기에는 최고의 인프라가 인구라고 하잖아. 이제 어느 나라가 인구를 많이 갖느냐 하는 싸움이야.

출산율을 높이려면 여자가 감당해야 하는 복잡한 문제를 어떻게든 심플하게 만들어야 해. 국가 시스템이 그걸 책임져야 한다고.

"애 낳으십시오. 국가가 키워드리겠습니다."

말로만 하지 말고 8시가 되면 애 찾아가라고 제발 전화 좀 하지 마. 이왕 보는 거 24시간 보란 말이야. 여자도 회식 좀 하자. 회식해야 승진할 거 아냐? 여자들은 회식 자리 가면 앉자마자 엉덩이가 들썩거려.

"저, 1차만 하고 갈게요."

조금만 늦어도 어린이집에서 난리가 나니까 애 찾으러 가야 해. 그러다 남편하고도 대판 싸우지.

"오늘만 당신이 애 좀 찾아오라고 했는데 어떻게 된 거야?"

가끔 남자들이 일부러 전화를 꺼놓잖아. 배터리 떨어졌다고 하면서. 얼마나 얄미우냐고. 왜 이런 복잡한 문제를 여자만 감당해야 하니?

물론 해결 방법은 있어. 국가가 0세부터 6세까지 무상으로 애를 길러주는 거야. 큰돈 안 들어. 구청, 시청 증축할 돈으로 애들 기르라고. 국가가 애를 길러주는 구조가 되면 출산율은 당연히 늘 수밖에 없어. 그래야 출산율 늘지 100만 원 준다고 해도 애 안 낳는다고.

기업에서도 여성 인력을 존중하고 인정해야 해. 여자들이 섬세하고 다양한 것을 동시에 보는 통합적 능력이 있잖아. 감성 시장을 잡기 위해선 여성의 능력이 필수야. 기업들도 그렇게 말하잖아. 그런데 직장 구조는 감성적이지 않아. 여성적이지 않다고. 직장에 유축실도 없어. 여자들 임신하면 졸려 죽는데 낮잠 시간도 안 줘.

가장 큰 문제는 탁아시설이 없다는 거야. 회사마다 탁아시설이 있어야 해. 동네 육아시설은 동네에서 자영업 하는 여자들이 애 키우고 회사에서는 여성 인력들 애 키워주는 탁아시설을 만들어야 해. 그러면 직장 그만두라고 해도 안 그만둘걸?

기업들이 이런 걸 투자로 생각해야 하는데 비용으로만 생각하잖아. 그게 문제야. 하지만 지금은 투자로 여기는 기업들도 늘고 있어.

그런데 기업 인식이 바뀌는 데 가장 큰 역할을 한 사람이 누구냐면 이런 복잡한 문제를 다 안고도 집으로 돌아가지 않았던 여자들이야. 직장에 남아 있는 여자들이 투사였던 거지.

이 여자들이 차장 되고 부장 되면서 직급으로 실력행사를 했어. 여자가 임원이 되면서 회사 분위기 자체가 바뀐 거야. 대표성을 갖고 이야기하니까.

"후배들을 위해서 이건 해야겠습니다."

그러면서 회사가 바뀐 거라고. 너희는 복잡한 문제를 다 끌어안고 견딘 선배들한테 상 줘야 해.

내가 직장생활을 오래 한 이유 중 하나도 바로 이것 때문이야. 복잡한 문제를 껴안고 견딘 롤 모델이 되기 위해서. 내가 바꾸지 않으면 앞으로의 세상도 달라지지 않을 테니까.

'내가 오랫동안 일할수록 세상은 더 빠르게 변할 거야.'

이런 생각을 하고 끝까지 버티라고. 자발적 생계부양자로 당당하게 견디란 말이야.

집이냐 일이냐,
너의 선택이야

～～～～～～～～～ 자기 존재감을 느끼고 싶어 하는 것은 인간의 본능이야. 둘째가 생기면 첫째가 꼭 동생 구박하잖아. 예전에는 안 그러던 애가 물 엎지르고 옷 더럽혀. 그게 뭐냐면 '나 좀 봐주세요'야. 어른도 마찬가지야. 성공까진 아니어도 누구나 다 관심받고 싶어 해. 더 나아가 주목받고 존경받고 싶어 하지.

그런데 중요한 건 관심 받으려는 노력을 어디에 쓰느냐지. 많은 여자가 가족으로부터 관심을 받으려고 해. 청소하고 빨래하고 애 낳고 키우는 데 애를 쓰는 거야. 그런데 그게 관심거리가 되냐고. 늘 하는 일이고 똑같은 일상인데 관심이 쏟아질 리 없잖아.

"얘, 내가 경동시장까지 가서 5,000원 하는 감자를 3,000원에 사 왔어."

엄마들이 그렇게 말하는 건 그렇게라도 관심을 받으려는 몸부림이야. 그런데 이 얘기를 듣고 누가 관심을 두느냐고. 새로운 반찬 만드느라 고생했는데 가족들이 알아주기나 해? 어제 먹던 것과 크게 달라진 것 같지 않은 거지. 봄 향기 물씬 느낄 수 있도록 달래를 듬뿍 넣어서 된장찌개를 끓였어. 그런데 남편이 한다는 소리가 뭐야?

"오늘 점심 때 회사 앞에서 먹었던 거네."

얼마나 맥 빠지느냐고. 물론 자식이 어릴 때는 애한테 관심 받지.

"엄마, 배고파요." "엄마, 졸려요." "엄마, 이거 사주세요."

그러다 애들이 커서 학교 다니고 학원 다니느라 바빠지기 시작하면 그때부터 우울증이 오는 거야.

내가 출연했던 KBS〈아침마당〉에 어떤 여자가 나왔어. 우울증에 걸린 여자였는데 그 여자는 관심을 받고 싶은 곳이 집안이 아니었던 거야. 집에서 살림만 하는 게 즐겁지 않은 여자였어.

그걸 결혼한 후 직장 그만두고 알게 된 거야. 예전에는 몰랐지. 직장 다닐 때는 '일 잘한다'는 소리를 꽤 들었어. 그렇게 직장에서 받는 관심이 자기를 살게 하는 영양분이었던 거야. 그런데 그게 없어지니까 우울증에 걸리게 된 거지.

결국 차에 뛰어들어 죽으려고까지 했대. 이 여자가 〈아침마당〉 '주부 발언대'라는 코너에 나와 우울증이라는 주제로 자기 얘기를 한 거야. 내친김에 노래도 하고. 그런데 방송에 나온 직후부터 주위에서 관심이 쏟아졌어.

"어쩜 그렇게 말씀을 잘하세요?"

"어쩜 그렇게 노래를 잘하세요?"

관심이 주목의 단계로까지 발전하면서 이 여자가 노래강사로 변신을 했어. 잘 나가는 노래강사가 되니까 남편도 새롭게 보기 시작하고 자식도 우리 엄마 멋있다고 하고 다른 사람들도 이 여자를 주목하게 된 거지.

우울증에 걸려서 죽으려고까지 했던 여자가 지금은 너무 즐겁게 살고 있어. 물론 노래강사로 유명해지니까 돈도 잘 벌게 됐지. 이렇게 집 안이 아닌 밖에서 관심을 받고 싶은 사람은 열심히 노력해야 해. 관심에서 주목과 존경의 단계까지 갈 수 있도록. 그걸 모른 체하면 우울증이 와. 자존감을 잃어버리게 되면서 상처 입은 인간으로 살아가게 돼.

얼마나 많은 엄마가 상처받으며 살고 있니?

"너희 때문에 희생했어."

그러면 자식들이 그러잖아.

"누가 희생하래요?"

이런 얘기도 입에 달고 살아.

"내가 살아온 얘기를 책으로 쓰면 10권은 된다."

이게 다 상처받은 자의 울부짖음이라고. 내 인생, 내가 원하는 대로 살지 못해서 상처입은 거지. 스스로 기쁨이 되는 삶을 살래, 상처 주는 삶을 살래? 선택은 네 몫이야.

아직도 잘 모르겠어? 너 자신에게 물어봐

〰〰〰〰〰〰 "나는 남편 내조 잘하고 애 잘 키우면서도 행복하게 살 수 있어."

물론 이런 사람도 있어. 그런 사람들은 그걸로 만족하고 살아야지 우울증에 걸리면 안 돼. 남편과 아이는 언제나 떠날 수 있다는 걸 인정하란 말이야. 남편은 집에 신경 쓰면 밖에서 주목을 받을 수 없어. 더군다나 주목이 존경으로까지 이어지려면 바쁠 수밖에 없어. 아들은 크면 관심 가는 여자가 당연히 생길 거고.

가족에게 관심을 받지 못한다면 다른 곳에서 관심과 주목을 받을 수 있도록 해야지. 신앙생활 열심히 해서 교회에서 존경받는 집사님이 된다든지, 어려운 사람들 돕는 자원봉사를 한다든지, 김치 홍보대사가 되어서 수십 군데 김치 담그러 다니든지, 아니면 아르바이트로 50만 원이라도 벌어서 관심을 받아야 해.

인간은 죽을 때까지 성장하는 기쁨 속에서 살아야 행복한 거야. 그게 없으면 늙으면서 초라해져. 직장 다니는 여자들은 나이가 들어도 커리어가 있기 때문에 그만큼 보상을 받아. 신체적으로는 늙었지만 커리어에서는 젊어지고 강해진 거지. 여기서 자존감이 생기는 거야.

그런데 이런 것도 없이 나이만 먹고 주변의 관심도 사라져. 어느 누가 우울증에 걸리지 않겠느냐고. 여기다 남편이 갑자기 바람까지 피워. 출장을 1년씩 가. 그러면 우울증이 극에 달하는 거야. 그래서 우리는 평생 새로운 도전 속에서 살아야 해. 도전해야만 관심을 받을 수 있으니까.

여자는 결혼하면 내 안에서 울려 퍼지는 내면의 목소리에 귀 기울일 줄 알아야 해. 그걸 외면하지 말라고.

"너는 직장에 들어가 일해야 살아."

그 목소리가 그렇게 말하면 시키는 대로 해. 일하느라 살림하느라 힘들어서 눈물이 찔끔찔끔 나와도 해야 하는 거야.

나도 집안일과 직장생활을 병행하면서 너무 힘들었어. 남편하고도 많이 싸웠지. 남자들은 예나 지금이나 퇴근하고 집에 오면 손 하나 까딱 안 해. 나뿐만 아니라 모든 여자가 그것 때문에 싸워. 더 기가 막힌 건 내가 힘들다고 하면 남편이 뭐라는지 알아?

"너 좋아서 하는 일이잖아. 누가 일하래?"

이 정도면 남편이 아니라 적이야 적. 한동안 '적과의 동침'을 할 수 없다는 생각마저 했다니까.

'이 남자는 날 도와주기는커녕 내 인생의 목표에도 동의하지 않는 사람이다.'

몇 년 동안 그 생각을 하고 살았어. 그 시간을 다 참아낸 거지. 그런데 시간이 지나니까 진짜 내가 좋아서 일한 거더라고. 일하면서 생긴 보상을 가족과 나눈 거지.

가만히 보니까 우리 남편도 자기가 좋아서 일하는 거야. 일하지 말고 애 키우라고 하면 싫다고 할걸? 자기 좋아서 일하고 그렇게 일해서 번 돈을 가족과 나누는 거야. 그러니까 누구 때문에 일하고 누구 때문에 돈 번다는 얘기를 할 필요가 없어. 일하는 것 자체가 사실은 즐거움인 거야. 동정표 얻으려고 죽는소리 할 필요가 없어.

여자는 결혼 후의 선택이 진짜다

~~~~~~~~~~~~~~~~~ 내가 아는 사람 중에도 집에서 받는 관심만으로도 충분히 행복한 사람들이 있어. 하나도 문제없어. 잘못된 게 아냐. 다만 나와는 성향이 다른 사람일 뿐이지. 잘 모르는 사람들은 일하는 여자, 집에서 살림만 하는 여자로 구분하면서 꼴값을 떨어. 유치한 사람들이지.

전업주부 중에서도 제대로 하는 사람은 달라. 경동시장까지 가서 5,000원 하는 감자를 3,000원에 사 오는 게 아니라 경기도에 10평 텃밭을 사서 아예 감자를 심어. 그렇게 유기농 농사짓다가 유기농 박사 저리 가라 할 정도가 돼.

"한국 사람들 먹는 게 다 그렇죠, 뭐."

부부모임에서 그렇게 말하면 이 여자가 유기농법에 대해 술술 푸는 거야.

"유기농법으로 경작해도 벌레 많이 먹지 않아요."

그러면서 자기는 유기농으로 재배한 열무김치를 담가 먹는다고 하는 거야. 이런 여자들은 전업주부 중에서 황제급이라고 할 수 있지.

아이들 학원 한번 안 보내고 과외 한번 안 시키고 공부하는 습관 들여서 인재로 키우는 엄마도 있잖아. 유기농 교육인 거지. 일하는 엄마들은 바빠서 학원 여기저기 돌리고 그러다 나중에 골치 썩잖아. 유기농 교육으로 크는 애들은 성장 과정 자체가 달라.

엄마가 정성스럽게 책 읽어주는 거랑 DVD 툭 던져주는 게 똑같냐고. 나는 유기농 교육을 하는 엄마들은 연봉으로 치자면 1억 원도 더 줘야 한다고 생각해. 내가 다시 태어난다면 꼭 해보고 싶은 게 바로 유기농 교육을 하는 유기농 엄마야. 한 열 명 정노 낳아서 제대로 키워보고 싶어. 엄청나게 보람 있을 것 같아. 그러면 어떻게 되겠어?

"어떻게 키우셨어요?"

물어보면 그 비결 알려주고 한 시간에 몇백만 원 받는 강사가 되는 거지. 자기 일을 제대로 하기만 하면 돈으로 환산되는 때가 오게 돼. 그런데 어떤 사람들은 돈으로 환산하기는커녕 우울증과 거래하지. 그러면서 평생 희생했다고 푸념하는 거야.

내가 어느 곳에서 관심을 받아야 기쁜지, 내 정체성과 자존감을 어디서 얻을 수 있는지 결혼 전에는 잘 몰라. 결혼 전에는 빨리 가정 꾸리고 쉬고 싶어서 내면의 소리를 못 듣는 거야. 그러다 애 하나 낳고 나면 무슨 소리가 들릴 거야. 그때 들리는 내면의 목소리를 외면하지 말라고. 그리고 그때 네가 뭘 하며 살지 다시 결정해.

기껏 딸 키워서
'매니저' 시킬래?

몇 년 전, 삼성의 모 계열사에 강의를 갔어. 삼성 다니는 여자들 보면 대리가 보통 서른둘에서 서른여섯 정도야. 그런데 놀라운 건 이 30대 중반 여자 중 30~40퍼센트가 결혼을 안 했다는 거야.

애들이 뭐가 모자라서 못했겠니? 직장? 직장이 너무 탄탄해서 문제지. 우리나라 인구 중 단 몇 퍼센트만 삼성에 들어가니까. 연봉? 그것도 엄청나지. 게다가 똑똑하지. 그런데 애들이 결혼을 안 해. 결혼하고 직장 다니면서 남편 뒷바라지와 애 낳아서 키울 걱정 때문에 지레 겁먹고 포기하는 거야.

이런 애들이 연애하면 어떤 줄 알아? 일이 바쁠 때는 주말에도 회사에 나가. 그러면 남자들이 질리는 거지. 아침에 '뜨신 밥' 먹기는 틀린 것 같은 거야. 웃기는 게 뭔 줄 알아? 이런 남자들이 밖에서는 이렇게 말하고 다녀.

"여자도 자기 일을 해야죠."

"아내가 삼성 다녀요. 벌써 대리예요."

그런데 그들도 아내가 차려주는 아침밥은 먹고 싶은 거야. 남자들은 아침 6시에 출근해서 밤 12시까지 상사들 비위 맞추느라 술 마시고 그러면서 승진하지. 여자들은 그냥 승진하니? 그런데 자기 아내는 9시에 출근해서 6시에 퇴근하면서도 승진하길 바라는 거야. 이게 남자들의 생각이라고. 그런 남자들을 직장에서 하도 많이 보니까 여자들이 결혼을 포기하는 거야. 보통 심각한 문제가 아니지.

게다가 여자 상사들이 육아 때문에 너무 고생하는 걸 본 거야. 아침에 애 둘러업고 어린이집으로 막 뛰어가. 어린이집 종일반에 애를 맡겨. 처음에는 애가 엄마한테서 안 떨어지려고 막 울잖아. 그러면 선생이 애 혼을 쏙 빼놔. 그 사이에 엄마 가라고. 애랑 눈이 마주칠까 봐 똑바로 걸어서도 못 나오고 엎드려서 기어 나오는 거야. 걱정돼서 문 틈새로 애 모습 확인하고. 남편? 거의 안 도와주지.

내가 아는 사람 중에 현대 계열사에 다니는 박사 부부가 있어. 남자도 박사고 여자도 박사야. 그런데 남자 박사는 우아하게 출근하고 여자 박사는 애 맡기고 기어서 출근해. 외국에 나가 박사 따고 온 이 여자도 똑같은 고민을 하는 거야.

'정말 이렇게까지 하면서 직장 다녀야 하나……'

여자 선배들이 이러고 사는데 애들이 무슨 결혼을 하고 싶겠냐고. 그 여자 박사가 이 문제로 나한테 상담을 받았어. 그때가 한 8년 전쯤 됐지. 그 회사에서 여성 리더십 교육을 3일 동안 했거든. 그런데 리더십 교육 중에 아침 드라마 같은 일이 벌어졌어. 교육 받는 여자들이 언제부턴지 눈물을 찔끔거리기 시작하는 거야. 그리고 어느 순간 완전히 울음바다가 됐어. 그동안의 설움과 울분이 뒤섞인 눈물이었지. 강의가 끝나니까 다들 붙잡고 안 보내주는 거야. 그래서 결국 개인 상담을 할 수밖에 없었어. 이 여자 박사가 어떻게 하면 좋겠냐고 물어보기에 심플하게 말해줬지.

"지금은 견디세요. 애들이 좀 커서 엄마 회사 잘 갔다 와, 이렇게 자신이 처한 상황을 인정할 때까지 무조건 견디는 수밖에 없어요."

그 여자 박사는 그때 '잘 견뎌서' 지금 승진도 하고 승승장구하고 있어. 애도 물론 제대로 컸지.

엄마가 포기하면 딸도 포기한다

〰〰〰〰〰〰〰〰 아이들 어릴 때 고비를 잘 넘긴 여자들이라 해도 두 번째 고비가 또 찾아와. 이 여자들이 회사를 언제 그만 두느냐 하면 애들이 중2 정도 되는 때야. 애가 성적표를 받아왔 는데 세상에 반에서 25등이네? 나는 그 나이 때 1, 2등을 도맡 았는데 내 아들은 25등이네? 그런데 전업주부 엄마 애들은 엄 청나게 공부를 잘해.

'내가 애를 망쳤구나.'

가슴을 치면서 회사를 그만두는 거야. 그때부터 전업주부 엄마들한테 온갖 아부 하면서 정보를 캐기 시작하는 거지. 학 원 설명회 있는 대로 다 쫓아다니고.

내가 아는 사람 중에 외국계 기업에 다니는 마케팅 전문가 가 있었어. 엄청나게 똑똑하지. 그런데 아들 공부 때문에 회사 를 그만둔 거야. 조금만 더 버티면 임원이 될 수 있는데 자기 커리어 다 포기하고 마흔세 살에 회사를 그만뒀어. 그리고 전 업주부 엄마들처럼 학원 설명회를 쫓아다닌 거지.

그런데 학원 설명회에서 하는 얘기가 무슨 얘기인지 하나도 모르겠는 거야. 특목고에 가려면 뭘 준비해야 하고 서울대 연 고대에 가려면 어떻게 해야 하고 아주 복잡해. 그런데 가만 보니까 입시전략이 수학공식처럼 단계가 잘 짜여 있는 게 아주 과학적이야. 학원이 돈이 될 것 같은 거야. 이 여자가 사업 쪽으로 머리가 잘 돌아가지, 아들을 위한 쪽으로는 아니었던 모양이야. 이 얘기를 집에서 하니까 아들이 뭐라고 한 줄 알아?

"그냥 엄마 잘하는 거 하세요."

결국 아들 말대로 1년 쉬고 재취업했어. 아들도 깨달은 거야.

'우리 엄마는 여기 있어선 안 될 사람이구나.'

이런 얘기들이 주위에 너무도 많아. 자식 때문에 자기 커리어를 포기한 엄마들은 애한테 모든 것을 쏟아부어. 왜? 애 때문에 하고 싶은 일도 포기하고 되고 싶은 꿈도 버렸어. 그러니 당연히 아이한테만 몰입하지. 이제 아이 매니저로 살면서 내가 포기한 모든 것을 다 보상받아야 하는 거야. 그러니까 아이를 위해 충성할 수밖에 없어. 직업적으로 말이야.

내가 아는 사람 중에 이런 엄마가 있었어. 좋은 대학을 나와 알아주는 직장에 다니다 딸 공부 때문에 커리어를 포기하고 미국으로 같이 유학을 간 거야. 딸을 세계적인 피아니스트로 키우고 싶어서 음대를 보냈어. 그런데 그 딸이 엄마 뜻을 너무도 잘 따라준 거야. 힘든 연습 다 견뎌내고 미국에서 알아주는 콘서트홀에서 대규모 콘서트까지 했어. 얼마나 신났겠어.

"내 커리어까지 포기하고 만들어낸 내 작품이야."

사람들한테 그렇게 말하고 싶었을 거 아냐. 그 엄마는 첼리스트 정명화처럼 자기 딸을 세계적인 음악가로 키우고 싶었던 거야. 그러면서 자기는 매니저를 꿈꿨지. 그런데 그 딸이 남자를 만나 사랑에 빠졌네.

"엄마 때문에 힘들어도 참고 살아왔는데, 내가 하고 싶은 일은 이게 아닌 것 같아요."

딸은 결혼하더니 아이를 낳고는 전업주부가 돼버렸어. 그 엄마가 얼마나 실망했겠어? 하늘이 무너지고 땅이 꺼지는 줄 알았대. 지금까지 내가 누구를 위해 뛰어왔는데 결국은 딸이 자기처럼 살겠다고?

너무도 '비극적인 드라마' 아니니? 딸을 위해 인생을 바쳤는데 아무런 보람이 없는 거야. 얼마나 허무하겠어. 이 엄마가 지금은 보험회사 FC가 되어서 신나게 일하고 있어. 지금 쉰다섯 살이 넘었는데 젊은 애들 못지않게 열정적으로 일해. 얼마 전에는 이런 말을 하더라고.

"미련은 없어요. 지금 딸이 행복해하니까……. 하지만 일하는 엄마 모습을 보여줬더라면 딸이 중간에 포기하지는 않았을 것 같아요."

여자의 삶은 '이종격투기'

~~~~~~~~~~~~ 엄마가 포기하면 딸도 포기하게 돼. 딸도 자라서 엄마처럼 똑같은 고민을 할 거 아냐.

'내 욕심 차리다가 애 망치겠다.'

그러면서 자신의 인생은 다 포기하고 딸 매니저 역할을 하겠지. 결국 매니저만 길러내는 거야. 매니저에서 매니저로 이어지는 악순환이지. 그 고리를 누군가는 끊어야 해.

나는 끊었어. 오늘이 우리 아들 중간고사인데도 나는 나와서 열심히 일하고 있어. 내 아들이 잘해낼 것으로 믿어. 내가 없어도 스스로 문제를 해결하는 방법을 찾을 거라 생각해. 열일곱 살 때 안 되면 스물다섯 살 때라도 반드시 그렇게 될 거야. 남들보다 늦으면 어때? 더 고생스러우면 어때? 자기가 어렵게 찾은 길인 만큼 더 열심히 갈 거 아냐.

"우리 애는 특목고 갔어요."

"우리 애는 서울대 갔어요."

"우리 애는 유학 갔어요."

엄마들이 이런 소리 하잖아. 나는 코웃음 쳐. 왜? 그건 그 애가 어떤 일을 하기 위한 과정이지 결과가 아니잖아. 다녀와서 세상과 부딪히는 과정에서 생기는 오기, 이런 게 더 중요한 거야. 그 애를 평가하는 것은 그때부터야. 나이로 치자면 서른다섯 살 정도부터 봐야 한다는 거지.

우리 딸 꿈이 뭐냐면 나보다 더 성공하는 거야. 엄마의 성공을 봤기 때문에 그걸 기본으로 깔고 가는 거야. 그런데 애가 또 뭐라는 줄 알아?

"엄마보다 더 성공하면서 애도 셋은 낳아야지."

난 그 배포가 무척 맘에 들어. 그리고 엄마가 어떻게 사는지 봐왔기 때문에 '엄마 정도는 되어야 바쁜 거다' 이렇게 생각할 거 아냐. 나는 내 삶을 자식들에게 충분히 보여줬어. 엄마와 딸로 이어지는 '커리어 연쇄 포기 사태'를 만들고 싶지 않았거든. 내가 끊어야 한다고 생각했어. 그렇지 않으면 내 딸에게 물려줄 자리가 매니저밖에 없을 테니까. 나는 나대로 가장 나답게 살고 내 딸은 내 딸대로 가장 자기답게 사는 삶을 물려주고 싶은 거야.

일하는 여자의 인생이란 '이종격투기'야. 손만 써서는 부족하지. 발까지 써가며 온몸으로 싸워야 해. 우리 딸도 멋진 이종격투기 선수가 되리라 믿어. 엄마가 평생 이종격투기 하는 걸 보고 살았으니까. 너도 애들을 제대로 키우고 싶다면 먼저 보여줘. 네가 이종격투기로 어떻게 세상을 KO 시키는지부터 확실히 보여주란 말이야.

집안 다이어리와 회사 다이어리,
구분 좀 해!

~~~~~~~~~~~~~~~ 결혼 안 한 애들은 나만 관리하면 돼. 아니면 남자친구 하나만 관리하면 끝이야. 그런데 결혼한 여자들은 관리할 게 많아. 자기 마음대로 안 되는 게 많잖아. 애가 아프기도 하고 시어머니 생일, 시아버지 제사, 각종 집안 식구들 생일까지 챙겨야 돼.

우리 형님 전업주부잖아. 다이어리가 꽉 찼어. 거의 내 수준이야. 어머님이랑 쇼핑 가기, 동사무소 가서 남편 인감 떼기, 애들 학교 가서 자원봉사하기 등 엄청나게 바빠. 전업주부 되면 각종 집안일로 365일 다이어리가 꽉 차. 그런데 그 다이어리를 회사에 갖고 오면 어떡하느냐고. 너희 집 다이어리는 너희 집에서만 봐야지.

우리 회사에도 가끔 집안 다이어리를 들이대는 애들이 있어. 몇 년 전, 회사 창립기념일에 맞춰 다 같이 2박 3일로 워크숍 가기로 했어. 주중에 가면 일을 못하니까 금토일로 가잖아. 그런데 여자들이 많아서 그런지 서너 명이 못 간다는 거야. 이유를 들어보면 다 집안 다이어리 때문이야. 시어머니 생신이고 집안 제사고 이런 거지. 내가 확 화가 나서 대놓고 말했어.

"내가 네 남편 회사보다 월급 덜 주니? 네가 더 번다며, 네가 남편보다 30퍼센트나 더 번다며? 네가 하는 일이 네 남편 일보다 하찮니? 네 남편 회사는 회사고 우리 회사는 회사도 아냐? 네 남편이 회사 창립기념으로 전 직원이 2박 3일 워크숍 가는데 장모님 생일이라서 힘들어요, 그딴 소리 하겠니? 안 할 거 아니냐. 너는 왜 네 일을 평가절하해?"

생각할수록 열받는 거야. 나는 걔를 데리고 일하는 게 아니라 걔 남편이 내보낸 여자를 데리고 일하는 거잖아. 내가 미쳤느냐고. 누구 아내한테 돈 주게. 안 주지. 네 남편한테 월급 받지 왜 나한테 달래? 나는 걔하고 일하고 싶지 누구 아내랑 일하고 싶은 생각이 없어. 그렇다고 내가 누구 엄마라는 것까지 무시하느냐?

우리 회사에는 거의 여자들만 있어서 딴 회사보다 많이 배려해. 내가 경험해봐서 절대 다이어리에서 삭제하면 안 되는 게 뭔지 알아. 애들 점심 때 배식하는 거, 녹색어머니 같은 건 해야 해. 엄마가 녹색 깃발 들고 서 있어야 아이 마음에 깃발 꽂아. 친구 엄마들이 깃발 부대하는데 우리 엄마만 안 오면 애들 기가 팍 죽는다고. 그런 걸 하란 말이야.

회사에서는 영리하게, 집 안에서는 용기 있게

～～～～～～～～ 하루는 우리 회사 직원들 모아놓고 '다이어리 회의'를 했어.

"다들 집안 다이어리 갖고 와봐. 상황에 따라 1·2·3등급으로 매기자. 3등급은 바로 삭제야. 2등급은 상황에 따라 가도 되고 안 가도 되는 거, 1등급은 무조건 간다."

그렇게 따지고 보니까 1등급짜리가 별로 없더라고. 나한테는 집안 제사도 3등급이야. 제사는 거의 안 가. 왜? 시집가기 전에 돌아가신 분들이라 얼굴도 모르고 별로 미안한 마음도 없어.

물론 시아버지 제사는 꼭 가지. 내 마음에 추억이 있고 그리움이 있으니까. 시어머니 생신은 가긴 가되 시간은 융통성 있게 조절해. 꼭 생일에 모여서 밥 먹어야 하는 거 아니잖아. 다

모일 수 있는 생일 한 주 전 일요일로 한 달 전부터 고정하는 거지. 그럼 부담이 하나도 없어.

꼭 챙겨야 하는 거, 아들 생일. 이런 건 죽어도 챙겨야지. 또 내 다이어리에 1년 전부터 써놨던 거. 첫째 딸 수능일. 이런 건 잊어버리면 끝장이잖아. 거실 달력에 크게 써놓는 거지. 엄마가 돼서 수능 보는 날 강의 있다고 먼저 나오면 안 되잖아.

그렇게 1등급에 해당하는 집안 스케줄 따져봤더니 1년에 몇 개 안 돼. 게다가 창립기념일이나 워크숍 같은 중요한 행사들은 몇 달 전부터 일정이 미리 정해져. 그런데도 왜 이걸 바보같이 딱딱 못 맞추느냐고.

프로라면 집안 스케줄과 회사 스케줄이 충돌하는 일이 단 한 건도 없어야 해. 이런 일이 반복되면 회사에 제대로 찍혀. 쟤는 집안 다이어리만 중요하고 회사는 뒷전이구나. 경험상 두 번이면 끝나더라고.

처음 그럴 때는 설마 했어. 시어머니 생일이라 못 간대. 물론 그때도 내 얼굴은 별로 안 좋았지. 속으로 두고 보자 했는데 얼마 후에 확신을 주더라고. 시부모님이 한 달간 외국여행 갔다가 돌아오는 날이라 꼭 집에서 밥을 해놓고 기다려야 한다는 거야. 그때 결심했지. 쟤는 언젠가 집으로 보내야겠구나.

워킹맘인 나도 이러는데 남자 상사들이 너를 이해하겠니?

자기들이 깃발을 들어봤어? 배식을 해봤어? 새벽 4시부터 유치원 앞에서 애 등록시키려고 줄 서봤어? 절대 이해불가지.

직장생활 잘하고 싶으면 집안 다이어리 중에 10분의 1만 남기고 다 삭제해. 용기가 안 난다고? 그럼 제발 집에서 챙겨. 남편하고 시댁에 사랑받으면서 행복하게 전업주부로 살라고. 굳이 회사에 나와서 구질구질 변명할 필요 없잖아.

일하는 여자로 살고 싶으면 회사에서는 영리하게 행동하고 집 안에서는 용기 있게 싸워. 한동안 남편하고 엄청나게 싸우겠지. 원래 모든 승리는 싸움 다음에 오는 거 아냐? 안 싸우고 너 가지라 하는 승리는 없잖아. 대충 몇 년 하고 끝낼 거 아니면, 10~20년 할 거면 직장생활 초반에 빨리 세팅 끝내라고. 세팅 못해서 10년간 바보처럼 싸우지 말고 처음에 독하게 싸우란 말이야.

직장생활 무르익어서 내가 팀을 이끌어야 하는데 누구 생신이고 누구 제사라서 빠지면 창피하잖아. 그때쯤에는 완벽히 세팅돼 있어야 하는 거지. 직장생활 정말 잘하는 여자 과장들 봐. 이미 다 세팅 끝났어. 더는 그것으로 고민하는 애들은 없다고. 아직도 그걸로 구질구질하게 말하는 애는 직장생활을 할 자격이 없는 거야.

시어머니를 '파트너'로 만드는 비법

～～～～～～～～ 회사 다이어리 위주로 가되 집안 다이어리와 균형을 적절히 맞춰. 그 과정에서 경험에서 나오는 용기, 집안일을 효율적으로 하는 요령, 대소사를 판가름하는 분별력이 향상해. 여자한테는 그게 다 합쳐져야 커리어야. 괜찮은 커리어 우먼들은 회사에서도 칭찬받고 집안에서도 칭찬받아.

"아, 그렇게 워커홀릭으로 사시면서 집안도 잘 챙기시고⋯⋯ 하여간 괜히 부장 된 게 아니세요."

남자 후배들한테 이런 존경을 받지.

"넌 돈 버느라 바쁜 애가 집안 대소사도 잘 챙기고 정말 기특하구나."

집에서도 이렇게 되는 거야. 그게 뭐냐면 집안의 큰 행사, 꼭 빠지지 말아야 할 자리에 일찌감치 가서 당당히 앉아 있는 거야. 어디든지 늦게 가면 다 끝나.

"어머니 죄송해요, 늦었어요."

그 순간 아무것도 아닌 게 되잖아. 바보같이 처리하지 말자는 거지.

내가 꼭 집안 다이어리에 써놓는 게 시어머니 생일이야. 그러면 날 잡아서 어머니를 모시고 백화점에 함께 가. 예전에 돈 없

을 때 12개월 할부로 생전 안 입어보신 비싼 투피스 사드린 적
도 있어. 그걸 한 10년쯤 입으시더라고. 사람들한테 우리 며느
리가 사준 거라고 자랑하시면서.

그 약발이 떨어질 때쯤에는 알 굵은 진주 반지를 해드렸어.
또 보는 사람마다 이거 우리 며느리가 해준 거라고 자랑해서.
그건 약발이 엄청나게 오래가더라고. 그전에 10만 원짜리 블라
우스 열 개 사드린 거는 기억도 못해서.

"얘는 디자인도 이상한 걸 사와."

그리고 장롱에 밀어 넣는단 말이야. 그런데 반지는 엄청나게
오래 기억되는 거지. 블라우스 열 개 찔끔찔끔 사 드리는 거나
1년에 한 번 반지 12개월 할부로 사드리는 거나 돈은 비슷해.
그런데 효과는 하늘과 땅 차이야(이건 내 일급 노하우인데 너니까
전수해주는 거야).

그렇게 한 번씩 탁탁 '센' 걸 해드리면 집안 대소사 엄청나게
잘 챙기는 애로 각인되는 거지. 시어머니는 돈 버는 며느리 둔
게 자랑이잖아. 돈 버는 며느리가 돈 안 버는 며느리보다 짜게
쓰는 게 최고로 미움받는 지름길이야. 가끔 세게 안겨 드릴 필
요가 있어. 중요한 건 나름의 노하우를 갖추는 거야. 김장 같은
것도 다이어리에서 쿨 하게 빼라고. 나는 김장 때 어머니한테
전화 와.

"얘, 김장했는데 어떻게 할까?"

"어머니 못 가서 죄송해요. 세상에 50포기나 어떻게 하셨어요."

그리고 며칠 뒤 김치 가지러 가서 좀 챙겨 드리는 거야.

"아유, 이걸 돈으로 치면 몇백만 원짜리지 이렇게 맛있는 걸 어디 가서 먹어보겠어요?"

그리고 다음 김장 때 전화 드리잖아? 그럼 이렇게 되는 거야.

"얘, 바쁜데 오긴 뭘 오니? 3일 후에 가지러나 와."

너도 확신을 해야 할 게 있어. 네가 시어머니한테 맞추는 것도 있지만 시어머니도 너한테 맞추는 게 있어. 시어머니가 너의 무엇에 어떻게 현명하게 맞출지 학습시키는 것도 네 몫이야. 그걸 못해서 시어머니가 계속 들이대서 스트레스를 받고 이혼 직전까지 가는 것도 네 잘못이란 말이야. 최선을 다해서 학습시켜 드리란 말이지. 시어머니가 며느리한테 섭섭해 하는 것도 한계가 있지. 나이 들면 기운 빠져서 못해서. 당신이 힘들어서라도 결국 타협해.

가끔 보면 일주일마다 시댁에 가서 청소해주고 밥하는 애들이 있어. 그게 마음에서 우러나온 사랑으로 하는 거라면 오케이. 어쩔 수 없이 끌려가는 거라면 독하게 싸우든가 타협하든가 빨리 세팅해. 왜 바보처럼 끙끙 앓다가 이혼까지 가느냐고.

진즉에 현명하게 처리했어야지.

앞에서도 얘기했지만 여자는 결혼과 동시에 복잡해질 수밖에 없어. 남자처럼 인생이 심플하지 않아. 그런데 중요한 거, 복잡한 걸 복잡하게 보면 끝없이 복잡해져. 질질 끌려가게 된다고. 복잡한 걸 심플하게 볼 줄 알아야 해.

"그래 나 결혼했다, 어쩔래? 애 낳았어, 어쩔래? 그게 일하는 거랑 무슨 상관이야."

그렇게 말하는 순간 처리 능력이 생겨. 그리고 시간이 지날수록 내공이 생기면서 실제로 심플해져. 인생을 멀리 봐. 당장 내일을 보면 복잡하지만 길게 보면 심플한 게 우리 삶이야.

회사의 모든 남자를
네 편으로 만드는 법

━━━━━━━━━━━━ 여자가 남성 중심적인 조직에서 살아남으려
면 남자를 공부해야 해. '하여간 남자들은 안 돼.' 이러지만 말
고 '남자는 무슨 생각하지?' '남자는 왜 저럴까?'를 항상 관찰
하라고. 여자들은 남자조직에서 융화되어 살아남는 법을 배워
야 해. 생존전략을 짜야 한다고.

실제로 이런 고민을 하는 여자들을 수도 없이 만났어. 내가
내린 결론은 하나야. 남자를 연구대상으로 보자. 논문 쓰듯이
분석해서 결론을 내보자는 거지.

그래서 내가 오랫동안 남자를 연구했어. 그러다 보니 40대
남자에 대해서는 모르는 게 없을 정도야. 그들도 내 앞에 오면

꼼짝 못해. 내가 남자 심리를 하도 잘 아니까. 자, 그럼 지금부터 천기누설 들어간다. 밑줄 치고 메모할 준비됐지?

40대 부장들의 아킬레스건,
그들은 돈이 없다

~~~~~~~~~~~~ 첫째, 40대 남자 상사는 돈이 없어. 여자들이 그걸 알아야 해. 내가 현재 서른다섯 살이고 여자 과장이야. 남자 부장이 내 연봉의 두 배를 받는다고 쳐봐. 그런데 그 집에는 중학생과 고등학생이 있고 아내도 있어. 요즘 중학생과 고등학생이 돈 쓰는 게 장난 아니야. 그래서 이 부장은 옷 한 벌 제대로 못 사. 연봉 많이 받는다고 해서 절대로 부자가 아니라고. 부인한테 구박받으면서 하루에 5,000원, 1만 원씩 용돈 타서 다녀. 따지고 보면 용돈은 내가 훨씬 더 많지. 직급만 부장이지 엄청나게 가난하다고.

그런데 여직원들은 직급대로 밥 사는 줄 알아. 부장이랑 과장이랑 대리랑 신입사원이 밥 먹으러 가잖아? 당연히 부장이 내는 줄 알아. 요새 회사카드로 밥 사 먹는 데 별로 없거든. 자기 돈으로 사 먹어야 해. 그런데 애들은 부장이 밥 사면 "부장님, 아주 맛있었어요." 그러고 가버리면 그만이야. 그 뒷모습이 얼마나 얄미운지 모른다는 거야. 그런 돈 없는 40대 가장의 심정을 어루만져주라고.

"부장님이 전에 여러 번 사주셨잖아요. 오늘은 제가 살게요."

그러면서 밥값 술값을 네가 내. 돈 있는 곳에 권력이 있어. 과장이 부장한테 밥 사면 부장이랑 동격이 되는 거야.

"부장님, 제가 낼게요."

"네가 무슨 돈이 있다고."

겉으론 그렇게 말해도 속으론 안도의 한숨을 쉬는 거지.

'돈 굳었다.'

그동안 쓸데없이 밥 사고 돌아다닌다고 아내한테 혼났거든. 그 많은 여직원 중에 네가 밥 사는 유일한 직원이 되면 큰 권력을 얻게 돼. 인정을 받는다고.

'얘가 사람에 대한 배려가 있고 남자도 제법 다룰 줄 아네. 그럼 이번 일 맡겨도 되겠어.'

이렇게 된단 말이야. 그러지 않고 계속 남자 상사한테 밥 얻어먹고 다니면 애 취급당해. 집에서도 그렇잖아. 계속 용돈 타쓰면 어린애고 돈 벌어서 학자금 보태면 대학생이라도 어른이야. 돈이 사람을 어른으로 보이게 한다고.

실제로 남자 부장들이 여직원들 돈 안 쓴다고 얼마나 욕하는지 알아? 뒤늦게 그걸 알고 후회하는 여자들도 여럿 봤어.

'아휴, 그런 줄 알았으면 진작 살걸. 얼마 되지도 않는데.'

그동안 남자 상사가 사는 게 당연하다고 착각한 거지. 낼 줄 몰라서 그랬던 게 아니고. 여자들도 친구들 만나면 돈 잘 내잖아. 그런데 회사에서만 돈을 아껴. 그게 문제야.

상사뿐만 아니라 CEO들도 마찬가지야. 한번은 직원들과 점심 먹으러 가는데 내가 지갑을 잃어버리고 안 들고 왔어. 그랬더니 직원 중 한 명이 자기가 사겠다면서 밥값을 대신 내는 거야. 그러면 얼마나 달라 보이는데. 밥값이 5만 원이면 나중에 50만 원으로 갚게 돼.

마찬가지야. 네가 부장한테 밥 사면 부장이 얼마나 빚진 마음이 들겠느냐고. 이게 일종의 뇌물 아닌 뇌물이야. 돈이 안 되면 다른 것으로라도 갚아. 그러니까 사장한테도 밥 사고 돈 많은 사람에게도 밥 사라고.

내가 아는 분 중에 회장님이 있어. 타워팰리스 살고 명품 걸치고 없는 게 없어. 그런데 내가 선물을 해야 할 일이 생겼어. 워낙 받은 은혜가 있어서. 그런데 막상 돈 있는 사람에게 선물하려니 엄청나게 고민되는 거야. 그러다 그분의 슬리퍼가 떠올랐지. 발목부터는 명품인데 싸구려 슬리퍼 때문에 시골 철물점 아저씨처럼 보였거든. 결국 호주여행 갔다 오면서 양털 슬리퍼 사서 선물했어. 편지와 함께. 그랬더니 얼마나 좋아하시던지……. 부자가 다 가지고 있을 것 같지? 관심을 두고 보면 바꾸고 싶은 게 왜 없겠어?

남자 상사들도 관찰하다가 이런 식으로 선물 하나 사줘 봐.

"신랑 것 사면서 같이 샀는데 마음에 드실지 모르겠네요."

양말 한 켤레라도 내밀면 엄청나게 감동하지. 이게 틈새 심리야. 뚫는 순간 바로 너는 뜨게 돼 있다고.

외로운 40대 부장들에게
술 한잔 사라

〰〰〰〰〰〰 두 번째, 남자 상사들은 너무 외로워. 집에 들어가면 애들이 공부한답시고 아빠는 거들떠보지도 않아. 특히 아들만 둘 있으면 거의 그렇다고 봐야 해. 아내는 더 바빠. 친구들이랑 모임 있다고 주말에는 들어오지도 않아. 그러면 혼자서 밥 차려 먹어야 하잖아. 남자들이 제일 외롭고 서러울 때가 바로 이 순간이야.

남자들은 냉장고 깊이 있는 반찬 못 찾아. 그리고 귀찮아서 밀폐용기에 있는 반찬을 접시에 안 덜어 먹어. 가장 잘 보이는 곳에 있는 반찬 몇 개 냉장고에서 꺼내서 밀폐용기 뚜껑 반만 열어놓고 먹는다고. 직장에서 직급이 아무리 높아도 퇴근 후

집에 오면 이렇게 되는 거야.

그리고 요즘 젊은것들은 부장은 상대도 안 해주잖아. 상사가 술 한잔 마시러 가자고 해도 여자친구 만나러 간다면서 요리조리 새고 회식하자고 하면 "그런 건 미리 컨펌하셨어야죠." 이따위 소리나 해. 그러니 여자애들한테는 아예 말도 안 꺼내. 남자들도 그런데 여자들은 오죽하랴 싶은 거지.

퇴근 시간 돼도 집에 안 가고 똥 마려운 강아지처럼 엉거주춤 있는 부장들, 다 무슨 일 있는 거야. 임원한테 깨져서 속상한 거라고. 그런 사람 혼자 놔두고 도망가면 안 되지. 그런데 현실은 어때? 다들 귀신같이 알고 사라지잖아. 그때 네가 이렇게 말하는 거야.

"부장님, 오늘 너무 속상하시죠? 저랑 맥주라도 한잔하러 가세요. 제가 살게요."

이런 말 들으면 그 부장은 너한테 푸근함을 느끼게 돼. 부장 정도 되면 승진이 제일 문제잖아. 위로 갈수록 자리가 좁아지니까. 그래서 가장 중요한 게 자기 일의 성과야. 부하직원들 다그치는 것도 자기가 절박하기 때문이야. 그렇다고 부하직원들에게 "나 좀 도와줘." 하고 말 못하지. 그럴 때 네가 밥 한 번 사고 술 한잔 사라고. 그러면 그 부장은 너를 자기의 상황을 잘 알고 이해하는 듬직한 부하직원으로 보게 돼. 여기에 다른 사람이 하는 것보다 딱 5퍼센트만 잘해주잖아? 그럼 너한테 은혜를 입었다고 생각할걸?

센스만 있으면 남자들처럼 새벽 2시까지 술 마시지 않고도 충분히 상사를 네 편으로 만들 수 있어. 이렇게 하면 상사는 승진 기회가 있을 때나 직원들 해외연수 시킬 때 제일 먼저 너를 추천하게 돼 있어. 때로는 여자인 게 좋은 점도 있어. 회사마다 '심리적 쿼터제'가 있거든.

"남자만 연수 보내면 여자들이 뭐라고 하지 않겠어?"

"남자 다섯을 승진시키면 여자도 한둘은 끼워줘야 하지 않아?"

정책으로 정해놓은 건 아니더라도 회사마다 이런 심리적 쿼터제가 있어. 여기에 살짝 올라타면 오히려 승진이 빨라질 수 있다고.

남자 후배들에게 정보를 흘려라

〰〰〰〰〰〰〰 남자 부하직원 상대하는 건 좀 까다로워. 애들은 부족한 게 없는 애들이거든. 젊고 패기 넘치고 스스로 일도 잘한다고 생각해. 그리고 패션을 중요하게 생각해. 남자 상사들은 아내가 골라주는 옷 입고 쇼핑도 너무 싫어해. 도살

장 끌려가는 소처럼 질질 끌려다니면서 쇼핑하잖아. 그런데 젊은 남자애들은 옷을 직접 사서 입어.

"어떻게 엄마가 사준 옷을 입어요? '간지' 안 나게."

남자 상사들이 트렁크 팬티 입고 다닐 때 애들은 캘빈클라인 팬티 입고 크로스 백 메고 맨발에 스니커즈 신고 다닌단 말이야. 패션이 곧 나라고 생각하는 애들이야.

남자 상사들은 넥타이에 김칫국물 떨어져 있고 양복에 어울리지도 않는 구두 신고. 가끔 회사 캐주얼 데이엔 동네 슈퍼 아저씨들이 다 모인 것 같잖아. 티셔츠랑 바지랑 도대체 안 어울려. 그러면 남자애들이 "차라리 양복 입으세요." 그러잖아.

젊은 남자애들은 패션과 쇼핑을 무척 좋아해. 애들은 피부 관리는 기본이고 얼굴에 비비크림 바르고 다녀. 머리도 살짝 물들이고. 패셔너블한 애들이 너무 많은 거야. 생긴 건 남자인데 감성은 여자라는 거지.

이런 애들이 또 제일 싫어하는 게 뭐냐면 남자 상사가 폭탄주 강요하는 거야. 상사한테 "맥주 드세요." 그러면 "맥주는 그렇게 마시는 게 아니지. 소주랑 섞어야 해." 하면서 마구 섞잖아. 완전 짜증이나는 거지. 걔네들은 와인 한잔하면서 크래커랑 치즈 먹는 거 좋아하는데 남자 상사들은 그딴 건 안주로도 안 쳐. 오직 골뱅이랑 삼겹살이 안주야.

애들은 40~50대 남자들이 치른 전쟁을 몰라. 중년 남자들은 군대 감성이잖아. 까라면 까는 거지. 남자 상사들은 군대에서 얻어맞으면서 짬밥 먹었는데 걔네들은 군대에서 스파게티 먹은 애들이야. 심지어 군대 얘기도 싫어해. 이러니 남자 상사와 대화가 되겠어? 오히려 여자 상사랑 통하는 거야.

젊은 남자애들은 30대 여자랑 대화가 잘돼. 그들이 남자 상사 같은 감성을 갖지 못한 건 조직생활에서 단점으로 작용할지 몰라도 여자 상사한테는 어마어마한 장점일 수 있어. 그런 걸 충분히 활용하면 애들이랑 훨씬 친해질 수 있다고. 모든 인간관계는 친하면 끝나는 거야. 그러니까 얘기를 많이 하면서 우선 친해지라고.

또 애들은 애가 없잖아. 너는 애가 있어서 집에 일찍 가야 해. 회식자리에서 밤 12시, 1시까지 있을 수 없어. 그때 걔를 '특파원'으로 활용하는 거야.

"오늘 술 한잔하면서 우리 팀 얘기도 해드리고 부장님도 좀 챙겨드리고……"

그러면서 회식자리에 보내야 한다고. 물론 그 다음 날은 어김없이 네가 점심 사야 해. 어제 무슨 얘기 오고 갔는지 물어보고 칭찬해줘.

"너 없으면 이런 얘기를 누구한테 듣겠니?"

이런 식으로 애를 전령으로 활용하면 회사 정보에서 뒤처질 일이 없어. 그리고 너 역시 회사 정보를 애들한테 흘려줘야 해. 젊은 애들이 정글의 법칙을 알고 난 다음에는 유능한 상사 밑에 있어야 승진하고 보너스 받고 돋보일 수 있다는 걸 터득해.

내가 아는 남자 중에 대기업에 다니는 젊은 애가 하나 있었어. 그런데 얘가 여자 상사 밑으로 가기 싫다는 거야. 여자들은 대부분 정보가 어둡다는 거지. 퇴근하고 집에 들어가기 바쁘니 걔가 회사에 대해 알고 있는 것의 10분의 1도 몰라. 상사가 정보를 알고 있어야 자기한테 떡고물이라도 하나 더 떨어질 것 아냐. 그러면서 자기는 바보 되기 싫다고 남의 부서랑 더 친하게 지내는 거야.

실제로 여자 상사가 있는 팀한테는 핵심적인 일을 안 주더래. 그럼 그 밑에 있는 애들도 덩달아 회사에서 중요한 일은 못하고 중심에서 점점 밀려나. 얘가 여자 상사 밑에 있는 동료가 그렇게 피해를 보는 걸 너무 많이 본 거야. 그러니까 자기는 여자 상사 밑으로 가기 싫다는 거지. 대신 정보력만 제대로 갖춘 여자 상사가 있다면 그때는 기꺼이 모시겠다는 거야. 남자들은 술자리에 불필요한 에너지를 많이 쓰니까. 자기 시간도 너무 없고.

그럼 이런 남자애들을 네 편으로 만들려면 어떻게 해야겠니? 굳이 저녁 시간을 이용하지 않아도 돼. 점심시간만으로도 충분해. 같이 밥 먹으면서 걔한테 회사 정보를 계속 얘기해주는 거야. 특히 높으신 분과의 남다른 인연은 조금 더 아름답게 각색해도 돼.

"내가 이번에 중국 출장 갔는데. 글쎄, 사장님도 오신 거야. 같이 저녁 먹으면서 이런저런 얘기를 나눴는데 내 기획안에 흥미를 보이시더라고."

남자들은 아예 대놓고 거짓말해서 얘기하잖아. 대충 한번 본 사람도 형님이라고 하면서 엄청나게 친한 것처럼 과장한다고. 그에 비해 여자들은 너무 솔직해. 사실에 근거하되 약간 양념을 쳐서 자꾸 얘기하다 보면 얘들이 '이분은 앞으로 크게 될 사람이구나. 내가 잘 보필해야지.'라고 생각하게 돼. 분명한 건 부하직원들이 널 신뢰하고 탄탄하게 받쳐줘야 네가 위로 올라갈 수 있다는 사실이야. 너에게는 남자들에게는 없는 따뜻한 감성과 세심함이 있어. 이걸 무기로 상사든 부하직원이든 네 편으로 만드는 영리한 여자가 돼보라고. 그래야 오늘 언니가 마음먹고 천기누설한 보람이 있지 않겠니?

'머릿수'로 이길 때까지
10년만 죽기 살기로 버텨!

──────── 나는 스물아홉부터 여성 리더십을 강의해 왔어. 여자를 리더로 만드는 일에 20여 년 가까이 열정을 쏟아 왔던 거지. 하지만 내가 초반에 강의하던 시절만 해도 대부분의 여자에게는 커피 타는 법만 가르쳤어. '직장예절'이라는 미명 아래 가해진 범죄형 강의였지.

엘리베이터 문 앞에서 어떻게 인사하나, 상사 뒤에서 어떻게 걸어야 하나. 그런 것까지는 인간의 기초 예절이니까 좋다 이거야. 그런데 갈수록 교육에 더 여성적인 콘텐츠가 들어가. 쟁반으로 커피를 나를 때 어떻게 드는 것이 옳은가. 쟁반을 허리 위로 들어야지 밑으로 들면 다방이다. 커피를 놓을 때 상체를 숙이면 가슴이 보이니까 무릎을 구부린다, 커피를 놓을 때도 고개 뒤에서 놓으면 안 된다. 무슨 조선시대 상궁 교육이냐? 그걸 두 시간 내내 훈련하는 거지.

당시 많은 강사가 그걸 하고 있었어. 여자는 절대 리더가 될 수 없다는 전제하에 탕비실 예절만 가르치는 거야. 나는 당시 초보강사였지만 딱 두 번 해보고 느낌이 왔어.

'이건 여자를 망치는 일이야.'

아니나 다를까. 한 증권회사에서 그 교육을 하고 있는데 여자들이 불만을 터뜨리기 시작하는 거야.

"왜 남자들은 커피 안 타요? 이런 거 하려고 여기 들어온 거 아니에요."

나는 그걸 보면서 말리기는커녕 기름을 부었지.

"맞습니다. 여자들도 자기 능력을 발휘해서 리더로 성장해야 해요."

그걸 본 교육담당자가 부랴부랴 달려오더니 말렸어.

"강사님, 이런 식으로 교육하시면 곤란합니다."

물론 나는 그날로 그 회사에서 잘렸지. 알고 봤더니 내가 기름을 부은 그 여자들이 예절교육 반대 서명운동까지 벌였다는 거야. 오히려 잘됐다 싶었어. 다시는 여자들에게 커피 타는 것이 네 일이고 탕비실이 네 일터라고 얘기하는 교육은 하지 않겠다고 다짐했지.

그러고 나서 준비한 게 여성의 셀프 리더십이었어. 모든 회사에 홍보 안내서를 뿌렸지. 예상했지만 아무데서도 교육이 안 들어오는 거야. 나중에 한 군데에서 전화가 왔는데 조건이 있대.

"강의 때 여성의 셀프 리더십은 빼고 사회참여만 얘기해 주세요. 어차피 여자들이 리더가 될 리는 없으니까요."

정말 웃기지도 않았어. 그 40대 부장은 자기 딸을 어떻게 키우고 있을까. 어차피 너 회사 들어가도 리더 못 되니까 학교 살살 다녀라, 그러겠느냐고. 걱정 마, 스웨덴은 장관 중에 50퍼센트가 여자라더라. 우리나라가 지금이나 그렇지 네가 커서 직장 들어갈 때쯤이면 절대 그런 일 없을 거라고 키울 거 아냐.

그런데 정작 여자들한테 벌어진 상황은 어땠어? 남편이 돈 벌어오는 걸 아내가 내조하듯이 직장에서도 그저 내조야. 전화 받아주기, 타자하기, 복사해주기, 목 마를까 봐 물 갖다 주기, 화병에 꽃 꽂기. 대충 이런 것들이야.

그런 상황에서 가끔 여성 리더가 들어오면 두 여자가 부딪치는 거야. 그것도 사실 남자들이 만들어놓은 구조이지. 적이 되고 싶어서 된 게 아니잖아. 고졸 여자애들은 대졸 애들한테 왜 쟤는 우리랑 똑같은 여잔데 설거지 안 해? 커피 안 타? 그러면서 부딪치는 거야. 이 얘기가 '호랑이 담배 피우던 시절'로 들린다면 정말 다행이지. 하지만 요즘도 이런 환경이라면 심각한 거야. 10년 전만 해도 이런 회사들이 즐비했어.

나도 옛날에 광고회사 다닐 때 경리 여자애가 한 명 있었어. 도시락 치우기, 설거지 등 온갖 잡일을 다 했지. 그 와중에 내가 작곡가로 들어간 거야. 그런데 보니까 남자 작곡가들은 그런 일 안 하더라고. 나는 여자를 택할 건가 작곡가를 택할 건가, 매일같이 갈등하고 고민했어. 그러다 결국에는 뭘 택했겠어? 여자를 택했지. 걔랑 지내는 게 너무 힘드니까. 걔가 너무 화를 내고 스트레스를 주니까. 나중에는 남자들이 그러더라고.

"야, 여자들 설거지 안 하냐?"

그때 난 강하게 결심했지. 이건 아니야, 한번은 고쳐야겠어.

그런데 내가 30대가 돼서 강사가 됐을 때도 세상은 그다지 달라지지 않았던 거야. 얼마 뒤에 그 증권회사에서 전화가 왔어. 내가 다녀간 뒤에 여직원들이 '커피 안 타기 운동'을 벌였대. 일종의 반란을 일으켰던 거지. 그랬더니 지점장이 남자 직원들한테 여자들이 커피 타서 갖다 줄 때까지 책상에서 꼼짝 말라고 했다는 거야. 유치한 앙갚음을 한 거지. 이걸 노동법으로 제소할 수 있느냐고 묻는데 초보 강사가 알 리가 없잖아.

그래서 여성운동에 대해 공부를 하기 시작했어. 내가 여성

운동을 하고 싶어서 대학에서 여성학 공부를 하고 싶어서 한 게 아냐. '이건 부당해, 내가 본 현장의 실체가 도대체 뭐지?'라는 물음 때문에 공부했던 거야. 그러면서 한 가지 '불편한 진실'에 맞닥뜨리게 됐어. 여자들 스스로 상당히 오랫동안 이런 시스템을 만드는 데 이바지해 왔다는 걸.

"우리는 여성 멘토가 없어요"

〰〰〰〰〰〰〰 요즘엔 이런 여자들 별로 없지만 그때만 해도 어땠는 줄 알아? 직장 들어가면서부터 자기가 그만둘 날짜를 정하고 있어. 딱 5년만 다니려고요, 아니면 시집갈 때까지만 다니려고요. 아유, 애 낳으면 다니겠어요? 둘째 낳으면 어떻게 다녀요, 늘 이런 말을 달고 사는 거야. 그런 사람에게 누가 중요한 업무를 주겠냐고.

남자 상사들은 남자 직원이 청첩장을 주면 어떻게 생각해? 이 자식, 이제 자기 식구 생겼으니 더 죽기 살기 일하겠네. 마음껏 부려 먹어도 되겠구나 하잖아.

그런데 여직원이 청첩장 주면 어때? 이제부터는 내 말보다 그 남자 말을 더 들을 것 같은 거지. 얘는 벌써 열외 인력으로 치는 거야. 청첩장 주고 그만두는 애들을 하도 많이 봐서 아니라고 우겨도 안 믿어. 거기다 임신까지 하면 바로 관두는 거지. 어쩌다 거기까지는 버텨도 어린이집 원장이 애들 팼다는 뉴스가 신문에 대문짝만하게 뜨면 집으로 다 들어가는 거야.

그러니까 회사 차원에서는 이런 인력을 키워줄래야 키울 수가 없는 거지. 그런데 여자들은 왜 우리를 인재로 안 보느냐, 리더로 안 보느냐고 화를 내. 물론 이건 구조적인 문제지. 육아를 전적으로 여자들에게만 떠넘기는 사회구조가 가장 문제라는 거 나도 잘 알아. 하지만 현실은 사회 탓 남 탓만 해서는 바뀌는 게 없다는 거지.

사회가 바뀌길 기다릴래, 네가 바뀔래? 늘 사회는 내가 먼저 바뀌어야 바꿀 수 있어. 그거 기다리다간 할머니 돼 있을 거야.

얼마 전에 내가 한 대기업 여직원들을 대상으로 강의한 적이 있어. 가서 보니까 그 큰 대기업에 여자라고는 대리부터 임원까지 다 합쳐야 80명이야. 수천 명에 달하는 직원 중에 고작 80명이라니 얼마나 기가 막히니. 참 불쌍하더라고. 이런 풍토에서 과장까지 올라온 것만으로도 대단하다고 박수 쳐줬어. 실제로도 이들은 현실 속에서 많이 힘들어하고 있었지.

"우리는 여성 멘토가 없어요. 앞에서 끌어줄 여자 선배만 있으면 얼마나 좋을까요."

"여러분이 그런 멘토가 되면 되잖아요."

"어느 세월에……."

"뭘 어느 세월에야, 딱 10년만 버티면 되는데."

그래, 딱 10년이야. 10년만 죽기 살기로 버텨. 그럼 세상이 변하는 걸 보게 될 거야. 이미 바뀌고 있잖아. 내가 15년 전에 삼성그룹에서 견디라는 얘기를 정말 많이 했어.

여기 있는 수백 명의 여자들이 다 부장될 때까지 무조건 버티라고. 실제로 그들 중에 상당수가 부장이 됐어. 그러니까 회사 시스템이 달라지기 시작하는 거야. 플렉시블(Flexible) 타임제 시작하고 모유 수유실 생기고 육아휴직 생겼어. 지금은 여성의 임원 진출을 대비해서 회사 분위기를 남성 중심에서 양성평등으로 바꾸고 있어. 이제 곧 여성임원들이 꼭대기까지 올라갈 거라고. 그럼 10년 뒤에 기업 분위기가 얼마나 더 많이 바뀌겠어.

그걸 위해서 나는 '우먼앤맨네트워크(Woman&Man Network)'라는 사조직까지 만들었어. 삼성을 비롯해 내가 아는 모든 여성 사원들과 과장급 여자들 200명을 모으고 부장급 남자들을 다 끌어들인 거야. 그래서 남자 하나에 여자 10명씩 팀을 만들어서 멘토링을 부탁했어.

당신들이 술자리에서 속 버리면서 배운 것들을 제발 여자들한테 좀 알려주라고. 여자들이 회사에서 크려면 어떻게 해야 하는지 말이야. 그걸 3년 동안 내 돈 들여서 한 거야.

널 닮고 싶은 여자들이 많아질 때
세상은 바뀐다

〜〜〜〜〜〜〜〜〜〜 다행히 요즘은 죽기 살기로 버티는 여자들이 엄청나게 많아졌어. 이게 바로 변화하고 있다는 증거야. 버티든 드러눕든 끝까지 살아남아. 너희가 들어왔을 때 여성 리더가 3퍼센트에 불과했다면 30퍼센트가 될 때까지 밀어붙이라고. 팀원 10명 중에 여자가 1명이면 사소한 것도 무시당해. 패밀리 레스토랑 가서 회식하자고 하면 그냥 끌고 가.

"야, 됐어. 삼겹살이나 먹어."

그런데 10명 중에 여자 3명이 가자고 하면 얘기가 달라져.

"저희의 의견이에요."

그 순간 무너지는 거야. 그래서 중요한 게 머릿수고 세력화야. 머릿수가 많아져서 세력화할 수 있을 때까지 견딘다는 거지. 핀란드는 머릿수로 이긴 거야. 거기라고 처음부터 여자들을 떠받들어 모셨겠어? 사회가 알아서 바뀐 다음에

"여성인력 훌륭하니, 다들 집에서 나오세요."

이렇게 방송 안 해 준다고. 너희 하나하나가 버텨서 40대에 부장되고 50대에 임원 되면 "어, 이거 봐라 여자들도 일 제대로 하네." 그러면서 바뀌는 거라고.

지금도 부장까지는 좀 있지만 여자 임원은 정말 극소수야. 그것도 그 회사에서 커서 그곳까지 올라간 사람은 진짜 드물지. 맥킨지 컨설팅에서 수석 컨설턴트 하다가 상무로 들어온 사람은 용병일 뿐 멘토는 될 수 없어. 물론 그런대로 의미가 있긴 하지만 그들은 우리 회사의 히스토리를 가진 인재가 아니야. 사원 때부터 그 회사의 모든 문화를 접하고 그걸 넘어서서 끝까지 올라온 여자들이 진짜라는 거지. 그런 순수한 여성 임원이 몇이나 돼?

지난 20년간 우리나라 여성 인력들이 어떻게 변화했는지 눈으로 보면서 내가 내린 결론은 하나야.

'김미경, 너라도 끝까지 버텨. 네가 사회에서 최고로 성공하면, 그래서 너 같은 여자, 널 닮고 싶은 여자들이 떼로 만들어지면 세상은 그때 바뀌어 있을 거야.'

그 결심을 한 지가 벌써 20년 전이야.

지금 직장생활 하는 30대 여자들, 불만 많지. 우리 회사는 너무 남성 중심적이에요. 여자가 당하는 불이익이 너무 많아요. 만나면 모두 하소연이야. 그런데 너희는 그걸 인정해야 해. 그 모든 차별은 우리가 만든 원인이 누적되어 나온 결과라는 걸. 그게 차별을 대하는 건강한 자세야. 이 모든 것을 세상이 만들었다고 생각하는 순간, 피해의식으로 웅크려 있기만 하면 내가 할 일은 아무것도 없어. 물론 세상이 바뀔 리도 없지. 너도 잘 생각해봐, 이 모든 차별에 이바지한 게 있을 거야.

옆자리 언니가 청첩장 내밀고 튀었다면 나는 튀지 말아야지. 앞자리 동생이 애 하나 낳고 집에 들어갔다면 나는 들어가지 말아야지, 그동안 집안일 핑계 대고 회사 행사 안 나왔다면 앞으로는 그러지 말아야지. 그렇게 모든 것을 나로부터 바꾸란 말이야. 남자들 욕만 하지 말고.

너희는 지역구, 비례대표를 키워라

~~~~~~~~~~~~~ 우리 엄마는 평생 일하는 여자로 살았어. 당시에는 그런 여자가 별로 없었지. 그런데 우리 엄마는 70세까지 손에서 일을 놓지 않았어. 나는 그런 엄마의 딸이야. 생각해보면 엄마는 사회에서 죽으라 일해서 내 길을 닦아놓은 거야. 일하는 여자도 인정받을 수 있다는 것을 세상에 보여준 거지. 다행히 나도 마흔여덟 살인 지금까지 일하는 여자로 살아왔어. 물론 아직도 소수지만 나 역시 나름대로 텃밭을 일군 거야.

그래서 나는 가끔 장난으로 우리 엄마한테 얘기해. 엄마는 내 지역구다. 나는 엄마의 비례대표고. 엄마가 발로 뛰어서 표를 얻어놨기 때문에 나는 지역구 30퍼센트 먹고 들어갔다. 그럼 나는 뭘까. 나 역시 내 딸의 지역구인 거지. 내가 이렇게 독하게 일했기 때문에 세상이 인정했잖아.

"여자도 쓸 만하네."

이런 독종 같은 여자들이 살아남아서 남자들한테 한 표 한 표 얻고 그래서 지역구 되면 내 후배들은 자동으로 비례대표로 딸려온다고. 야, 여성인력 써봤더니 괜찮아, 요새는 여성 고객이 90퍼센트인데 여자를 알아야 해. 이렇게 변해간다는 거지. 이런 회사들이 점점 늘어가고 있어. 그건 누가 바꾼 거야? 결코 남자들이 선심 쓴 게 아니야. 사회가 선심을 쓴 것도 아니야. 악바리 같은 여자들이 이뤄놓은 거라고.

그러니까 너는 전체 여자를 위해 일한다, 내 딸의 미래를 위해서 일한다고 생각하라는 거지. 대부분의 여자가 이런 '거국적 생각'은 거의 안 해. 대다수가 혼자 해결하려다가 세상만 탓하고 더욱더 작아지는 자기 속으로 들어가서 끝장내지. 작아진 나를 키우려면 끝까지 살아남는 수밖에 없어. 강한 자가 살아남는 게 아니라 살아남는 자가 강한 거야.

지금까지 힘든 전쟁을 잘 치러온 너 자신에게 힘껏 손뼉 쳐. 그리고 모든 여자의 미래를 위해 10년만 더 버텨보는 거야!

흔들리는 30대
'직업 객사' 하지 마라

'나는 여기보다 더 멋지고 우아한 곳에 있어야 하는데 현실은 이게 뭐지?'

20~30대 여자애들은 대부분 '직업병'이 있어. 직장 다니면서 계속 딴생각하는 병. 이것도 일종의 신데렐라 콤플렉스야. 백마 탄 왕자님 꿈꾸는 것만 신데렐라 콤플렉스가 아냐. 직업적 신데렐라 콤플렉스도 있어.

'내가 여기서 밭이나 갈고 있으면 안 되는데.'

뭔가 멋지고 좋은 일이 생겨야 한다는 생각을 계속하는 거야. 이런 애들은 직장생활에서도 꼭 튀고 싶어 해. 그게 자기계발이라고 생각하는 거야. 그러다가 어느 정도 커리어가 쌓이면

이 회사로 옮기고, 또 거기서 어느 정도 쌓이면 저 회사로 옮겨. 이렇게 계속 옮겨 다니는 거야. 한 곳에 계속 있으면 바보가될 것 같으니까. 이런 애들이 결국 어디로 가는지 알아? 필리핀이야. 호주나 미국은 겁먹고 못 가더라고. 한국에서 멀지도 않고 돈도 적게 들고 영어가 안 돼도 받아줄 것 같은 필리핀 정도가 적당하다는 거지.

필리핀? 직업 객사하고 싶으면 떠나

〰〰〰〰〰〰〰 내가 다니던 피부과에 괜찮은 직원이 한 명있었어. 피부과 직원들은 좀 힘들잖아. 손님들 피부 마사지도해야 하고 빨래도 많고 매일 손에 물 묻혀야 하고. 그 힘든 걸다 참고 2~3년 버텨서 걔가 그 피부과에서 베테랑이 됐어. 나이가 한 서른두 살 정도 됐을 거야. 그런데 어느 날 갑자기 이러는 거야.

"원장님, 저 필리핀으로 떠나요."

이 일이 적성에 안 맞는다는 거야. 그럼 3년이나 왜 여기 있었냐고 물어봤더니 자기도 모르겠대. 그냥 요즘엔 이 일이 안맞는 것 같고 비전도 없는 것 같아서 떠난다는 거야. 그럼, 필리핀 가서 뭐 할 거냐고 하니까 생각 좀 정리하고 견문도 넓히고 영어공부도 좀 하겠대.

"그럼, 네 비전은 뭐니?"

"잘 모르겠어요."

"목표는 뭐니?"

"잘 모르겠어요?"

"꿈은 뭐니?"

"그것도 잘 모르겠어요."

그냥 여기 계속 있으면 안 될 것 같대. 그래서 떠난다는 거지. 대놓고 말은 못했지만 걱정스럽더라고.

'이 답답아, 필리핀 가면 네 꿈을 찾을 수 있을 것 같니? 여기서도 못 찾는 걸 거기서는 찾을 수 있을 것 같아? 그래도 떠나야겠다면 떠나. 하지만 필리핀 갔다 온 후의 결과에 대해선 네가 책임져야 할 거야.'

내 주변에 비슷한 애가 또 있었어. 방송국에 강연 다닐 때 만난 애인데 메이크업을 잘해. 방송 메이크업만 오래 해서 선수가 다 된 거지. 〈1박 2일〉 같은 야외 촬영 현장에서 며칠씩 밤새우면서 메이크업하는 애야. 나 같은 스튜디오 화장은 일도 아니지. 30분 만에 뚝딱 완성해. 머리도 되게 잘 만져. 게다가 코디까지 잘해. 그런데 걔도 곧 그만둘 거래. 방송국 소속이 아니라 외주회사 소속이거든. 거기서 계속 있어봤자 커리어도 안 쌓일 것 같고 돈벌이도 잘 안 되는 것 같고 일도 너무 힘들대.

그만두겠다는 이유가 그게 다냐고 물었더니 무엇보다 일이 지겹다는 거야. 그 간호사랑 똑같은 말을 해. 그러면 앞으로 뭐 할 거냐니까. 걔도 외국에 가겠대. 괜찮은 애들이 그런 식으로 떠나는 거야.

이런 애들이 대개 30대 초중반이야. 20대 때는 정신없지. 졸업 후 처음으로 자기 일을 하고 자기 힘으로 돈벌이하는 거잖아. 하지만 서른이 넘어가면서부터는 자꾸 딴생각이 드는 거야. 일도 재미없고 모아놓은 돈도 별로 없고. 10년을 더 버텨서 팀장까지 되자니 기다리다 숨 막혀 죽을 것 같고. 처음 일을 시작할 때는 배우느라 정신없고 새로운 일이라 긴장감도 있고 재미도 있었지만 일이 숙달되니까 지겨워진 거지.

이런 애들은 처음에 설정해놓은 자기 목표치가 너무 낮아서 그 목표에 갇혀버린 거야. 두 번째 목표를 설정해놨다면 그 목표를 향해 뛰고 있을 애들이지. 그런데 두 번째 목표를 설정해놓지 못한 바람에 첫 번째 목표 안에 갇혀버려. 첫 번째 목표만을 염두에 두고 다람쥐 쳇바퀴 돌듯 그 자리만 맴돌고 있는데 후배들은 어느새 내 근처까지 따라잡고 있어. 불안할 수밖에 없지. 게다가 하는 일이 전혀 새롭지 않아. 매일 반복하는 일이고 대충 해도 잘해. 일이 지겹지. 그때부터 방향감각을 잃고 헤

매기 시작하는 거야.

그러면서 자신이 초라하게 느껴지지. 사실 자기가 '초라하다' 라고 느끼는 지금 이 모습이 신입사원들이 보기엔 제일 부러운 모습인데. 막다른 골목에 처한 느낌이 들면서 여기서 빠져나와야 할 것 같은 생각이 드는 거야. 그래서 떠나는 거지.

그런데 그때 떠나면 안 돼. 떠나면 더 잃고 와. 여기 있어도 뾰족한 수가 없는 것 같고 특별히 잃을 것도 없는 것 같은데 사실은 잃을 게 있었던 거야. 그 소중한 것을 다 잃고 온다는 거지. 그동안 모아둔 돈도 다 써버리고 와. 그 돈이 전 재산인데. 게다가 직장도 없어지고 인간관계도 없어져. 직장을 다닐 때는 일에 대한 긴장감이 있었는데 그것마저 없어져. 그래서 아주 느슨한 애가 돼서 돌아오는 거야.

영어? 영어도 긴장감 속에서 배우는 거야. 직장 다니면서 시간 쪼개야 배울 수 있어. 필리핀 가서 뜨거운 태양 아래 반짝이는 바다를 보며 영어가 되냐고. 영어도 못 배우고 돈도 다 써버리고 직장도 없어지고 인간관계도 잃고 긴장감도 없어지고. 그렇게 모든 것을 다 잃고 한국에 돌아오는 거야.

이곳저곳 기웃거리다 나이만 먹을래?

〰〰〰〰〰〰〰 30대가 되어 재취업을 하려면 나이 한 살 더 먹은 게 엄청난 부담이 돼. 회사에서도 서른두 살은 괜찮은데 서른네 살은 부담스러워해. 서른두 살 때 회사 그만두고 MBA 따고 서른네 살이 돼서 왔어. 그럼 얘기가 다르지만 그런 게 아니면 곤란해.

취업은 쉽게 안 되고 돈은 있어야겠고 그러다가 급하니까 아무데나 들어가는 거야. 아르바이트로 여기서 3개월 저기서 6개월 찔끔찔끔 일하게 돼. 그러다 보면 여기저기서 자꾸 집적거려.

그때 제일 무서운 사람이 아는 언니, 아는 오빠야. 아는 언니가 가게 오픈했는데 좀 도와달래. 아는 오빠가 사업을 확장했는데 경리 일 좀 봐달래. 이런 식으로 이 직업 저 직업 잠깐씩 머무르면 커리어는 끝나. 이게 '직업 객사'야.

피부과에서 매니저 될 수 있었던 애가, 방송국에서 쌓은 실력으로 몸값 올릴 수 있었던 애가 여기저기 떠돌면서 직업 객사하는 거지.

남들이 직업에서 비전을 못 찾는다고 나도 못 찾니? 그렇게 생각하면 세상의 그 어떤 직업에서도 비전을 찾을 수 없어. 중국집에서 철가방 들고 배달하던 사람이 일약 스타가 된 사례가 있잖아. 남들은 이렇게 생각하겠지.

'중국집 배달 일에 무슨 비전이 있을까?'

그런데 그가 배달하다 보니까 자장면 시킨 사람은 짬뽕을 먹고 싶어 하고 짬뽕을 시킨 사람은 자장면을 먹고 싶어 한다는 걸 알게 된 거야. 그래서 자장면과 짬뽕을 둘 다 먹을 수 있는 짬짜면을 개발해 일약 스타가 됐잖아.

남들이 비전을 못 찾으면 내가 찾으면 돼. 찾아서 내 비전으로 만들면 되는 거야. 자기 직업에서 얼마든지 비전을 찾을 수 있는데도, 최소한 팀장까지 오를 수 있는데도, 첫 번째 목표에 갇혀버리는 애들이 너무 많아. 노련한 숙련공이 돼서. 그러다 그 숙련된 일마저 못하게 되고 여기저기서 잠깐씩 일 도와주다 서른여섯 살쯤 되면 완전히 객사하는 거지. 돈도 없지. 직장도 없지. 경력도 별 볼 일 없지. 그런데 중요한 건 나이가 서른여섯 살이라는 거야.

돈도 없고 직장도 허접한 서른여섯 살 여자를 누가 데려가느냐고. 그러니까 자꾸 드라마만 보게 되는 거지. 드라마에서는 데려가거든. 그것도 부잣집 남자가. 가난하고 직업도 시원찮은 애인데, 아는 언니가 가게 일 좀 도와달라고 해서 나가 있었어. 그러다 물건 사러 들어온 어떤 남자랑 눈이 확 맞아버려. 부잣집 애인데다 연하남이야. 길 가다 넘어졌는데 우연히 다시 만난 그 남자가 일으켜 세워줘. 그러다가 그 남자에게 멋진 결혼 프러포즈까지 받게 돼.

이런 얘기는 드라마에서만 나오는 거야. 이런 일이 네 나이 서른여섯 살에 벌어지겠느냐고? 안 벌어지니까 드라마로 만들었지. 보면서 위로나 받으라고.

멈추지 말고 뛰면서 생각해

～～～～～～～～～ 일에 단계가 있다고 생각해봐. 1단계가 1에서 10이라고 하면 10까지 다 간 애는 그다음 2단계를 향해 뛰게 돼. 10까지 가는 동안 다음 2단계 목표를 세우게 되는 거야. 그런데 10은커녕 6까지밖에 안 온 애가 꼭 드릴 말씀 있다고 찾아와.

"적성에 안 맞는 것 같고요……. 제시간도 너무 없고요……. 쉬면서 생각 좀 해보려고요."

멍청아, 생각을 왜 직장 그만두고 하니? 네가 일하는 그 현장에서 해야지. 왜 책을 꼭 바닷가에서 읽어? 지하철에서 졸음 쫓아가면서 읽어야 지식이 되는 거지. 1년 동안 책 한 권도 안 읽던 애가 가방에 20권씩 넣어서 여름휴가 떠나잖아? 걔는 거기서도 절대 책 못 읽어.

사람은 자기한테 익숙한 일을 하게 돼 있어. 어제 했던 그대로 휴대전화로 문자 보내고 있지 절대 책 안 읽는다는 거야. 어제 뛰던 힘으로 오늘을 뛰는 거야. 직장생활에서도 도약하려면 계속 뛰어야 해. 그럼 생각은 언제 하느냐고? 생각은 뛰다 멈춰서 하는 게 아냐. 뛰면서 틈틈이 하는 거지.

나는 스물세 살 때부터 직장생활을 했어. 강의를 처음 시작할 때 내 1차 목표는 돈 받고 미안한 강의는 안 해야겠다는 거였어. 강의하고 창피해봤거든. 엄청나게 미안하더라고. 20년 동안 그 회사 간판은 쳐다볼 수 없었을 만큼. 창피한 강의는 하지 말아야겠다. 그런 생각이 들면서 공부를 열심히 하게 된 거야. 그러니까 뭔가 새로운 얘기를 하게 되고. 강의가 괜찮으니 새로운 강의가 또 들어오고 그러면 또 공부하게 되고⋯⋯. 그렇게 날마다 새로운 도전의 연속이 된 거야.

그렇게 어느 정도 궤도에 오르니까 새로운 모험을 하고 싶어졌어. 강사료가 당시 두 시간에 40만 원이었는데 70만 원으로 올리면 어떻게 될까 갑자기 궁금해진 거야. '실력도 없는 게 70만 원은 무슨⋯⋯.' 이러면서 강의가 반으로 줄까? 아니면 '그동안 얼마 못 드려 죄송했는데 당연히 올려드려야죠.' 이런 반응이 올까? 강사료를 70만 원으로 올리면 비싸서 못하겠다고 하는 회사들도 있을 텐데, 그러면 남는 시간 동안 뭘 할까? 그래도 한번 도전해보자!

바로 실행에 옮겼지. 아니나 다를까 강사료를 70만 원으로 올리니까 강의가 떨어져 나가더라고. 아, 내 강의가 70만 원짜리는 못 되는구나. 그럼, 70만 원짜리 강의를 한번 만들어보자. 그때 만든 게 양성평등, 성희롱 예방교육 프로그램이야. 다 10년 전에 만든 거야. 그러다 시간이 좀 지나니까 나 혼자 강의해서 돈 버는 게 한계에 다다르게 됐어. 많은 강사가 거기까지야. 좋은 프로그램 혼자 개발하고 혼자 나가서 한 달에 100시간씩 강의하고. 딱 거기서 멈추는 거야. 더는 노력을 하지 않아. 그러면 어떻게 되는 줄 알아?

내가 똑같은 강의를 반복하는 만큼 사람들도 내 얘기를 지겨워하는 거야. 그러다 보면 강의가 떨어져 나가게 돼. 한 달에 100시간씩 하던 강의가 80, 60, 30시간으로 떨어져 나가. 그다음엔 무슨 생각을 하는 줄 알아?

'이게 대세가 아닌가 보다. 강의가 아니면 컨설팅을 한번 해볼까?'

강의와 컨설팅이 비슷한 점이 있긴 하지만 핵심 능력은 달라. 크게 보면 강의도 컨설팅이라고 할 수 있지만 엄밀히 따지면 다른 거야. 실제로 준비 없이 업종을 바꿨다가 망하는 사람 많이 봤어. 직업 객사지. 아는 사람 중에 잘 나가는 강사였다가 지금은 옷가게 주인 된 사람도 있어.

이미테이션에서 진짜 보석이 돼라

〰〰〰〰〰〰〰 나는 많은 강사가 딱 멈추는 그 시점에 또 다른 도전을 했어. 혼자서만 하지 말고 함께해보자. 당장 강의보다 좋은 프로그램 만드는 데 집중해보자. 그러면서 직원들을 뽑게 됐어. 그게 내 나이 서른네 살 때야. 백지장도 맞들면 낫다고 사람이 모이니까 일이 되더라고.

여성 리더십, 돌고래 리더십, 이런 게 나오게 된 거야. 그때부터 나라는 사람의 가치도 주목받기 시작했어. 김미경이란 사람은 그냥 강사가 아니라 프로그램을 생산하는 사람이구나. 게다가 직원들까지 생기니까 책임감도 무거워지고 회사 대표로서의 위상도 생기게 됐지.

그렇게 내 직업 안에 또 다른 직업이 있는 거야. 내 직업 안에 진짜 보석이 있다고. 일한 지 한 5년? 그럼, 넌 이미테이션이야. 이미테이션 수준에서 지겨워하지 말라는 거야. 천장을 뚫고 나가면 진짜 보석이 보여. 그 보석을 찾아야 해. 내가 지금 어느 정도 성공했다고 자부할 수 있는 건 내 직업 안에서 보석을 봤기 때문이야. 나도 한 달에 100시간씩 특강을 하고 다닐 때는 이미테이션이었어. 보석 흉내만 냈지 진짜 보석은 아니었다고. 지금은 이미테이션에서 보석이 되기 위한 단계로 접어든 거고 나이가 60세 정도가 되면 보석이 돼 있겠지. 나는 강사라는 직업 가운데서도 보석 중의 보석으로 죽고 싶어.

너도 이런 생각을 한번 해보란 말이야. 그 피부과 직원, 메이크업 아티스트는 이미테이션이었던 거야. 자기 직업 안에서 보석을 찾아야지 다른 데 가서 기웃거려선 아무것도 안 돼. 여기저기 집적거리다 나이만 먹고 나중에 후회해도 소용없어. 기다리는 왕자도 절대 나타나지 않아. 그러니 남의 보석만 부러워하지 말고 네 스스로 다이아몬드가 돼보란 말이야.

이직 시기?
너의 1만 시간에게 물어봐

〰〰〰〰〰〰〰 우리 회사 직원 중에 이런 애가 있어. 일을 열심히 하고 잘하는 애였는데 회사를 그만두겠다는 거야. 이유가 뭐냐고 물어봤더니 여기서 최고가 될 수 있을지 확신이 안 선대. 5~6년을 일했는데 확신은 안 들고 자꾸 자신감만 떨어진다는 거야. 자신이 정말 원하는 일, 신나서 할 수 있는 일을 하고 싶다는 거야. 참 안타까웠어. 속으로 이런 생각을 했지

'지금 너는 6까지 왔어. 조금만 더 하면 10이라는 고지에 오를 수 있어. 10까지 오게 되면 네가 1부터 10까지 이뤄놓은 경험을 바탕으로 네가 하고 싶은 20을 발견하게 될 거야.'

등산에 빗대면 이해하기 쉬워. 등산은 산에 오르기 전이 제

일 신나지. 촌스러운 스카프 두르며 깔깔대고 신발 끈 매고 힘차게 구호 외치고 마냥 즐겁지. 그러다 산 중턱까지 오르면 얼마를 더 올라야 정상에 오를지 막막해지는 거야. 그러면서 등산은 내 적성에 안 맞나 봐, 사장님은 좋다는데 나는 별로야, 왜 등산을 좋다고 하는지 도통 모르겠다며 중간에 내려가는 거야.

하지만 산 정상에 올라가 봐. 꼭대기에 올라보면 그다음 목표가 생겨. 다음에는 더 높은 산에 올라야겠다. MTB로 산을 오르면 더 다이내믹할 거야. 그 힘들고 지겨웠던 산행이 막상 정상에 오르니까 재밌게 여겨지고 새로운 아이디어도 생겨. 일에 파묻혀서 미친 듯이 그 일을 해야 아이디어가 나오는 거야. 경험이 아이디어를 주는 거지, 책상에 멍하니 앉아 있어서는 절대 안 나와.

절박함이야말로
사람을 키우는 자양분이다

〰〰〰〰〰〰 왜 요새 젊은 애들이 '네이버 이하'인 줄 알아? 다 네이버에 나와 있는 얘기만 하지 신선한 얘기를 못 하잖아. 아이디어라는 건 일하면서 부딪치고 깨질 때 나오는 거

야. 창의적이 되고 싶지 않아도 저절로 창의적이 돼. 절박함이 야말로 사람을 키우는 자양분이라고 하잖아.

〈무릎팍 도사〉에서 탤런트 윤여정 씨가 나와서 하는 말이 뭔 줄 알아? 아파트 인테리어 공사비 밀리니까 연기가 잘되더래. 독한 연기, 옷 벗는 연기까지 너무 리얼하게 잘된다는 거야. 절박함이 연기력을 키웠다는 거지.

〈서바이벌 나는 가수다〉에서 가수 임재범 씨가 하는 말 못 들었어? 10년 동안 저작권료 100만 원, 200만 원으로 한 달 한 달을 버텼대. 차가 없으니까 딸이 사고 싶어 하는 것도 제대로 못 사줬다잖아. 많이 사면 버스 타기 불편하다고 얼버무리는 애비 심정이 오죽 절박했겠어? 그래서 임재범이 하는 노래는 절규에 가깝잖아. 재기할 수 있는 마지막 기회라고 생각하고 한순간 한순간을 만들어가고 있는 거라고. 그 절박함이 최고의 무대, 최고의 감동으로 이어지는 거야.

남진의 〈빈잔〉도 록 버전으로 창의적으로 만들어내잖아. 나는 절박한 그 순간이 가장 창의적인 순간이라고 생각해. 그런데 그 절박함이 일터에 있지, 쉼터에 있니? 주말에 텔레비전을 보면서 절박해지냐고. 똑같은 뉴스 세 번 본다고 절박해질 리가 있어? 절박한 순간에 자신을 자꾸 담금질해봐야 해. 그래야 창의적인 사람이 되는 거야.

다른 가수들도 마찬가지야. 일주일에 한 번씩 새로운 노래를 만들어내야 해. CD에서 흘러나오는 그대로 부르면 꼴찌하게 생겼어. 내 안에서 꿈틀거리는 창의성을 남의 노래에 담아야 하는 거야. 그러니 얼마나 고통스럽겠냐고. 그래서 다들 한다는 소리가 이거잖아.

"일주일 동안 잠 한숨 못 잤어요."

너무 힘들었대. 고통스러웠대. 그런데 그 고통의 한가운데서 만들어지는 노래가 사람들에게 감동을 주는 거야. 사람들이 박수만 쳐주니? 돈도 줘. 이게 자본주의인 거야.

'프라임 타임'에 24시간을 걸어라

〜〜〜〜〜〜〜〜〜 내가 가장 절박했을 때가 언제였는지 알아? 예전에 MBC에서 강의할 때야. 그때는 일주일에 한 번씩 새로운 주제로 강의했어. 매주 다른 주제로 한 번도 안 했던 새로운 얘기를 해야 하는 거야. 책으로 치면 200페이지짜리 단행본을 매주 만드는 거지. 그러니 얼마나 절박했겠니.

그런데 정말 희한하게도 매주 한 번씩 다가오는 그 마감 시간 직전에 가장 창의적인 생각이 떠올라. 내일 강의해야 해. 그렇게 마감 시간이 정해지면 갑자기 생각이 잘 나. 그렇게 안 하면 죽는다고 나 자신을 몰아붙이니까.

디자이너도 마찬가지야. 디자이너가 가장 창의적일 때는 패션쇼 하기 직전이야. 연기자가 가장 창의적일 때는 녹화하기 전이야. 가수가 가장 창의적일 때는 콘서트를 앞두고야. 요리사가 가장 창의적일 때는 100명이 먹을 음식을 준비하는 그때야. 쉼터가 아니라 일터에서 가장 창의적이 되는 거야. 그러면서 독종이 돼. 프로는 대부분 독종이야.

『아웃라이어』라는 책에 보면 '1만 시간의 법칙'이라고 있어. 1만 시간이 뭐냐면, 내 일에 매일 세 시간씩 몰입해서 그걸 10년 동안 해서 1만 시간을 채우면 성공한다는 법칙이야.

별거 아닌 것 같다고? 그런데 거기에 하나 빠진 게 있어. 세 시간을 뺀 나머지 스물한 시간 역시 그 세 시간을 위해 존재한다는 거지.

24시간 중 세 시간은 프라임 타임, 나머지는 그걸 위한 서브 타임. 예를 들면 내가 강의하는 세 시간은 프라임 타임이야. 그리고 나머지 시간은 그 강연을 위해 준비하는 서브 타임인 거지. 그걸 10년 해야 진정한 1만 시간이 되는 거야.

'너의 1만 시간은 언제 시작됐니?'

너 자신한테 한번 물어봐. 아마 시작도 못한 사람 천지일걸? 나는 6년째야. 앞으로 4년이 더 남았어. 4년 후면 내가 쉰두 살이야. 그때가 되면 나는 일가를 이루게 될 거라고 믿어.

확실한 건 옛날에 몰입한 세 시간과 지금의 세 시간이 성과에서 엄청난 차이가 난다는 거야. 지금은 똑같은 시간을 투자했을 때 옛날보다 2~3배 더 성과가 나. 엔진 성능이 무척 좋아진 거지. 그렇게 10년을 보내고 1만 시간을 채우고 나면 그 시간이 앞으로 내가 무엇을 해야 할지 말해줄 거라 믿어. 내가 거쳐온 과거가 나의 미래를 보여주는 거지.

이 얘기를 그 직원한테 해줬더니 애가 숙연해져. 그리고 마지막으로 물어봤어.

"너의 1만 시간은 언제 시작됐니?"

"아직 시작 안 했어요."

"그럼, 지금부터 시작해봐. 1만 시간을 보내고도 일이 신나지 않으면 그때 떠나. 지금은 떠날 때가 아니야. 지금 떠나면 너는 직업 객사할 수밖에 없어. 1만 시간에 자신을 담금질 안 해본 사람은 다른 곳에 가서도 마찬가지야. 왜냐하면 그게 직업을 대하는 너의 습관이기 때문이야. 그걸 바꾸지 않으면 네가 원하는 전문가는 못 될 거야."

그랬더니 기세등등하게 떠나겠다던 애가 완전히 달라졌어.

"원장님, 저 다시 시작해볼래요. 오늘을 1만 시간의 첫 시간이라고 생각하고 일해볼게요."

그러더니 실제로 애가 확 바뀌는 거야. 1만 시간에는 쥐꼬리만큼도 못 간 애가 얼굴에 기쁨이 넘쳐. 그 이유가 뭐겠어? 자신의 프라임 타임 속에서 자존감을 발견한 거지. 그전에는 자부심을 느끼고 일을 안 했던 거야.

1만 시간을 아직 시작하지 않았다면 지금부터 하루 세 시간의 프라임 타임을 정해놓고 일해봐. 그러다 보면 네가 그토록 원했던 프로가 될 수 있을 거야. 그리고 그 1만 시간이 지난 후 나온 판단을 믿으면 돼.

지금 네 안에서 속삭이는 달콤한 말에 속지 말라고. 1만 시간이 지난 후 네 자신의 깊은 곳에서 들려오는 진실을 믿으면 돼. 그전에는 다 가짜야. 제일 못 믿을 게 자기 자신인 거야. 내 안에도 초보가 있고 고수가 있어. 초보가 하는 말은 절대 믿지 말라고.

취미는 네 안에 숨겨진
'미지의 대륙'이야

직장에 다니면 누구나 명함이 있잖아. 그런데 보이지 않는 명함도 있어. 그게 바로 취미야. 내 명함에는 '아트 스피치 원장'이라고 적혀 있어. 그런데 대화를 하다 보면 내 취미가 무엇이냐에 따라 또 다른 김미경을 알게 돼. '아, 이런 사람이구나' 판단하게 되는 거야. 취미는 나를 드러내는 또 하나의 명함인 거지.

내가 아는 사람 중에 MBC 김범도 아나운서라고 있어. 몇 년 전에 내가 쓴 책 『꿈이 있는 아내는 늙지 않는다』 출판기념회를 했는데 김범도 아나운서가 와서 공연을 해줬어. 색소폰을 무지 잘 불거든. 거의 수준급이야. 이문세 노래 〈그대와 영원히〉를 부르는데 너무 멋있더라고. 그 자리에 모인 사람들도 처음에는 그냥 아나운서인가보다 그랬겠지. 그런데 색소폰 부는 모습을 보고 확 바뀌는 거야. 김범도란 사람을 완전히 다시 보게 된 거지.

김범도 아나운서는 교회에서 봉사활동을 자주 해. 대학생 선교회에서 색소폰 공연을 하는데, 일요일마다 여학생들이 반하는 거지. 얼마나 신나. 일은 소모적이잖아. 아무리 좋아서 하는 일이라도 소모되는 부분이 있어. 그걸 다시 채워주는 게 바로 취미야. 일에서 열정을 태웠으면 또 다른 열정을 하나 만들어서 새로운 에너지로 충전하는 거지. 일과 취미로 삶의 밸런스를 갖춰야 한다는 거야.

취미를 통해 낯선 사람들과 만나라

〰〰〰〰〰〰〰 다들 너무 힘들게 일하잖아. 그런데 주말이 돼도 달라지는 게 없어. 그냥 힘들게 일했다는 증거물만 보게 되지. 늘어져 있는 자신을 내버려두는 거야. 침대에서 뒹굴고 소파에서 뒹굴고 주말에 아침부터 늘어지면 세수하는 거까먹잖아. 오후 4시쯤 거울에 비친 자신을 보면 우울해지는 거지. 그런 나를 보면 얼마나 한심하냐고. 주중에 열심히 일했으

면 주말에는 나 자신도 놀랄 만한 새로운 나를 만나야 해. '아니, 내가 이런 걸 해?' 자신도 기특한 자기 자신 말이야.

내가 아는 한 회장님은 나이가 50대야. 주말만 되면 징 박힌 가죽점퍼를 입고 모터사이클을 타. 처음엔 자기도 쑥스러웠대. 그래서 그냥 청점퍼를 입었대. 그런데 달리다 보면 비도 맞고 눈도 맞고 무엇보다 바람이 너무 세거든. 거센 바람으로부터 신체를 보호하려면 가죽점퍼가 필요한 거야. 폼 때문이 아니라 반드시 입어줘야 하는 거지. 원래 모든 운동이 처음에는 허술하게 하다가 갈수록 엣지 있는 스타일로 승부하잖아.

이 회장님은 주말만 되면 거울을 보고 깜짝 놀란대. 너무 낯선 사람이잖아. 일주일에 한 번 낯선 자신을 즐기는 게 얼마나 신나는 일인지 모른다는 거야. 그래서 회사에 가서도 직원들한테 익숙한 자신만 보지 말고 주말에는 낯선 자신을 찾아 떠나라고 말한대. 그래야 창의적으로 살 수 있다면서 취미생활을 적극 권장하는 거지.

그래서 그 회사 사람들은 정말 재미있는 걸 많이 배워. 어떤 애들은 회장님 따라서 모터사이클을 타기도 하고 어떤 애들은 자동차 동호회에 가입해서 트랙을 질주해. 주말마다 살사 댄스를 배우러 다니는 애들도 있고 주말 연극반에 가입해서 뮤지컬 공연을 하는 애들도 있어. 즐기는 놀이는 저마다 다르지만 수준급 취미를 가진 직원들은 점점 늘어나는 거지.

취미가 생기면 뭐가 좋은지 알아? 첫째, 낯선 사람들을 만나. 별 사람들이 다 오토바이를 탈 거 아니야. 가끔은 조폭 비슷한 이들도 있지. 그런 사람들도 나름 순진하고 재미있대. 같이 얘기 하다 보면 세상만사 돌아가는 걸 거기서 배운다는 거야.

만약 살사를 배운다고 해봐. 남녀 100명이 플로어에서 서로 몸을 부딪치면서 춤을 추잖아. 정말 다양한 직업을 가진 사람들을 만나게 돼. 전기 수리공도 있고 광고회사에 다니는 사람도 있고 인디밴드도 있을 거고 자영업을 하는 사람도 있을 거야. 같은 취미를 가졌다는 이유로 모두 하나가 되는 거야. 친구가 되는 거지.

취미는 제2의 직업이 될 수 있다

～～～～～～～～～ 직장 동료하고만 놀면 짜증나잖아. 주말 지나면 또 볼 텐데. 직장을 관두지 않는 이상 평생 볼 텐데. 성격도 다 알고 술버릇도 다 알고 집에 숟가락이 몇 개인지 말 안 해도 다 알잖아. 원래 사람이 오래 만나다 보면 신선도가 떨어지고 재미가 없어지거든. 그런데 취미가 있으면 새로운 만남이 생겨. 활력이 쏟아지는 거지. 그런 취미를 하나하나 단계별로

정복하는 거야. 이번에는 살사를 배우고 다음에는 자동차 동호회에 가고 그다음에는 와인 클럽에 가서 와인을 배우는 거지. 그러면서 다양한 사람을 만나는 거야.

나와 비슷한 사람들끼리만 모이면 배울 게 별로 없어. 왜냐하면 내가 하는 생각은 그 사람도 하거든. 그런데 모임에 가면 나와 다른 사람들만 있잖아. 전혀 들어보지 못한 이야기를 듣고 전혀 보지 못한 상황을 접하게 돼. 어쩌면 내가 은퇴 후에 하고 싶은 자영업을 하는 사람이 있을지도 모르지. 나는 지금은 샐러리맨이지만 그곳에서 수많은 프리랜서를 만나게 되는 거야. 아, 돈은 저렇게 버는 거구나, 전문가 근성은 이런 거구나, 배울 게 한둘이 아니지.

배우기만 하니? 그 자체로 내 인맥이 되잖아. 예를 들어 회사에서 만날 TV 광고만 하다가 갑자기 블로그 마케팅을 하게 됐어. 파워 블로거를 섭외해서 글을 실어야 해. 예산은 100만 원이야. 그럴 때 멋지게 이런 말을 날리는 거지.

"제가 다니는 살사 클럽에 파워 블로거가 있는데 제가 부탁하면 공짜로 해줄 거예요."

얼마나 멋있어.

두 번째로 좋은 건 취미가 '제2의 직업'이 될 수 있다는 거야. 내가 아는 사람 중에 사보 에디터가 있었어. 처음에는 회사에서 그 일만 했는데 워낙 포토그래퍼들이랑 일할 일이 많으니까 사진에 취미가 생긴 거야. 카메라를 하나 사서 틈날 때마다 찍으러 다녔대. 그러다 보니 몇 년 만에 거의 전문가급이 된 거야. 원래 글 쓰던 사람이 사진까지 잘 찍으니까 개인적으로 일이 많이 들어오더래. 그래서 틈틈이 잡지나 책에 원고와 사진을 기고했는데 디자인이 썩 마음에 안 드는 거야. 그래서 취미로 디자인까지 배우게 됐어.

워낙 사진 찍던 사람이고 감각이 좋으니까 금방 실력이 늘더래. 그래서 지금은 아예 독립해서 1인 기업으로 일해. 글 쓰고 사진 찍고 디자인까지 혼자 다 하니까 똑같은 일을 해도 훨씬 많이 버는 거지. 처음에는 취미였던 것이 일과 결합해 시너지를 발휘하면서 내 능력 하나가 더 생긴 거야. 이렇게 일과 관련된 취미를 가지면 더할 나위 없이 좋겠지.

또 취미는 은퇴 후 제2의 직업이 되기도 해. 잘 아시는 분 중에 법무사가 있어. 30년간 열심히 일하다가 얼마 전에 은퇴한 거야. 보통 남자들이 은퇴하면 급격히 늙거나 우울해지잖아. 그런데 그분은 너무 활력이 넘치는 거야. 알고 봤더니 그분이 은퇴하기 5년 전부터 취미로 목공예를 배우기 시작한 거야. 평소에 워낙 손으로 뭘 만드는 데 재주가 남달랐거든. 소질도 있고 열정도 있으니까 거의 장인 수준까지 기술을 연마한 거지.

은퇴하자마자 공방을 차려서 결혼예물용 목함을 만들었는데 워낙 정교하고 고급스러워서 주문이 엄청나게 들어왔대. 1년 뒤에는 수요를 감당 못해서 직원까지 몇 명 두고 아예 회사를 만들었어. 취미명함이 그대로 내 직업명함이 된 거야.

그것뿐이야? 취미생활을 열심히 하다 보면 제대로 놀 줄 알게 돼. 회식 때 노래방에 가도 살사 추면서 엣지 있게 노는 거지. 그럼 상사들 바로 넘어가잖아. '너 참 매력 있다'는 소리를 듣게 되는 거야. 일만 잘하는 사람이 아니라 일도 잘하는 사람이 된다니까?

주말에 모터사이클을 즐긴다고 하면 '우리는 주말에 잠자기 바쁜데 대단한 걸'이라는 부러움을 한몸에 받는 거야. 나도 모르는 사이에 매력 있는 엣지남 엣지녀가 저절로 되는 거지.

새로운 것에 접근해야 새로운 자산을 얻을 수 있어. 새로운 취미를 가지는 것도 그런 거지. 일주일에 하루, 한 번도 만나보지 못한 또 다른 나를 만날 수 있어. 새로운 것을 알게 되는 즐거움도 느낄 수 있지. 나와는 다른 세계 사람들과 네트워크도 쌓고 제2의 직업으로 만들 수 있어. 이건 완전히 일석삼조지.

취미는 내 안에 숨겨진 미지의 대륙이야. 나의 새로운 가능성을 확인할 기회의 땅. 그걸 그냥 놓치기에는 너무 아깝지 않니? 미지의 대륙으로 일주일에 한 번은 꼭 떠나! 오늘 당장!

지금 당장
트레이닝복 입고 뛰어!

~~~~~~~~~~~~~~~~~ "몸이 예전 같지 않아요."

직장에서 30대 여자들이 자주 하는 말이야. 서른한두 살만 돼도 이런 말을 하기 시작해. 예전에는 아무리 피곤해도 하룻밤 푹 자면 피곤이 풀렸는데 며칠씩 밤을 새워도 끄떡도 안 했는데 지금은 아니라는 거야. 주말에 푹 쉬어도 월요일 회사 나오는 게 너무 힘들다는 거지. 실제로 서른이 넘으면서부터 허리 디스크 등 온갖 질병에 시달리는 애들도 봤어. 심지어 그것 때문에 회사를 휴직하거나 그만두기도 해.

정말 안타까운 일이지. 20대 때 바닥부터 고생해서 이제 막 날개를 펴려고 하는데 몸이 안 따라주는 거야. 가뜩이나 여자들은 체력이 달린다고 남자들이 실눈 뜨고 쳐다보는데. 여자들이 남자만큼 장기간 흥행하지 못하고 최대 성과를 못 내는 중요한 이유 중의 하나가 실제로 체력이야. 온 종일 머리 쓰고 출장 다니고 회의하는 이 모든 일의 기본이 체력이니까.

물론 독한 애들은 정신력으로 이 모든 걸 버텨. 그러나 그렇게 버티는 것도 1~2년이야. 근본적으로 체력을 키우지 않고 정신력으로만 버티면 나중에 어떻게 되는지 알아? 그 대가를 한꺼번에 치르게 돼.

내 친구 중의 하나도 그랬어. 잡지사 사장이었는데 젊었을 때부터 죽기 살기로 일한 거야. 원래 몸도 약한 애였는데 정신력 하나만으로 모든 걸 견뎌냈어. 물론 중간에 몸이 몇 번 말을 걸었지. 갑자기 머리가 핑 돌기도 하고 코피를 쏟기도 하고 숨이 차기도 했어. 그런데 그 모든 걸 무시하고 일에만 파고든 거야. 물론 그런 열정 덕분에 엄청난 성공을 이뤘지. 모두가 부러워하는 여성 CEO가 된 거야. 그런데 그럼 뭘 하냐고. 암으로 시한부 인생이 됐는데. 얼마 전에 병문안을 갔더니 비쩍 마른 몸으로 이런 얘기를 해.

"미경아, 이제는 몸이 말하는 소리가 들려. 예전엔 이걸 왜 몰랐을까. 그때 그 소리를 들어줬더라면 지금 이렇게 되지는 않았을 텐데. 너무 후회돼."

'저급 관리'로 '저질 체력' 해결하겠다고?

～～～～～～～～～～ 너희가 분명히 알아야 할 게 있어. 몸은 무엇을 이루기 위한 수단이 아냐. 네 성공을 이루기 위한 수단도 아니고 사랑을 하기 위한 수단도 아냐. 몸은 너 자체야. 네 존재의 근본이라고.

그런데 대부분의 사람이 몸을 하인처럼 부려. 사랑해주지 않고 관리해주지 않고 막 대하는 거야. 너라는 존재가 마치 너의 생각, 의식, 정신이 전부인 것처럼 생각해. 몸을 껍데기로 보는 거지.

그러나 나라는 존재는 마음 플러스 몸이야. 몸이 없으면 네 마음도 생각도 담을 수 없지. 네 실체의 근원이라고. 네 정신이 안정과 평화를 원하는 것처럼 네 몸도 똑같은 걸 원해. 그런데 사람은 뇌가 시키는 대로만 살아. 운동? 귀찮아. 밥? 바빠 죽겠는데 대충 햄버거 먹어. 술? 당기는 만큼 먹어줘야지.

그럼 몸이 참다 참다 말을 걸기 시작하는 거야. 저기요, 제가 좀 아프거든요? 좀 살살 일하면 안 되나요? 그러면서 어느 날은 머리가 아프고 어느 날은 배가 쥐어짜듯 아파. 신호를 보내는 거지. 그때 정신 차리고 관리를 시작하면 다행이야. 그런데 많은 사람이 무시해.

결국 몸이 침묵해. 혼수상태에 빠진 사람처럼 이미 정신을 잃었으니까. 그때 후회하면 이미 늦지. 모든 걸 잃게 되고 네 존재 자체가 위협받아. 그러니까 너희도 몸이 하는 소리에 집중할 필요가 있어. 요즘 들어 네 몸이 지속해서 잔소리를 한다 싶으면 얼른 돌봐주란 말이야.

또 한 가지, 많은 여자애가 예전 같지 않은 자기 체력 때문에 짜증 내고 서글퍼 해. 그런데 생각해봐. 그게 당연하고 자연스러운 거야. 나이 서른 넘어서 몸은 점점 노화되는데 넌 지금 아무것도 안 하잖아. 얼굴에 투자하는 거 반의 반도 안 하잖아. 얼굴처럼 비싼 화장품을 바르길 하니, 보톡스를 맞니.

30대에도 20대 때의 체력을 가지려면 어떻게 해야 해? 그 시간의 차이만큼, 노화되는 만큼 몸에 투자를 해줘야지. 나이가 들수록 운동하는 시간을 조금씩 늘리고 몸이 좋아하는 일들을 더 많이 해줘야 해. 그래야 현상 유지가 되는 거야.

그런데 많은 애가 몸 관리 중에서도 가장 저급 관리만 하는 게 문제야. 그게 뭐야? 주말에 몰아서 자는 거. 40대 가장들이 주로 애용하는 방법, 소파에 늘어져서 자다가 TV 보는 거 말이야. 그런데 그렇게 온종일 소파에 붙어 있으면 밤에 더 피곤해. 누워서 TV 보니까 나중엔 머리까지 아프고 눈도 침침해져. 이게 무슨 몸 관리냐고. 신체 학대지.

나이가 들면 저급 관리는 안 통해. 예전엔 잠으로 해결되던 게 이제는 안 된다고. 그럼 중급 관리에 들어가. 영양제 먹는 거지. 비타민, 보약, 개소주, 홍삼엑기스 마시는 거야. 그럼 반짝 좋아지기는 해. 문제는 약발이 얼마나 가느냐지. 게다가 돈도 많이 들어. 원래 보약이라는 게 비싼 만큼 효과가 있는 거거든. 그렇다고 40만 원짜리 홍삼엑기스를 매달 먹을 수는 없잖아. 그럼 슬슬 고급 관리를 고민하지.

그게 뭐야? 운동이야. 매일 조금씩 러닝머신을 뛰거나 수영을 하거나 주말마다 등산하는 거야. 방 안에서 방석 깔고 108배를 하거나. 운동해본 사람은 알겠지만 하루에 30분씩 걷는 게 보약 한 달 먹는 것보다 훨씬 효과가 좋아. 운동 해서 몸에 근육이 붙으면 기초체력이 생기니까 피곤도 훨씬 덜 느끼고 금방 회복돼.

게다가 돈도 적게 들어. 108배 하는 데 돈 드니? 동네 한 바퀴 도는 데 돈 드냐고. 등산 갈 때 오이 두 개랑 김밥 한 줄만 챙기면 되잖아. 돈을 쓰지 말고 몸을 쓰라고. 내가 이렇게 말하면 우리 회사 직원들이 꼭 하는 말 있어.

"운동할 시간이 있어야 하죠."

"매일 야근하는데 어떻게 운동해요."

그때마다 내가 말하지. 네가 더 바쁘니 내가 더 바쁘니? 새벽 6시에는 아무도 너 안 건드려. 너도 나처럼 새벽에 일어나서 운동하란 말이야. 그럼 이래. 저는 그 시간에 꼭 자야 돼요. 어쩌라고. 그럼 근무시간 빼서 운동시켜주리? 왜 해결할 수 없는 걸 가지고 징징대느냐고. 그리고 그런 저급관리로는 네 저질 체력이 해결 안 된다니까? 서른 살은 잠으로 해결되는 나이가 아니라고.

새벽 운동은 정말 독하게 해야 돼. 제2의 습관이 될 때까지 꾸준히 하려면 독하지 않으면 안 돼. 거의 몸무게 10킬로그램 빼는 다이어트 수준이야. 하지만 세상의 모든 게 그렇잖아. 공짜가 없어. 그만큼 노력하고 죽기 살기로 해야 체력도 키우지. 만날 잠만 자면서 체력 좋아지길 바라면 그게 도둑놈 심보 아냐?

인간의 노화는 숙명이지만
체력은 만들 수 있어

~~~~~~~~~~~~~ 평생 건강하게 행복하게 일하려면 30대부터 몸 관리 해야 해. 40대 되어서 하려면 힘들어. 배터리도 막대기 하나 남았을 때 충전하면 금방 올라가지만 완전히 방전된 뒤에 충전하려면 오래 걸리잖아. 특히 일하는 30대 여자들은 체력관리에 더 신경 써야 해. 남자들보다 3배 4배 열심히 일해

야 임원승진 할 거 아냐. 옆 가게 남자 사장보다 한 시간 일찍 가게 문 열고 늦게 닫아야 성공할 거 아니냐고.

체력도 이제 전략적으로 생각해봐. 내 체력이 지금 어느 정도인지, 남자들과 경쟁할 수 있을 만큼 강해지려면 무엇을 어떻게 해야 하는지. 구체적으로 따져보고 그에 합당한 노력을 하라고.

우리 회사의 한 직원은 선천적으로 몸이 약했어. 초등학교 6학년 때까지 몸무게가 30킬로그램도 안 됐던 거야. 너무 비쩍 마른데다 잔병치레를 많이 하니까 선생님이 억지로 수영을 시켰어. 그렇게 어릴 때부터 수영을 20년 넘게 하니까 지금은 체력이 받쳐주는 거야.

지금도 너무 비쩍 말라서 저러다 쓰러지는 게 아닌가 걱정되는데 씩씩하게 잘 버텨. 그건 걔 정신력이 강한 것도 있지만 결국 체력이야. 마른 몸에 단단하게 붙어 있는 근육 덕분이라고. 걔는 자기 몸이 워낙 약한 걸 아니까 어렸을 때부터 몸에 투자하는 게 습관이 된 거지. 너무 바빠서 수영할 시간이 없으면 밤늦게 집 앞 헬스장이라도 꼭 가. 그렇게 운동을 하지 않으면 자기가 못 버틴다는 걸 너무 잘 아니까.

그렇게 몸이 약한 애들은 그것 때문에 고생해봐서 건강이 얼마나 중요한지 알아. 그런데 건강한 애들이 문제야. 자기 체력만 믿다가 30대 중반 넘어서 한방에 가는 거지. 나는 다행히 엄마의 건강한 체력을 물려받았어. 거기다 독한 생활력까지 빼닮았지.

태어나기도 건강하게 태어났지만 나는 틈나는 대로 운동을 해. 새벽 5시면 일어나서 스트레칭을 하거나 러닝머신 위에서 달려. 주말이면 수상스키 같은 익스트림 스포츠를 즐기지. 그렇게 주말에 열심히 뛰면 오히려 피곤이 풀려. 하루에 강의 세 개씩 뛰는 건 일도 아냐. 우리 회사에 20대 여자 애들도 있지만 내가 걔네들보다 훨씬 체력이 좋아. 내 몸에 투자하는 게 이미 습관이 됐으니까.

너도 몸이 침묵하기 전에 네 몸이 하는 소리를 들어봐. 인간의 노화는 숙명이지만 체력은 아니야. 네 노력으로 얼마든지 20대의 활력을 유지할 수 있어. 더는 시간 없다고 핑계 대지 말고 소파에서 떨어져. 언니처럼 트레이닝복으로 갈아입고 뛰라고. 지금 당장!

언니의 독설

03

사
랑
·
LOVE

결혼과 결혼식,
절대 헷갈리지 마!

게임은 지금부터 시작이야. 실패? 그전의 실패는 실패도 아냐. 일 못해서 상사한테 깨지는 것, 고객과 싸워서 스트레스 받는 것 등은 실패 축에도 못 들어. 어떤 남자와 만나 결혼하는가. 여기서 잠깐 판단 잘못하면 평생 처절한 대가를 치러야 해.

특히나 일하는 여자들은 결혼할 때 가장 신중해야 해. 한국 사회에서 여자는 결혼과 동시에 집안에서 일어나는 모든 복잡한 문제를 떠안아야 하니까. 결혼은 곧 전쟁이라고. 그러니 그 전쟁 같은 게임에 뛰어들려면 가장 나답게 모든 준비를 완벽하게 해내야 해.

나는 결혼 전부터 나를 잘 알았어. 절대 전업주부는 못한다는 걸. 내조? 말도 안 되지. 내 인생도 내조하기 바쁜데 누굴 내조하느냐고. 내 인생의 목표는 김미경이라는 이름 석 자 값을 제대로 하는 거라고 이미 정해놨는데. 선택은 분명한 거야. 결혼이 거래일 이유가 없어. 오직 필요한 것은 나를 지원할 수 있는 지원군이었어. 그렇게 내 결혼 조건은 분명했고 거기에 딱 맞는 동료 검투사를 만난 거야.

결혼이라는 제2의 전쟁을 나답게 치르면 자아를 완성하는 마흔다섯 살 때는 나다운 나를 만나. 그런데 나를 속이고 시댁이나 남편에 맞춰 살면 마흔다섯 살에 전혀 나답지 않은 나를 만나게 되는 거지. 그것만큼 고독하고 외로운 일이 없어. 그렇게 되면 아무리 돈이 많아도 좋은 옷 속에 감춰진 초라한 자신과 사는 거야.

나답게 사는 게 정답이야

─────── 언제까지나 꼬리로 살아도 문제없는 사람은 괜찮아. 그런데 허리 이상은 돼야 한다고 생각하거나 머리 아니면 안 돼 하는 사람일수록 꼬리로 살라고 주입받으면 정체성이 파괴돼. 인생이 불행할 수밖에 없어. 60평짜리 집에 살

면 뭐 하냐고. 2평짜리 화장실 들어가서 만날 우는데. 차라리 13평 반지하에 사는 게 낫지.

내 친구 중의 하나는 결혼해서 잠실의 90평짜리 집에 살았어. 처음에는 부러웠지. 그런데 가보니까 개는 그 집 꼬리야, 시어머니가 머리고. 집 구경한다고 신나게 돌아다니다가 시어머니한테 딱 걸렸잖아. 바로 둘 다 3평짜리 방 안에 갇혔어.

"야, 13평짜리 우리 집이 훨씬 낫다. 다음부터는 네가 우리 집으로 와!"

적어도 우리 집에서는 내가 머리니까. 누구 눈치 볼 필요가 없잖아. 13평에서 나답게 살래? 아니면 90평에서 나답지 않게 살래? 나답게 사는 게 정답이야. 그 선택에 대한 대가만 치르면 된다고. 대가라는 말이 무시무시하게 들리지만 사실은 별거 아냐. 갑자기 10단계 이상 뛰어넘어야 하는 거대한 장애물 같은 게 아니라고. 그건 0.1단계씩 서서히 생기는 거지. 서른 살이면 서른 살에 맞는 가난과 고통과 일이 주어져. 갑자기 마흔다섯 살의 고통이 오지는 않는다고.

그런데 너희는 어때? 서른 살의 고통을 감당하기 싫어서 마흔다섯 살의 성장을 미리 당겨쓰려고 하잖아. 그럼 그에 맞는 대가 역시 치러야 해. 정체성이 깨지고 나답지 않은 삶을 감수해야 한다고. 15년 이상의 행복을 미리 얻으려고 하면 15년 이상의 고통도 감수해야 하는 거지. 인생의 단계를 인정하면서 네 힘으로 자랄래? 아니면 남이 만들어놓은 것을 거저먹을래?

요즘 여자애 중에 몸은 스물일곱, 서른두 살이라도 생각은 『신데렐라』 읽던 여섯 살 그대로인 경우가 꽤 많아. 여전히 동화책 속에 사는 거야. 결혼도 그런 허상으로 생각해. 난 여자들이 결혼할 때 비싼 드레스에 목숨 걸지 않았으면 좋겠어. 특히 그놈의 베라 왕 드레스가 문제야. 결혼과 결혼식을 헷갈리게 하는 주범이지.

비싼 드레스도 화장도 웨딩 카도 다 가짜야. 평생 그렇게 비싼 옷 못 입잖아. 럭셔리 웨딩 카도 하루 빌린 거야. 남편? 그날만 상태 좋아. 다음 날부터 집에서 7부 파자마 입고 다녀. 시어머니? 그날만 '아유, 우리 며느리'지 신혼여행 갔다 오면 설거지부터 시켜. 허상은 다음 날부터 즉시 깨져. 그런데 많은 여자가 허상과 실체를 구분 못한 채 결혼식장에 들어가는 거야. 결혼이 결혼식인 줄 아는 거지.

결혼식과 결혼의 격차가 크면 클수록 그 결혼은 깨지기 쉬워. 결혼식이 허상일수록 실체와의 격차 때문에 더 빨리 깨지는 거지. 가장 나답게 결혼해야 하고 결혼식도 현실 그 자체여야 해. 무겁지 않게 등에 질 수 있을 만큼의 짐만 지고 결혼 전처럼 똑같이 사는 거야.

내 친구 동생이 격차가 크게 나는 부잣집으로 시집갔어. 결혼식 날부터 허상이었지. 주변 사람들이 말도 못하게 부러워했어. 그런데 지금은 걔가 제일 불행하게 살아. 옷은 비싼 것 입지. 일명 시어머니 패션. 시어머니 다니는 명동 양장점에 지금도 같이 다니거든. 둘이 똑같이 입고 다녀.

나이가 마흔두 살인데 자기 권한이 아무것도 없어. 반찬부터 옷은 물론 TV채널 선택권까지. 시어머니가 나가서도 못살게 해. 자기 아들한테 이상한 밥 먹일까 봐. 걔는 우리 집에 들어온 애지, 우리 집 식구는 아닌 거야. 대기업에 신입사원으로 입사했는데 평생 신입사원인 것 같은 느낌인 거지.

허상과 결혼한 여자는 허상으로 무너진다

~~~~~~~~~~~~~~~ 우리 회사의 최 이사는 결혼 전부터 분명한 자기 길을 걸어왔어. 그러더니 결혼식도 회사 오는 것처럼 하더라고. 자기가 번 돈에 걸맞은 사람, 직장생활을 지원해줄 수 있는 남자를 찾더니 둘이 같은 속도로 걷는 거야. 그런 이들일수록 신혼여행 갔다 와서도 똑같아. 허상이 아닌 실체를 키워가는 힘이 그런 거야. 어디서든 당당하게 걸어가면서 인생의 변화도 당당하게 받아들이는 거지.

최 이사가 청첩장을 들고 오면서 그래.

"대표님, 오셔야 하는데 누추해서 어떡해요?"

알고 봤더니 대학교 강당을 무료로 빌려서 결혼한다는 거야. 자기 친구들은 신분 상승한 것처럼 보이기 위해 무리해서라도 호텔을 빌리는데 얘한테 그건 있을 수 없는 일이지. 두 사람만의 힘으로 알뜰하게 준비한 결혼식인데 전체 결혼식 비용의 열 배나 되는 돈을 밥값으로 날릴 수는 없으니까. 실체 앞에서 겸손한 결혼을 한 거야.

물론 결혼해서도 그 속도 그대로 달리기 시작했어. 지금은 걔가 친구 중에서 제일 부자로 살아. 허상이 전혀 없으니 얼마나 견고한 부자가 되겠느냐고. 두 사람도 실체를 만드는 기쁨 때문에 서로 얼마나 깊이 신뢰하고 사랑하는지 몰라. 몇 년 지나니까 주변 사람들이 최 이사에게 이구동성으로 말했어.

"네 결혼식이 최고였어."

그 결혼식에는 두 사람의 꿈과 자부심이 녹아 있었기 때문이지. 키워가는 재미가 실체야. 허상은 무너져가는 아픔이야. 실체로 거래한 애는 실체로 일어나고 허상과 거래한 애는 허상으로 무너져. 결혼식과 결혼을 제발 헷갈리지 말라고.

자, 인생의 두 번째 전쟁을 치를 준비가 됐니? 그렇다면 내 손을 잡아. 지금부터 언니만 믿고 따라오는 거다!

네가 길라임이냐?
레알 세상에 현빈은 없어!

〜〜〜〜〜〜〜〜〜 가난한 여자와 부잣집 남자의 만남이 반복되는 곳이 바로 드라마야. 내 인생에서는 안 벌어지는데 드라마에서는 꼭 벌어지잖아. 예나 지금이나 드라마 내용이 똑같아. 왜 그런 줄 알아? 여자들 환상 때문이야. 우리가 어릴 때 읽은『신데렐라』에서부터 환상이 시작돼.

내가 우리 딸들한테 절대 안 읽혔던 동화가『신데렐라』야. 거기에 빠지면 큰일 나지. 괜히 냄새나는 구두 벗어놓고 남자 기다릴까 봐. 얼마 전에 우리 막내딸이『신데렐라』읽고 있기에 한 시간 동안 토론했어.『신데렐라』가 얼마나 문제 많은 이야긴지에 대해서. 여섯 살짜리를 데리고 말이야.

LOVE

왕자님은 저 높은 성에 사는 공주님과 결혼하지 지상에는 잘 안 내려오셔. 드라마에서 보면 가끔 백화점에 내려와서 가난한 여자애 하나 딱 구제하잖아. 그건 드라마 속에서나 있는 얘기야. 그런데 여자들은 네 살 때부터 『신데렐라』 읽으면서 그런 드라마가 내 인생에서 펼쳐질 거라고 기대해.

'여자는 착하고 예쁘면 돼.'

그런 생각이나 하게 되고.

세상에서 가장 초라한 거래가
'미모'를 파는 거야

〜〜〜〜〜〜〜〜 드라마는 모든 구성이 다 똑같아. 일단 4각 구도야. 여자가 두 명 있어. 한 여자는 아주 예쁘고 착해. 그런데 너무 가난해. 자취방에서 혼자 살아. 또 다른 여자는 부잣집 애고 소갈머리가 없어.

그리고 부잣집 남자가 우연히 이 가난한 집 여자를 발견하게 돼. 알고 보니 자기네 백화점에서 일하는 여자야. 그런데 그 남자는 성격이 좀 삐딱해. 출생의 비밀이 있거든. 그래서 그 남자는 자기의 비뚤어진 마음을 치유하기 위해 가난하지만 밝고 착한 이 여자에게 거침없이 빠져들어. 그런데 부잣집 싸가지도 그 남자를 좋아하네.

여기서 또 한 명의 남자가 등장해. 착하고 예쁜 여자한테는 늘 남자가 꼬이니까. 오토바이 타는 터프한 남자가 또 이 여자를 좋아해. 이 여자는 누구한테 갈까 고민하다 결국은 부잣집 남자한테 가는 거지. 이런 스토리가 세트만 바뀌면서 계속되는 거야. 여자들은 드라마가 다 그러니까 '혹시' 하면서 기다리는 거야. 그래서 괜히 백화점에서 얼쩡거려보는 거지.

드라마 보면서 집중탐구까지 하잖아. 걔는 뭐가 그리 잘났다고 부잣집 남자한테 막 튕길까? 그런데 튕길수록 남자는 더 안절부절못해.

'아, 남자한테는 저렇게 튕겨야 하나 보다.'

그래서 부잣집 남자 축에도 못 끼는 남자한테라도 튕겨보잖아. 그럼 어떻게 돼? 다 떨어져 나가지. 드라마에선 안 그런데 말이야. 천하의 현빈이 길라임이 싫다는데도 달라붙잖아. 그리고 그 남자는 내가 듣고 싶었던 말 10종 세트를 다 해주잖아.

하지만 꿈 깨셔. 일단 너는 길라임처럼 안 예뻐. 그리고 세상에서 가장 초라한 거래가 바로 '미모'를 파는 거야. 여자 미모는 3년을 못 가. 예쁜 여자? 처음에는 좋지만 3년 지나면 똑같아. 늘 그 자리에 있는 '부동의 미'잖아. 옛날에 엄마들이 딸이 멋 부리고 있으면 뭐라고 했어?

LOVE

"얼굴 깎아 먹고 사냐, 이년아!"

아무리 미스 코리아라고 해도 3년이 지나면 익숙해져서 얘가 예쁜지 키가 큰지 잘 모르게 돼 있어. 그래서 '움직이는 미'가 더 힘이 있다는 거야. '움직이는 미'가 뭐냐면 그 사람이 가진 생각이야, 발전하는 커리어고. 남자들이 어렸을 때야 예쁜 여자 좋아하지. 하지만 40대쯤 되면 자기 일 열심히 하는 여자가 더 매력적이라고 말해.

'나? 생긴 건 별로야. 하지만 직장생활 오래 해서 커리어가 받쳐줘.'

네가 얼굴은 안 예뻐도 사람들은 건강하게 살고 열심히 뛰는 네 열정에 매력을 느끼게 돼. 외모로 거래하는 건 얼마 못 가. 유통기한이 짧다는 거야.

드라마도 길라임과 현빈이 맺어지는 장면에서 끝내지 말고 애들이 평생 어떻게 지지고 볶으며 사는지 보여줘야 해.

"네가 나를 이렇게 무시할 수 있냐?"

아마 그러면서 울고불고 싸우다가 결국은 이혼할걸? 인생이 서른세 살에 끝나는 게 아니잖아. 오래가잖아. 그러니까 멀리 봐야 한다는 거야.

너무도 다른 여자의 로망, 남자의 로망

～～～～～～～ 내가 재벌 2세들 스피치 교육도 많이 해봤거든. 그런데 얘들은 어렸을 때부터 귀족이야. 얘만 전담하는 선생님이 붙어서 일대일로 가르쳐. 스포츠도 못 하는 게 없지. 취미가 승마야. 우리랑 노는 물이 다른 거지. 몸매 관리도 얼마나 잘했는지 예술이야. 바로 연예인 시켜도 되겠어.

그리고 얘들은 중학교 때부터 외국에서 학교 다니고 해서 외국에 나가는 게 옆집 다녀오는 것처럼 쉬워. 그렇게 살아온 얘들은 자기 영역 안에서 여자를 찾아. 갑자기 백화점으로 안 내려온다고. 길라임 같은 애 만날 리도 없고 만나도 별 관심이 없겠지. 얘들은 자신이 살아온 인생의 틀 안에서 움직이지 그 영역을 벗어나고 싶어하지 않아.

만약 1,000만 분의 1의 확률로 백화점에서 재벌 2세를 만났다고 쳐. 그럼 좋을까? 아마 내가 그런 남자랑 결혼해 살았다면 좁혀지지 않는 격차가 주는 부담감 때문에 아무것도 못했을 거야. 격차 없애느라 시간과 에너지를 허비하는 것처럼 별 볼 일 없는 인생이 또 있을라고.

반대로 직장 다니는 평범한 남자애들 교육하러 가서 만나잖아. 얘들은 정말 '서민 총각'이야. 생각이 아주 현실적이지. 내가 남자애 하나를 만났는데 자기 연봉이 3,600만 원이래. 그러면서 자기가 결혼하게 되면 꼭 일하는 여자랑 결혼할 거래. 왜냐고 물어보니까 세금 떼면 자기가 매달 받는 돈은 250만 원 정도밖에 안 된다는 거야. 그 돈 가지고 여름에는 스킨스쿠버해야지, 겨울에는 스키 타러 다녀야지. 취미생활 하는 데 한 달에 100만 원을 쓰는 거야. 게다가 옷도 사 입어야지, 친구들 만나면 술 한잔해야지. 무슨 날이어서 부모님 용돈 드리면 자기한테 남는 돈이 하나도 없대.

그래서 일하는 여자랑 결혼하면 그 여자가 번 돈까지 합해서 쓸 수 있으니까 아주 좋은 거야. 그러면서 여자 생일에 반지를 사줬으면 그 여자도 자기한테 시계 정도는 사줘야 한대. 받기만 하는 여자들은 파렴치한으로 생각하는 거야. 자기 연봉 3,600만 원 갖고 내 한 몸 먹고살기도 어려운데 성인 여자 한 명을 어떻게 더 먹여 살리느냐는 거지. 불가능한 일이라는 거야.

그에게 이상적인 배우자는 자기랑 연봉이 똑같은 여자고 더 바란다면 자기보다 연봉이 더 높은 여자면 좋겠대. 그리고 자기 아내가 사업한다면 적극 밀어줄 거래.

"제 아내가 일도 안 하고 온종일 나만 기다리고 있다는 건 생각만 해도 숨이 턱 막혀요."

퇴근하면 피곤이 몰려오잖아. 그냥 리모컨 만지작거리다 자고 싶어. 아내한테 봉사하고 싶지 않아. 그러니까 자기 아내도 직장에서 지쳐서 들어왔으면 좋겠대. 아내랑 같이 벌면서 저녁에 맥주 한잔하면서 얘기 나누고 주말에는 차 끌고 놀러다니고 휴가 때는 해외로 나가서 재미있게 놀다 오고.

이게 남자들의 로망인 거야. 여자의 로망과 남자의 로망이 이렇게 다르다고. 남자들은 같이 버는 여자를 찾는데 여자는 부잣집 남자 만날 생각만 하잖아. 자기가 길라임인 줄 알고.

〈시크릿 가든〉은
최악의 공정거래 위반 드라마다

~~~~~~~~~~~~ 요즘 남자들, 정말 나약하게 길러졌어. 나 때만 해도 남자를 가장으로 길렀거든.

"뼈가 부서지더라도 네 식구는 먹여 살려라."

그런데 요즘에는 이러잖아.

"야 임마, 너 그렇게 공부해서 어떻게 성공할래?"

옛날에는 남자의 존재 이유가 처자식 먹여 살리는 거였어. 그런데 요즘에는 그렇게 얘기하는 사람 아무도 없잖아. 처자식 먹여 살리려고 일하는 20대 남자들이 어디 있느냐고. 아까 개처럼 여름에는 스킨스쿠버하고 겨울에는 보드 타면서 즐겁게 살려고 하지.

요새 남자들은 자기가 먹여 살려줄 여자를 원하는 게 아니라 같이 벌고 같이 즐길 수 있는 여자를 원해. 어떤 남자가 용돈 10만 원 받고 1년 내내 소매 닳은 와이셔츠 입고 싶겠냐고. 못 먹고 못 입고 돈 벌어서 집에 갖다 주고 싶은 남자가 있겠어?

지금 40~50대 남자들만 해도 가장으로 길러졌어. 대신 그 남자들은 집에서 '뜨신 밥'이라도 얻어먹고 다니잖아. 하지만 20대 남자들은 집에서 뜨신 밥 먹고 다니는 건 기대도 안 해. 어차피 너도 남편한테 '뜨신 밥' 안 차려줄 거잖아.

이제 남자들이 변했단 말이야. 돈에 민감한 애들이라 더 빨리 변하는 것 같아. 그런데 여자들만 아직도 1960년대를 사는 거지. 자기가 태어난 시대보다 한참 이전 세대를 살고 있다고. 아직도 결혼하면 남자가 나를 먹여 살려주겠지, 한술 더 떠서 구질구질한 자취방에서 33평 아파트로 나를 데려갈 남자가 있을 거로 생각하지만 그건 착각이야.

나는 음대를 다녔는데 3학년 때 부잣집 남자애랑 약혼하는 애들이 있었어. 그땐 걔들이 부러웠지. 약혼식 끝나자마자 남자가 사줬다고 스포츠카 몰고 오는 거야. 그리고 차에 스키 장비 싣고 용평으로 가는 거지. 옛날에는 연예인하고 재벌들만 용평 갔거든. 내가 재벌들 코칭해보니까 그치들 젊었을 땐 겨울이면 거의 용평에서 살았더라고. 그런데 부잣집 남자는 부잣집 여자랑 연애해. 나 같은 시골 촌년은 상대도 안 해주는 거야.

나는 걔들보다 10년 뒤, 서른다섯 살 때 용평에 갔어. 10년 늦게 가도 돼. 부모 돈으로 10년 일찍 가서 스키 탄 애들보다 내 돈으로 10년 늦게 간 내가 더 스키 잘 타. 인간의 수명이 서른다섯에 안 끝나서 얼마나 다행이야. 여든, 아흔 살까지 살잖아.

그 시간 동안 수많은 '반전'이 일어나지. 젊었을 때 부모 돈으로 잘 먹고 잘살다가 나이 들어서 쫄딱 망하는 경우 많잖아. 젊었을 때 동대문 시장에서 시작해 지금은 빌딩 재벌 된 사람도 있고.

인생이 그렇게 드라마틱한 거야. 노력하는 사람, 열정적인 사람, 정직하게 시작하는 사람이 성공한다는 법칙은 수천 년간 변한 적이 없어. 내가 보기에 〈시크릿 가든〉은 그 진리를 위반하는 최악의 드라마야. 우리 딸은 그런 드라마를 보면 코웃음 쳐.

"웃기시네. 현빈은 절대 오지 않아."

얘는 이미 전투적으로 인생을 살 준비를 마친 거지. 자기가 열심히 살면 자기 인생의 성적표가 100점 될 거라고 생각해. 누가 와서 내가 10점 맞은 성적표에 동그라미 하나 더 쳐서 100점 만들어줄 일은 절대 없다는 거지. 세상에 공짜는 없는 거야.

사랑은 떠나도
나는 남는다

──────〜〜〜〜〜 나는 결혼 전에 연애는 많이 해볼수록 좋다고 생각해. '다다익선(多多益善)'이란 말도 있잖아. 사람은 남자와 여자로 태어나. 그런데 내가 '여자'라는 걸 가장 극명하게 확인하는 때가 바로 남자를 만날 때야. 원초적인 여자, 남자로서의 성性을 확인할 때는 오직 연애할 때뿐이라는 거지. 그래서 연애를 많이 해봐야 내가 여자로서 어떤 사람인지 확실히 알 수 있어. 직장에서 열심히 일만 해서는 확인이 안 돼.

나는 열정적으로 연애하는 애가 일도 열정적으로 한다고 생각해. 남자한테 관심 없는 애들은 일해도 시큰둥해. 관심 없는 남자 대하듯 일한다는 거야. 그런 애들한테서는 섹시하고 엣지 있는 콘텐츠가 안 나와.

베스트셀러 소설 쓰는 작가들 보면 소설 같은 인생을 살고 소설 같은 사랑을 하잖아. 유명한 소설가들, 철학가들이 하는 얘기가 이거야.

'결론은 사랑이다.'

사랑이 없으면…… 그래서 마음에 기쁨이 없으면 봄이 와도 꽃이 피는 모습을 못 봐. 새가 울어도 그 소리를 못 듣고 가을에 벼가 익어가는 모습을 볼 수 없어. 마음에 기쁨이 없고 암흑으로 가득 차 있으면 세상이 다 암흑처럼 보이는 것처럼 말이야.

특히 여자는 사랑할 때 마음이 기쁨의 결정체로 가득 차. 사랑하면 예뻐진다는 말은 사실이야. 상대에게 잘 보이고 싶어 꾸미게 되고 생전 안 만들어본 도시락도 그를 위해 싸보잖아. 그렇게 여자들은 연애할 때 다시 태어나는 거야. 그런데 중요한 건 대상이 바뀔 때마다 다른 모습으로 태어난다는 거지. 얼마나 다채롭고 멋있는 인생이야. 그걸 포기하면 안 돼. 그러니까 열심히 연애해야 한다고.

그런데 문제가 하나 있어. 여자들은 연애를 하면 '위치 변경'을 한다는 거야. 특히 30대에 연애하는 여자애들이 그래. 이 남자가 마지막일 것 같은 거야. 우리 회사에 남자 없이 4년을 산 애가 있어. 애는 정말 '드라이'해. 그런데 처음부터 남자를 안 구한 건 아냐. 나름 구하려고 애썼어. 그럼에도 안 생긴 거야.

"제가 남자들이 좋아하는 타입이 아닌가봐요."

"제가 너무 강해서 남자들이 접근하지 못하는 것 같아요."

혼자 북 치고 장구 치고 다 하더라고. 결국은 이렇게 마음을 정했어.

"남자, 필요 없어요. 일이나 열심히 할래요."

남자 때문에
가던 길을 포기하지 마라

~~~~~~~~~~~~~~~ 그런데 이게 웬일이야. 어떤 놈이 나타난 거야. 그러더니 그 남자한테 자기 스케줄을 맞추기 시작해. 그리고 엄청나게 바빠지는 거야.

"제가 야근할게요."

"주말에 데이트할 남자도 없고 출근할래요."

옛날 같으면 그랬던 애가 주말에는 코빼기도 볼 수 없고 금요일부터 바빠져. 얼굴에도 활기가 넘치기 시작해. 회의할 때마다 구석에서 찌그러져 있던 애가 말도 많아지고 일도 신나게 해. 다이어트도 하면서 얼굴도 예뻐져.

그런데 연애가 늘 좋기만 한 건 아니라는 거 다 알지? 여자들은 연애하면서 조울증에 걸리기 시작해. 좋았다 우울했다가 하루에도 그걸 수없이 반복하는 거야. 얼마 전, 얘가 밤샘 일을 한 적이 있었어. 저녁 먹고 8시 정도 됐는데 얼굴빛이 어두운 거야. 밤 11시쯤 되니까 휴대전화를 만지작거리면서 초조해해. 아침에 보니 울었는지 얼굴까지 퉁퉁 부어 있어.

내가 귀신인데 딱 감이 오는 거지. 쟤가 어제 8시부터 오늘 아침까지 무슨 일이 있었구나. 그 일이라는 게 뭐겠어? 뻔한 거지. 남자한테 전화가 안 온 거야. 문자 보냈는데 답이 없는 거지.

"집에 들어왔어, 자기야. 일 잘하고 있어? 사랑해."

8시가 되면 항상 그렇게 전화하던 남자가 전화도 안 하고 문자까지 무시한 거지. 저녁 8시까지 사랑에 들떠서 신이 나던 애가 고작 문자 하나 때문에 틀어지기 시작한 거야. 옆에서 보다가 한마디 했지.

"너, 참 얄팍하다. 사랑을 그따위로 하냐. 사랑하면 한 달간 전화 안 해도 믿어줘야 하는 거 아냐? 네 사랑은 몇 시간짜리 사랑이냐?"

"아니…… 그건 아니고요."

그런데 하필 이 남자가 광주 남자야. 여자의 비애가 여기서부터 시작되는 거지. 얘는 서울 애잖아. 남자는 집도 광주고 직장도 광주야. 그러니까 서울과 광주를 왔다 갔다 하면서 원정 연애를 하는 거야. 이렇게 힘들게 연애하니까 애한테 이런 생각이 드는 거지.

'이 남자가 끝이다.'

서른여섯 살이나 먹어서 광주까지 내려가서 찾은 그를 잃으면 끝날 것 같은 거야. 여자가 연애하면서 초라해지는 때가 바로 이 순간이야.

'이 남자를 잃으면 더는 남자는 없다.'

여자는 그렇게 생각하면서 남자에게 다 맞춰주기 시작해. 그렇게 되면 중심을 잃어. 오죽했으면 이런 말이 생겼겠어.

'남자는 자신을 지키면서 여자를 얻고 여자는 자신을 버리면서 남자를 들인다.'

나는 연애하는 건 대찬성이야. 동시에 세 남자를 사귀어도 오케이! 그런데 항상 너라는 사람이 중심에 있고 그 옆에 남자가 있어야 하는 거야. 남자는 있다가도 없어질 수 있어. 하지만 너는 그 자리에 있어야 해. 그런데 여자애들이 중심 이탈을 하기 시작해. 남자 때문에 자기 위치를 변경하는 거야.

얘도 몇 달 연애하더니 광주로 내려가야겠대.

"결혼해서 주말부부로 살면 얼마나 힘들겠어요?"

그러면 남자가 올라오면 될 거 아냐. 광주보다 서울이 일할 데가 더 많잖아.

"남자라서 직장 옮기기도 어렵고."

그럼, 너는 직장 옮기기 쉽니? 내 입장에선 너무 서운하더라고. 그러면서 그 남자가 괘씸해지는 거지. 하지만 남자 탓할 거하나도 없어. 그는 자기 위치 지킨 거고 얘가 옮기겠다는 거니까.

나는 여자들이 연애하면서 그렇게 위치 변경을 지레 생각하는 것 자체가 문제라고 생각해. 그런 여자들을 어떤 회사가 키워주겠느냐고. 다른 건 다해도 위치 변경은 하지 말아야 할 거아냐.

"위치 변경하지 말고 네 자리에서 말뚝 박아. 그리고 네가 처한 상황에서 남자를 찾아. 세상에 남자가 하나냐?"

"그래도……."

내 말은 들리지도 않는 거야. 얘는 이미 사랑에 눈이 멀었어. 가만 생각해보니까 남자들은 여자보다 현실적이고 자기 위치를 존중하는 마음이 훨씬 커. 자기 위치가 바로 생활 터전이기때문에 그래. 그런데 여자들은 자기 위치, 즉 자기 직장을 생활터전으로 생각하지 않기 때문에 그렇게 쉽게 위치 변경을 하는 거야. 이게 얼마나 웃긴 짓이냐는 거지.

남자 스케줄 관리 좀 그만할래?

～～～～～～～～ 커리어우먼다운 A급 연애는 어떤 거냐면 월요일부터 금요일까지 참는 거야. 보고 싶어도 문자 보내는 정도 하고 하트 100개 날리고. 그러면서 자기 전에 전화하고. 금요일 저녁에 만나서 일주일 동안 있었던 일 얘기하는 거지. 직장상사 욕도 하고 무용담 말하듯 자기 업적 얘기하고. 무용담은 누군가 들어주는 사람 있을 때 신이 나잖아.

"내가 한마디 하니까 고객이 '찍' 소리도 못하는 거야. 에이~ 별것도 아닌 것들이 까불고 있어."

"자기 너무 멋있다. 잘했어!"

그리고 서너 달에 한 번 정도는 여행 가서 재미있게 놀고 다시 월요일부터는 열심히 일하고. 그러면서 서로의 성장 다이어리를 차곡차곡 채워나가란 말이야. 서로 키워줄 수 있는 그런 연애를 하라는 거지. 내 다이어리를 남자한테 접수하는 시키는 짓 하지 말고. 같이 일하고 같이 즐기는 여자가 훨씬 매력 있어. 제발 연애하면서 남자 지갑 검사하고 스케줄 관리하는 추한 짓 좀 하지 마.

"신용카드는 또 어디서 긁은 거야?"

"그 모임은 안 나가도 될 것 같은데 왜 굳이 나가야 해?"

"오빠, 지금 어디서 뭐 하고 있어?"

그러면서 위치 추적하는 짓. 그러지 말고 건강하고 당당하게 연애하라는 거야. 월요일부터 금요일까지는 일에 몰입해봐.

'이 여자가 나를 잊었나?'

남자가 그렇게 생각할 정도로 열심히 일하라고. 자기 위치 굳건히 지키면서. 남자가 금요일 저녁에 여자 만나잖아. 만나보니까 자기 생각 안 한 게 아니라 자기를 너무 사랑하고 있어. 그러면 이 여자가 더 멋져 보이는 거야. 그러면서 어떻게 해야 이 여자가 흔들릴까 고민하면서 흔들어보려고 애를 쓰잖아. 이 게 '커리어우먼들의 밀당 법칙'인 거야. 그런데 밀기도 전에 알아서 자빠져.

"저 위치 변경했어요. 제가 갈게요. 제가 회사 앞에서 기다릴게요."

그러면서 남자 회사 앞에서 두 시간 동안 기다린다고. 나는 이런 애들 너무 무서워. 물귀신 같아.

남자들도 이런 여자 안 좋아해. 흔들어보려고 생각도 안 했는데 자기 회사 앞에서 두 시간째 기다리고 있는 애를 누가 좋아하겠냐고. 연애해도 멈추지 말아야 할 게 자기계발이고 자기성장이야. 연애해도 영어 공부는 해야 할 거 아냐. 남자가 수요일밖에 만날 시간이 없대. 그런데 이를 어째? 수요일이 영어 학원에 가는 날이야. 그러면 어떤 애들은 영어 학원을 바로 포기하거든.

그런데 여자가 수요일은 영어 학원 때문에 안 된다고 하면 남자가 시간을 내게 돼 있어. 사랑은 죽어라 쫓아간다고 오는 게 아냐. 사랑은 자기가 움직이고 싶은 방향으로 움직여. 내가 가만히 있어도 움직이고 싶으면 나한테 온다고. 이게 사랑이야. 그러니까 남자한테 다 맞추면서 위치 변경하려고 애쓰지 말고 사랑에 대한 확고한 입장을 가져.

'사랑은 떠나도 나는 남는다.'

나 자신을 먼저 사랑하고 그다음에 남자를 사랑하라는 거야. 남자를 사랑할 때마다 중심을 잃는 애들은 커리어 한번 제대로 못 쌓고 나이를 먹게 돼. 남자 스케줄 맞추느라 영어 학원 한번 못 다녀봤어. 그 남자 주말 스케줄 맞추느라 취미생활 한번 제대로 못해봤어. 그렇게 되면 안 되는 거야.

어떤 남자를 만나 사랑에 빠지면 '이 남자가 내 운명의 상대구나' 그렇게 생각하잖아. 그런데 그 남자랑 헤어지고 두 번째 남자를 만나면 첫 번째 남자는 지나가는 남자였고 지금 만난 두 번째 남자가 운명의 남자 같은 거야.

그런데 두 번째 남자도 지나가. 세상에 나를 사랑하고 아껴줄 남자는 많아. 남자가 부모냐? 딱 한 명뿐이게? 물론 사랑할 때는 정말 그를 '운명의 남자'처럼 여기고 열정을 불태워야지. 줄까 말까 계속 재기만 하다 '갈아타기'하는 애들은 정말 치사해.

그러나 열정적으로 사랑하되 보낼 줄도 알아야 해. 사랑이 왔는데 받을 줄 모르고 보내야 할 때 질질 끌면서 지치지 말란 말이야. 위치 변경 안 하고 중심을 잃지 않는 애들은 준비가 돼 있어서 사랑이 왔을 때 받을 줄 알고 보내야 할 때 보낼 줄 알아.

사랑은 타이밍이야. 그런데 중요한 건 그 타이밍이 우연이 아니라는 거야. 나 자신을 잃지 않고 열심히 사는 사람들이 만드는 필연일 뿐. 결국 사랑도 네가 만드는 거야.

LOVE

불쌍한 유부남 챙겨주다
너만 불쌍해져

─────────── 큐피드의 화살이 늘 적절한 과녁을 쏘는 건 아냐. 안 쏴야 할 과녁을 맞추기도 하지. 여자들이 직장생활 오래 하다 보면 남자 만나기가 힘들어. 총각 만날 일은 거의 없고 다 결혼한 직장상사야. 그러다 보면 연민도 생겨. 요즘 기러기 아빠가 얼마나 많니? 게다가 관리 잘한 남자들은 40대 초반인데도 유부남 같지 않아. 이런 남자들이랑 오래 부딪치면서 일하다 보면 사랑은 아니더라도 여러 감정이 생기지. 자기 일 도와준 데 대한 고마움, 함께 어려운 프로젝트를 성사시켰을 때의 애틋함, 이런 감정들이 쌓이다 보면 남자가 힘들어할 때 연민이 생기고 그게 사랑으로까지 발전하는 거야.

사랑은 무조건 밝은 햇빛 아래서 해야 해

〰〰〰〰〰〰〰〰 예전에 한 기업에 성희롱 예방교육을 간 적이 있어. 그 당시 성희롱 문제가 불거진 회사들이 많았거든. 대부분 결혼한 유부남 직장상사와 미혼 여직원 사이에서 성희롱 문제가 생기더라고. 그런데 알고 봤더니 성희롱이 아니었던 거야. 그들이 실제로 사랑을 한 거더라고. 회사가 발칵 뒤집혔지. 차라리 성희롱이었으면 나았을걸. 그러면서 나한테 묻더라고.

"회사가 어디까지 개입해야 하는 겁니까?"

"이건 성으로 '희롱'한 게 아니라 서로 사랑한 거라 사적인 문제예요. 회사가 개입할 게 아니라 둘이 해결해야 할 문제 같은데요."

그 뒤 두 사람이 어떻게 됐는지는 모르겠어. 하지만 그 여직원을 보면서 안타까웠지. 나는 사랑은 밝은 햇빛 아래서 해야 한다고 생각해. 밝은 공원 같은 데서 밝은 남자랑 사랑하라는 거지. 만나면서부터 울먹거리기 시작해서 헤어질 때까지 질질 짜는 그런 사랑을 기어이 해야겠냐고.

어두운 곳에서 어두운 남자와 사랑을 하면 이 남자한테 듣는 얘기도 어두침침해. 그리고 밖에 나갈 때마다 누가 볼까 봐 벌벌 떨지. 그래서 꼭 남이 안 보는 곳으로 숨어야 해. 네 젊은 나이에 꼭 그런 사랑을 해야겠니?

일하는 30대 여성들은 유부남과 사랑에 빠지기 쉬워. 20대 때 젊은 애들이랑 풋풋한 사랑은 할 만큼 해봤어. 30대가 되니까 커리어도 쌓이고 돈도 좀 있고 그러니까 남자들이 다 어려 보이는 거야. 다 애처럼 느껴져. 여자들이 사랑에 대해 불필요할 정도로 성숙해진 거야. 그러면서 오지랖만 넓어진 거지. 남자 불쌍한 꼴을 못 보게 된 거라고.

20대 때는 세상에서 제일 불쌍한 사람이 자신이었잖아. 자기가 어리니까 자기를 보살펴줄 남자가 필요했는데 30대가 되면 연애도 여러 번 하고 경력이 쌓여서 웬만한 남자는 다 받아줄 수 있는 거야. 그러니까 안 걸려야 할 놈들이 걸리는 거지.

새빨간 거짓말, "사실 5년째 별거 중이야."

〜〜〜〜〜〜〜〜 마흔다섯 살 먹은 직장상사가 있어. 그런데 이 남자가 회식 자리 내내 표정이 시무룩하네? 같은 방향이라 택시를 같이 탔어. 차 안에서 이런저런 얘기를 나누다 보니 글쎄 이 남자가 지금 '잠정적 별거' 중이래. 방도 각자 쓰고 지금 입고 있는 와이셔츠도 자기가 다려서 입고 온 거래.

그 얘기 듣는 순간 내가 이 남자 와이셔츠를 다려줘야 할 것 같은 거야. 동료애를 넘어 모성애가 자극되기 시작한 거지.

얼마 뒤 이 남자가 차로 데려다주겠대. 그래서 물었지.

"요새는 괜찮으세요?"

"괜찮긴 인마, 뭐 사는 게 다 그렇지. 부부가 사랑으로 사는 게 아니야. 우리는 잠도 같이 안 자. 벌써 5년째야."

그 순간, 열세 살 차이가 나는데도 그 남자가 불쌍한 애처럼 느껴지면서 보듬어주고 싶어져. 그러다 어느 날 술이 잔뜩 취해서는 더 불쌍하게 얘기하는 거야. 술 먹고 쓰러져 있는 모습을 보니 참을 수 없어. 그래서 손 잡아주고 어깨 보듬어주면 벌써 가지 말아야 할 길로 들어선 거지.

그런데 그거 알아? 내가 40대 남자의 엉큼한 속물근성을 다 말해줄게. 자기 남자는 안 그렇다고 우기지 말고 들어봐.

대한민국 마흔다섯 살 남자는 심리적으로는 다 5년째 별거 중이야. 전부 그렇게 말해. 마흔다섯 살 남자가 이러지 않는다는 거야.

"아내와 아직도 사랑하며 살아요. 어디를 가도 꼭 부부동반으로 가고요. 세상에서 아내가 해주는 밥이 제일 맛있어요."

물론 이런 사람도 있겠지만 참 드물더라고. 보통은 아내 얘기 나오면 대충 뭐, 그냥 집에 있다고 말해. 그러다 술 먹고 여자 직원한테 지금 별거중이라고 말해. 사실은 어제도 같이 잤으면서 말이야.

그런데 이런 얘기를 들으면 여자는 그 남자가 불쌍하게 느껴지고 결국 사랑에 빠지는 거야. 밖에서 만나는 횟수가 늘어나고 여행도 함께 가고 그러면서 여자는 점점 이 남자의 여자가 되어간다고 착각해. 물론 남자도 여자에게 확신을 주겠지.

"나한테 여자는 너뿐이야."

서로의 사랑을 확인하면 그때부터 현실이 보이기 시작하는 거야. 자기가 생각해도 너무 비극적인 사랑인 거지.

굳이 네가 비극의 여주인공이 돼야겠니?

〰〰〰〰〰〰〰 남녀가 사랑할 때 둘 다 '제로' 상태였다고 쳐봐. '밀당'을 해서 1로 올라가고 또 2로, 3으로 올라가. 그런데 어느 날 나는 3으로 가 있는데 상대는 아직 2야. 그러면 일주일간 연락을 안 하는 작전을 짜서 애를 3으로 끌어올려. 그런 식으로 10까지 올라갔어. 단계를 차곡차곡 밟았기 때문에 10이 0으로 떨어지는 일은 없어. 이게 건강한 사랑이야.

그런데 마흔다섯 살 남자를 사랑하는 애는 처음에는 0이었는데 갑자기 10으로 올라가. 자기가 처한 상황의 절박함 때문에 단계를 안 밟아간다고. 어두운 곳에 있으니까 어떻게라도 사랑을 확인해야 위로가 될 거 아냐. 100까지 있다면 0에서 100까지도 순식간에 올라가는 거야.

금요일 저녁에 만나서 웃고 깔깔대다 헤어져. 그리고 주말이 됐어. 하지만 주말에 전화할 수가 없어. 나는 혼자지만 남자는 처자식이 있으니까.

그런데 남자가 전화를 안 해. 그러면 그 여자가 어떻게 되는 지 알아? 100에서 마이너스 100으로 추락해. 이걸 몇 번 반복 하면 애는 완전히 폐인되는 거야.

그런 사랑은 너한테 '독'이야. 네가 얻을 게 하나도 없다고. 예 쁘게 키워서 열매를 맺는 그런 사랑을 해야지. 네가 씨를 뿌리 고 열매를 키워서 그 열매를 함께 나눠 먹을 수 있는 사랑을 해야지. 그런 사랑을 스무 번 해도 모자랄 판에 그런 어두운 사랑을 해서 너한테 뭐가 남겠니.

건강한 청춘남녀가 만나 사랑해야 즐겁고 행복한 거야. 물론 마흔다섯 살 남자와도 즐거울 수 있지. 어제 재미있게 잘 놀았 어. 그럼 뭐 하느냐고. 다음 날 그 남자가 아내한테 온 전화를 웃으면서 받아. 목소리는 어쩌면 그렇게 감미로운지…….

"어, 그래 알았어. 장모님 오신다고? 일찍 들어갈게."

그걸 네가 숨어서 지켜보고 있어. 배신감이 몰려오는 거지. 이때 남자한테 물어볼 말은 딱 한 가지야.

LOVE

"그럴 거면 나한테 왜 그랬어? 그때 왜 잘해줬어?"

그 남자와 사랑했던 추억이 한순간에 배신이 되는 거야. 아내와 전화 한 통화 했을 뿐인데.

그런 사랑을 꼭 해야겠느냐고. 아까운 네 나이에. 네가 해야 할 사랑은 서로의 성장을 도와주고 오늘 만나서 쌓은 사랑의 힘으로 내일 직장생활을 더 열심히 할 수 있게 하는 사랑이야. 그런 예쁜 사랑을 하며 30대를 충만하게 채워야지. 마흔다섯 살 남자랑 하는 어두운 사랑 2년만 하면 어떻게 되는 줄 알아? 네가 마흔다섯 살 되는 거야. 팍삭 늙어서 그 인간 나이 되는 거라고.

물론 모든 사랑에는 비극적 요소가 조금씩은 있어. 하지만 마흔다섯 살 유부남과 하는 사랑은 비극적 요소가 100퍼센트야. 네가 굳이 챙겨주지 않아도 되잖아. 세상의 불쌍한 남자들 다 챙겨주다 보면 네 아름다운 청춘이 암흑으로만 가득 차.

그 암흑 같은 사랑을 하는 동안 너는 암흑 속에서 살게 돼. 불쌍한 남자 챙겨주는 동안 너만 불쌍한 사람 돼. 사람들은 암흑 속에 사는 너를 이미 불쌍하게 생각하고 있을 거야. 그걸 너만 모르는 거지, 바보같이.

이미 사랑에 빠져버렸다면 '교통사고'라고 생각해. 네가 길을 가는데 엄한 놈이 너를 친 거야. 빨리 치료하고 나으면 그뿐이야. 불치병이 아니라고.

왜 남자는
5억 원 있어야 하는데?

〰〰〰〰〰〰〰〰〰 "왜 아직 결혼 안 하셨어요?"

여자 나이 서른이 넘으면 어딜 가든 듣는 말이지. 그러니까 주말에도 집에만 있던 애들이 명절날 여행 가잖아. 결혼 안 한 여자들은 대부분 엄마 집에 얹혀살아. 나이는 서른대여섯인데 엄마는 애 취급이야. 좀 늦으면 엄마한테 바로 전화 오지.

"어디서 뭐 하느라 여태 안 들어와?"

주말에 늦잠도 못 자. 아침부터 밥 먹으라고 깨우는 엄마한테 좀 내버려두라고 소리치면 돌아오는 대답은 언제나 한결같지.

"그러니까 시집가라고!"

친구들끼리 놀다 헤어질 때가 되면 결혼한 친구들은 남편이 데리러 오잖아. 얼마나 부러워. 완벽한 내 편이 있는 것 같아. 친구 결혼식에 차려입고 나가면 이제 남은 애는 나랑 옆에 있는 또 한 명뿐인 거지. 서로 쳐다보면서 초조해하잖아.

결혼한 친구가 신혼여행 갔다가 집들이한다고 오래. 가보면 25평 아파트를 얼마나 아기자기하게 꾸며놨는지 몰라.

"어머, 커튼 예쁘다. 어디서 했니?"

"이 냉장고는 얼마짜리야? 얼음까지 나오니까 비싸겠다."

"이 식탁은 어디서 샀어?"

"그릇도 아주 예쁘다."

엄마가 30년 동안 써온 그릇에 밥 먹다가 신혼 냄새 풀풀 나는 그릇에 밥 먹으면 '집념'이 생기지.

'올해 안에 꼭 결혼하고 말리라.'

그런데 여자가 30대가 되면 주위에 괜찮은 남자들이 없어져. 친구들이 다 채 가서 한발 늦은 거야.

그 남자가 가진 돈 말고
가능성과 결혼해

〰〰〰〰〰〰〰 여자 나이 서른대여섯 살 정도 되면 커리어가 상당해. 직장생활을 오래 했으니까. 그리고 깐깐해. 나 혼자

서만 자기가 여성스럽고 순하다고 생각하지 남들은 그렇게 생각 안 해.

애들이 직장생활 하면서 회사의 몇억, 몇십 억짜리 자산 지키고 몇천만 원, 몇억 원짜리 계약을 따오는 애들인데 깐깐해질 수밖에 없지. 남자들이 보기엔 아마 무서울 거야.

직장생활 오래 하면서 자신도 모르게 깐깐해졌어. 인생의 관록이 쌓인 거야. 그러면서 혼자서만 아직도 스물다섯 살 같다고 생각하지.

사람 보는 안목도 생겨서 딱 보면 어떤 남자가 괜찮은지 답이 나와. 그런데 문제는 그 괜찮은 남자들이 소개팅에 안 나온다는 거지. 절대 나오면 안 될 것 같은 남자들만 나오잖아.

그런데 웃긴 게 뭐냐면 나이를 먹어도 원하는 이상형은 스물다섯 살 때와 똑같다는 거야. 남자가 돈도 좀 있어야 하고 능력도 있어야 하고 집도 좀 괜찮은 게 있어야 하고, 그러면서 내 나이가 서른다섯이니까 남자 나이는 서른여덟 정도? 이 계산법이 얼마나 웃기냐는 거지. 그런 남자가 왜 나한테 오겠냐고? 그런 남자들은 서른두 살 때 다른 여자들이 다 채 갔지. 연하남도 좋다고? 그건 드라마 얘기고 친구 얘기지.

그쯤 되면 한두 가지는 포기해야 해. 뭘 포기해야 할까? 외모? 제일 먼저 포기해야지. 그다음은 '돈'이야. 가장 포기하기 어렵겠지만 돈을 포기해야 해. 특히 나이에 맞지 않게 돈이 많은 남자는 일단 의심해야 해. 그런 애들은 대부분 그 돈을 자기 힘으로 번 게 아니야. 부모한테 물려받았든 어쨌든 일종의 '불공정거래'를 한 거지. 그런 남자는 그 돈이 '독'이 돼.

내가 직장생활 5년 만에 벌어놓은 돈이 5,000만 원이야. 남자가 나보다 두 살 많아. 그러면 군대 2년 빼고 이 남자도 5,000만 원 모았겠지. 사실 남자애들은 열심히 모아야 5,000만 원이지 방탕하게 산 애들은 마이너스 5,000만 원일걸? 직장 다니며 5,000만 원 모았다면 그 돈에는 그 남자만의 히스토리가 있는 거야. 이게 그 남자가 가진 가능성이야. 너는 남자가 가진 돈과 결혼하면 안 돼. 그 남자가 가진 가능성과 결혼해야지.

소개팅 가서 물어봐야 할 건 돈이 얼마나 있느냐가 아니라 그 돈을 어떻게 벌었느냐는 거야. 그게 그 남자를 남편으로 믿고 살 수 있는 근거인 거야. 30대 초반에 남자가 5억 원이나 갖고 있다면? 그건 엄마한테 떼써서 받았거나 엄마가 그 남자를 애 취급해서 혹시 굶어 죽을까 봐 챙겨준 돈일 거야.

"애야, 그 월급 가지고 집이라도 살 수 있겠니?"

그래서 생긴 돈일 거 아냐. 그 남자가 가진 5억 원이란 돈에 들어 있는 건 '땡깡'이겠지. 돈에도 히스토리와 콘텐츠가 있어. 여자들이 이런 말 많이 하잖아.

"내가 존경할 수 있는 남자랑 결혼하고 싶어요."

그러면 돈 없는 놈이랑 결혼해야지. 그래야 눈물 없이는 들을 수 없는 대하드라마가 써지니까. 물론 자기가 번 돈이라면 괜찮지만 노력 없이 '그냥' 생겼다면 문제가 있는 돈이고 문제가 있는 남자인 거야.

그런데 여자들이 그렇게 생각하니? 불공정거래하려고 하잖아. 나는 5,000만 원 있는데 왜 남자는 5억 원이 있어야 하는 건데? 엄마한테 졸라서 받아오라는 거잖아. 그런 짓을 하면 안 되지. 그런데 여자들은 결혼할 때 꼭 그런 잘못을 저지른단 말이야.

돈에 대한 철학이
분명한 사람이 최고야

결혼은 딱 나만큼만 돈 가지고 있는 남자와 해야 해. 남자가 번 돈 5,000만 원, 내가 모아놓은 돈 5,000만 원을 합쳐서 1억 원으로 시작하는 거야. 1억 원으로 못 살게 뭐 있니? 5,000만 원으로 보증금 주고 월세 좀 싼 데서 살면 되지. 11평짜리 연립주택에서 왜 못 시작해? 11평짜리 집에는 세간도 얼마 못 들어가서 돈도 안 들어. 그렇게 순수하게 단순하게 시작하란 말이야.

　둘이 가진 돈 1억 원을 씨앗 삼아 그 씨앗을 키워가는 거야. 씨앗을 심어놓고 물을 안 주면 말라비틀어 죽게 돼. 그러니 얼마나 정성스럽게 키우겠니? 그 씨앗이 자라서 나무가 되고 가지치기를 해서 새끼 나무가 생길 거고, 그렇게 사는 게 부부잖아. 세월이 지나면 할 얘기는 얼마나 또 많겠어? 그런 부부는 히스토리가 많아서 할 얘기, 추억거리가 많아. 역사와 공적을 쌓아가는 멋진 부부인 거지. 1억 원 안 되는 우리는 어떻게 하느냐고? 괜찮아, 더 진한 인간 다큐멘터리 찍으면서 시작하면 되지.

　남녀가 한번 결혼하면 60년은 같이 살아. 부부의 역사가 60년인데 둘이 못 이룰 게 뭐가 있어? 60년이란 세월은 기업으로 치면 5개 기업이 흥했다 망하는 시간이야. 그러니까 둘이서 노력하면 기업 5개도 만들 수 있다는 거지. 얼마든지 할 수 있어. 그러니까 남자가 돈이 없다고 푸념하지 말고 그 남자의 돈에 대한 히스토리와 콘텐츠를 먼저 보란 말이야.

　또 가난한 남자와 결혼하면 시작하는 마음 자체가 달라. 결혼생활에 대한 책임감이 무척 강해진다고. 두 명의 CEO가 만나서 창업을 한 게 가정이야. 둘이 사업자금을 5,000만 원씩 대고 그 돈을 키워가는 거지. 둘이 죽으라고 노력하겠지.

　그러다 직원이 들어와. 어떤 집은 하나, 어떤 집은 셋이 들어와. 직원을 키우려면 돈이 필요해. 아끼고 쪼개며 살게 되지. 그러다 30년쯤 지나면 직원들을 분사시키는 거야. 계열사로 떨어져 나가는 거지. 그런데 계열사가 잘되려면 본사가 튼튼해야 해. 본사의 히스토리가 그럴듯해야 한다는 거야. 본사의 히스토리를 기반으로 또 하나의 히스토리를 만들어야 하잖아. 이게 가족인 거야.

결혼도 이런 '창업정신'으로 시작해야 해. 그런데 노력 없이 얻은 돈이 있다고 쳐봐.

"이자 안 줘도 돼요. 그냥 5억 원 갖다 쓰세요."

그렇게 생긴 돈으로 창업해서 성공하는 거 봤어? 매달 갚아야 하는 돈이 있어야, 부담감이 있어야 사업을 신중하게 하고 죽으라고 열심히 일하게 되는 거야.

그런데 이자도 안 주고 그냥 갖다 쓴 돈에 대해서는 책임감도 안 생기고 신중함도 떨어져. 창업정신의 기본은 '검손한 형그리 정신'이야. 그런 정신을 가진 사람은 씨앗 자체가 좋은 거야. 씨앗이 좋으니까 괜찮은 모종으로 클 테고 모종이 괜찮으니 한 그루의 나무로 거침없이 커가게 돼.

그러니까 거저 생긴 5억 원으로 뭔가 해보겠다고 생각하지 말라는 거지. 그런 사람들 십중팔구는 3년 안에 다 말아먹고 다시 어떻게 시작해야 할지 몰라서 안절부절못하거든.

그리고 돈을 벌어본 사람은 돈 버는 방법을 알게 돼. 내가 올해 돈을 1,000만 원 벌었다면 내년에는 어떻게 2,000만 원을 벌수 있는지 알게 되는 거야. 그렇게 히스토리가 있는 돈이 사람을 공부시켜. 돈은 있다가도 없을 수 있지만 어떻게 버는지 아는 사람은 또 그만큼, 아니 그 이상을 벌게 돼.

하지만 돈을 벌어보지 못한 사람은 그냥 탕진하게 되는 거야. 돈을 다 쓰면 5억 원 준 사람에게 또 달라고 해야 하는데 못 준다고 하면 끝나는 거지. 주위를 둘러봐도 부모 유산 받아서 성공한 사람은 없잖아. 다 자수성가한 사람들이야.

결혼할 때 필요한 건 남자의 돈이 아니라 투철한 창업정신인 거지. 그 정신으로 자수성가 기회를 잡아. 너의 창업정신에 동의하고 함께 갈 수 있는 사람을 선택해서 앞으로의 60년을 살아가는 거지. 이게 바로 결혼이야.

'부잣집 남자 만나서 결혼해야지.'

처음부터 그렇게 생각하는 애들은 절대 성공할 수 없어. 이미 시작할 때부터 불공정거래를 했는데 어떻게 성공할 수 있겠어? 계속 불법으로 일관한다면 모를까.

건강한 창업정신으로 시작한
부부는 절대 안 망해

〜〜〜〜〜〜〜〜〜〜〜 공정하게 시작하고 제대로 된 창업정신만 갖고 있으면 그 집은 잘되게 마련이야. 그러니까 아무리 급해도, 아니 결혼이 절실한 만큼 더 탄탄한 창업정신을 가지고 결혼해. 네가 원하는 돈 많은 남자는 절대 너에게 오지 않아. 그런 일은 드라마에서나 일어난다고 언니가 몇 번이나 말했니?

나는 어릴 때부터 그런 창업정신이 있었어. 자존심이 강해서 부모한테 도움 받고 싶은 생각은 눈곱만큼도 없었지. 햄버거 팔아서 용돈 벌었고 학원 강사하면서 돈 벌었어. 내가 일하고자 하는 마음만 있다면 어떻게든 돈을 벌 수 있었거든. 그리고 나 같은 창업정신을 가진 남자와 만나 결혼해서 월세 살다가 전세로 옮기고 내 집도 사게 되고 상가도 하나 마련하게 됐어. 내가 살아온 역사를 자식들한테 당당히 말해줄 수 있는 부모가 된 거지.

그래서인지 나는 결혼할 때 돈을 포기하는 게 어렵지 않았어. 돈 많은 남자는 오히려 수상했지. 그런 애들을 만나면 항상 물어보고 싶었어.

"어떻게 그 많은 돈이 생겼니?"

부모한테 몇억 원씩 갖고 오는 애들은 돈에 대한 '존경심'이 없어. 그러나 부모 돈의 히스토리를 아는 애는 부모의 히스토리를 닮고 싶어 하지 부모가 가진 돈을 닮고 싶어 하지 않아. 그러니까 외모는 좀 빠지고 돈은 별로 없어도 '정신 상태'가 좋은 남자랑 결혼해야 해. 돈은 벌면 되지만 정신 상태는 쉽게 못 바꾸거든.

우리나라에서도 한때 벤처기업이 우후죽순처럼 생겼다 없어진 적이 있잖아. 벤처 캐피탈에서 거액의 돈을 투자받은 거야. 벤처기업들이 거의 수십억씩 받았어.

"어, 너 싹수가 좀 있는 것 같은데?"

그러면서 투자를 한 거 아냐. 일명 '묻지 마 투자'지. 그런데 벤처기업 사장이 그 거액의 돈을 어떻게 쓸지 몰라. 왜냐하면 자신의 히스토리가 없으니까. 돈을 벌어봤어야 어떻게 쓸지 알 거 아냐? 그러다 보니 경영이 방만해지지.

수십억 원을 받아도 돈의 단위를 쪼개서 생각하는 애와 그렇지 않은 애는 엄청나게 차이가 나. 나한테 수십억 원이 있어도 내가 고생해서 하루 버는 돈 5만 원의 가치를 아는 애들은 그 돈이 5만 원 곱하기 몇천 배라고 계산해. 애의 창업정신은 수십억에 있지 않고 5만 원에 있으니까.

그런데 열심히 일해서 5만 원도 벌어보지 못한 애가 수십억 원을 받으면 어떻게 될까? 1억 원이고 2억 원이고 되는 대로 쓰는 거야. 벤처기업들이 우후죽순 생길 때 접대를 하도 많이 해서 아예 지하에 룸살롱을 지었다고 하잖아.

그러니까 제발 결혼할 때 돈은 포기해도 그 남자가 가진 창업정신은 포기하지 말라고. 그러기 위해선 네 창업정신이 건강한지부터 따져봐. 창업정신이 흐리멍덩하면 딱 그 수준에 맞는 남자를 만나게 돼 있으니까.

건강한 창업정신으로 시작한 부부는 절대로 안 망해. 창업정신, 돈에 대한 철학이 돈을 떠받치고 있으니까. 받치고 있는 힘이 없으면 돈은 무너져내려. 많을수록 더 빨리 무너져. 무거워서.

언니가 하는 말 꼭 기억해. 돈에 대한 철학, 창업정신이 분명한 사람과 결혼하라고. 서른다섯 살에 결혼했는데 남자가 정신상태까지 이상하면 내가 평생 책임져야 해. 그런 남자는 엄마한테 그랬던 것처럼 나한테도 똑같이 할 거야.

"나 좀 먹여 살려줘!"

가난한 남자를
골라야 하는 이유

⌇⌇⌇⌇⌇⌇⌇⌇⌇⌇ 여자들이 왜 결혼하는 줄 알아? 직장생활
에 너무 지쳤어. 내 월급 200만 원으로 평생 살 생각하면 갑갑
해. 그래서 남편 월급으로 잘살고 시댁에서 전세금 몇억 원씩
내놓은 애들 보면 부러운 거야. 나도 이제 옮겨 타야겠다, 부잣
집 남편 인생에 무임승차하고 싶다는 생각이 드는 거야.

그런데 그게 쉬워? 요즘에는 대학 공부까지 시켜주는 것으
로 책임 다했다고 생각하는 부모들 많아. 네 집도 그러잖아. 네
오빠도 직장 다니면서 번 돈으로 결혼했는데 너는 왜 부모가
돈 대주는 남자랑 결혼하려고 하느냐는 거지.

부잣집 남자는 찾기도 쉽지 않지만 설사 찾아서 결혼했다고

쳐봐. 그러면 어떤 일이 생기는 줄 알아? 너한테 요구하는 게 많아져.

'다 큰 여자를 먹여 살리는데 당연하지.'

그러면서 타박하는 거야.

"반찬이 왜 이 모양이냐? 와이셔츠는 왜 이렇게 다려놓았냐? 도대체 집에 있으면서 온종일 뭐 했냐?"

참다 참다 여자가 한마디 하겠지.

"내가 이 집에 파출부로 들어왔냐?"

그러면 남편이 뭐라고 하겠어?

"그럼 네가 밖에서 일하지그래?"

그러면서 싸우는 거야. 남자로서 자기가 어렵게 번 돈으로 여자를 부양하는 만큼 바라는 게 많은 거야.

모름지기 부부는 파트너십을 가져야 해. 서로의 꿈을 지원하고 밀어주는 파트너가 돼야 한다고. 그럴 때 가정이 건강할 수 있어. 나는 '가정의 건강'을 위해 굳이 가난한 남자랑 결혼했어.

요즘 여자들 최악의 결혼 상대가 바로 돈 없는 남자야. 외모가 무섭게 생겼어도 참아. 학력이 변변찮아도 참을 수 있어. 시어머니도 참아낼 수 있겠는데 돈 없는 건 못 참겠는 거야. 이게 남의 돈으로 살아보겠다는 못된 심보지. 그 못된 심보로 결혼하면 그만큼 대가가 따르게 마련이야.

LOVE

211

세상에 공짜는 없어. 부모와 자식 간에도 공짜는 없어. 네가 음대를 나왔다고 쳐봐. 돈이 더 많이 들었겠지.

"너한테 든 돈이 다른 애들한테 든 돈의 세 배야."

엄마가 이 얘기를 왜 하겠어? 용돈을 더 내놓으라는 얘기잖아. 친부모도 그러는데 시부모는 오죽하겠냐고? 시어머니가 아들한테 돈 준 거지 며느리한테 준 건 아니잖아. 시어머니가 보기에 며느리는 아들한테 쓰라고 준 돈을 같이 쓰는 애인 거야. 얼마나 아깝겠느냐는 거지. 그러니까 아침마다 전화해서 물어보잖아.

"밥은 먹여 보냈니? 지난번에 보니까 꼴이 말이 아니더라."

아들이 살쪘으면 살쪘다고 난리, 말랐으면 말랐다고 난리, 모든 책임을 며느리한테 묻잖아. 그것처럼 치욕스러운 일이 어디 있냐고. 네가 초등학생이야? 그런 소리 들으며 살게. 네가 돈 벌 능력이 없다면 몰라도 너 능력 있잖아.

일하는 여자에게는
가난한 남자가 '딱'이야

～～～～～～～～～ 그러니까 나는 일하는 여자한테는 가난한 남자가 '딱'이라는 생각이 들어. 왜 좋으냐면 첫째, 시어머니한

테 받아올 돈이 없어. 천만다행이야. 시어머니가 주고 싶어도 없어서 못 줘. 그러면 어떻게 되겠니. 준 돈이 없으니까 며느리한테도 바라는 게 없는 거야. 그러니까 돈 없는 집은 검손하거나 적어도 검손한 척이라도 해. 며느리에게 함부로 요구하지 않지. 며느리가 내 돈을 어디다 쓰고 다니는지 감시할 필요도 없고 하니 둘이서 아등바등 열심히 사는 모습만 격려하지.

두 번째로 좋은 점은 며느리가 직장 생활하는 데 협조적일 수밖에 없어. 우리 시댁에서도 나한테 부담을 안 주셨어.

"너희 둘이 좋아서 결혼하는 거니까 한번 잘 살아봐라."

그렇게 되는 거야. 그래서 나는 건강하게 결혼생활을 시작할 수 있었어. 양가에서도 다 좋아했고. 또 가난하게 시작하다 보니 내가 직장생활을 더 열심히 할 수밖에 없었지.

'가난한 남자랑 결혼했으니 내가 돈을 더 벌어야 해. 처녀 때처럼 직장생활 설렁설렁하게 하면 안 돼.'

내가 돈에 대해서 처음으로 눈을 뜨게 된 계기였어. 지금 생각하면 참 좋은 경험이었지. 직장생활 열심히 하면서 피아노 학원까지 차린다고 하니까 시부모님이 개업식에 떡을 맞춰서 오시더라고. 나를 사업가로 인정하는 거지. 학원생이 몇 명 더 늘었다고 할 때마다 당신 일처럼 기뻐해 주시고. 시댁에서 내 성장을 인정해주고 격려해주는 거야. 물론 내가 바쁜 거 아니까 주말에 한번 들르라는 얘기도 안 하셔.

내 친구 중에도 시댁에서 몇억 원씩 돈을 받은 애들이 있어. 그런 애들은 주말마다 시댁에 가서 시어머니와 밥 먹어야 해. 설거지도 하고 청소도 다 하고 더 시키실 일 없으신지 물어봐. 시어머니도 당당히 요구하지. 며느리의 성장이나 커리어, 그런 것에는 아무런 관심이 없어.

'내가 돈 줬는데 우리 아들 내조나 잘하지 무슨 커리어야?'

며느리 인생에 대해서도 하찮게 생각해.

그런데 돈을 안 준, 못 준 시부모는 대신 며느리 인생을 격려하고 응원해줘. 돈 안 준 사람은 손뼉이라도 치는 거지. 나는 돈 주는 시부모보다 박수 쳐주는 시부모가 더 좋았어. 왜? 시댁에서 주는 그까짓 몇억 원, 내가 노력하면 충분히 벌 수 있다고 생각했거든. 40대 중반쯤 되면 그거 못 벌겠냐는 거였지. 그리고 그 생각이 다 맞아떨어졌어.

아껴 쓸 돈이 있어야 아껴 쓰지

〰〰〰〰〰〰〰 가난한 남자랑 결혼하면 좋은 이유, 세 번째는 바로 이거야. 직장생활이 힘들잖아. 돈 버는 게 쉬운 게 아냐. 커리어가 10년, 20년 쌓여야 성공할 수 있어. 그런데 부잣집

남자와 결혼한 애들은 언제든지 돌아갈 집이 있어. 그래서 절박하지 않고 절박하지 않기 때문에 성공한 여자가 드문 거야.

내 친구 중에 부잣집으로 시집간 애들이 많아. 애들이 동창회 나와서 한다는 소리가 다 시어머니 욕이야. 5억, 10억 원씩 준 '착한' 시어머니를 왜 욕하냐고? 나 대학 다닐 때 부잣집 남자 엄청나게 밝혔던 애가 하나 있어. 걔 소원대로 부잣집으로 시집갔는데, 하루는 시어머니가 자개농을 닦으라고 장롱 닦는 약을 내놓더래. 지금까지 당신이 했다면서 며느리를 들였으니 며느리가 해야 한다는 거지. 그래서 걔가 일주일에 한 번씩 가서 자개농을 닦았다는 거야. 시어머니한텐 자기가 거의 식모였으니까. 하도 화가 나서 이런 생각을 했대.

'늙어서 어디 아프기만 해봐라. 아는 척도 안 할 테니까.'

젊은 애가 시대에 뒤떨어진 선택을 했으니 그런 '고전적 아픔'을 치르고 사는 거지.

"남자는 돈이 있어야 해."

엄마 세대가 했던 생각을 똑같이 해서 엄마처럼 사는 거야. 자개농 닦으면서 시어머니한테 앙심이나 품고. 옛날 시집살이 혹독하게 했던 엄마들도 그랬잖아.

"어머니, 늙기만 해보세요. 내가 골방에 처넣고 밥도 안 줄 테니까."

그런데 앙심을 품으면 뭐 하냐고. 시어머니가 아프면 결국 똥 오줌 다 받아내게 돼 있어. 매일 죽 싸들고 병원에 가야 해. 돈 받을 때는 좋았겠지. 그런데 그 돈이 애를 불행하게 만든 거야. 물론 내 시어머니도 언젠가 병원 신세 질 날이 있겠지. 그러나 우린 서로 구박한 적이 없어. 서로 돕는 아군 같은 '두 여자'였던 거지. 아마 나는 매일 울면서 죽을 입에 떠드릴 거야. 왜? 내 인생 최고의 여성 동반자였거든.

지금은 애보다 내가 더 부자야. 시어머니가 준 돈 지키는 것보다 내가 그 돈 버는 게 훨씬 빠르더라고. 그러니까 너도 급하게 생각할 필요 없어. 5년 안에 부자 될 수 있어? 적어도 20년은 지나야 부자 되는 거잖아. 5년 안에 부자가 되려면 은행을 털거나 갑자기 땅값이 오르거나 둘 중 하나야. 하지만 너한테 그런 일이 일어나겠냐고.

나는 돌아갈 곳이 없었어. 집이 가난해서 내가 들어가 앉으면 큰일 나. 내가 안 벌면 안 돼. 내가 처음 직장생활 시작할 때가 스물네 살이었는데 그때 무슨 프로의식이 있었겠니? 그냥 돈 벌려고 직장 다닌 거지. 그런데 결혼한 내 친구들은 힘들다고 집으로 들어가 버리는 거야. 남편들은 큰소리 땅땅 쳤겠지.

"잘 생각했어. 네가 벌면 얼마나 번다고. 나 혼자 벌고 좀 아껴 쓰면 돼."

그런데 나 같은 경우는 아껴 쓸 돈이 있어야 아껴 쓰지. 아껴 쓰는 게 직장생활보다 더 힘든 거야.

나도 직장생활 하면서 스트레스받은 적 많았어. 상사한테 깨지고. 한번은 회사에서 동료랑 물건 집어던지면서 싸운 적도 있었어. 만약 내가 부잣집 남자랑 결혼했으면 아마 이랬을 거야.

"나, 남편 있다, 메롱~."

그러면서 집에 갔겠지. 그런데 나는 내가 안 벌면 안 됐으니까 다 참아내기 시작했어. 계속 참다 보니 돈도 벌게 되고 괜찮은 직업인으로 자리 잡게 된 거야. 이제는 남편이 들어오라고 해도 절대 안 가지. 직장생활이 너무 재미있으니까. 게다가 이제는 일하는 내 시스템에 맞춰 주변 여건도 대부분 정리됐어.

시어머니는 시어머니대로 대견스러워하고 애들한테도 자랑스러운 엄마가 됐지. 남편은 남편대로 마누라가 자기 일 하나는 똑 부러지게 하는 여자라는 걸 확실히 알게 됐어. 돈 5억 원 받았으면 내가 어떤 여자인지 알릴 기회도 없었을 거야. 지금도 사람들이 가끔 나한테 어떻게 성공했는지 물어봐.

그러면 난 거침없이 얘기해.

"가난한 남자랑 결혼했으니까요."

너도 곧 알게 될 거야. 가난이 최고의 자산이었다는 걸.

남자, 헐값에 사서
금값으로 키워라

남자 고르는 건 주식 고르듯 하면 돼. 현재 상한가 치는 종목을 사면 안 돼. 일단 너무 비싸잖아. 주식을 살 때는 현재 가치를 보는 게 아니라 그 회사의 미래가치를 보고 사는 거야. 그 회사의 CEO가 똑똑한 사람인가? 성장 가능성이 있는가? CEO의 건강도 중요하지. 그래서 이미 고인이 됐지만 스티브 잡스의 건강이 안 좋아지면 주식이 폭락했잖아.

성장 가능성이 있는 회사의 주식은 지금은 5만 원이지만 10년, 20년, 30년 뒤에는 50만 원, 500만 원으로도 뛸 수 있어. 1970년대에 삼성반도체가 당시에는 별 볼 일 없었거든. 그런데 지금은 이렇게 대단해졌잖아. 그런 주식을 사야 한다고.

주식투자할 때 제일 재수 없는 경우가 작전주에 걸리는 거야. 남자들도 '작전주' 같은 애들이 있어. 차도 있고 오피스텔도 있고 명품으로 휘감고 다녀. 그런데 차는 형 차고 오피스텔도 삼촌 거고 직장도 별로였어. 거기에 속아서 결혼한다는 거지. 30대 여자 중에 골드미스들 있잖아. 허영심과 사치로 똘똘 뭉쳐서 눈높이가 하늘을 찌르지.

"내 남자는 이 정도는 돼야 해."

그러다 작전주 같은 남자한테 걸리는 거야. 눈이 머는 거지.

주식투자에서 두 번째로 피해야 할 게 단기투자야. 올해 안으로 두 배 뛴대. 그러면서 투자자 모집하거든. 사람들이 막 몰려. 그런데 그런 식의 단기투자는 안 돼. 워렌 버핏이 세상에서 가장 좋은 투자법이 장기투자라고 했어.

예를 들면 그 회사의 미래가치를 보고 내 월급의 10분의 1 정도만 매달 조금씩 투자하는 거야. 내 자식을 키운다는 생각으로 30년만 투자해봐. 처음엔 별로였어도 30년 뒤에는 어마어마해지지 않겠어? 반대로 1년 뽑아먹고 버리려고 하면 주식도 너를 배반해. 네가 주식한테 그랬던 것처럼 말이야. 그러지 말고 장기투자를 하라는 거야.

사실 남자랑 서른 살에 결혼해서 아흔 살까지 같이 산다고 치면 60년은 써야 하는 거잖아. 장기투자도 그런 장기투자가 없지. 그래서 그 남자의 현재 가치에 투자하면 안 되는 거야. 서른살 때 현재가치가 높아 보이는 남자는 작전주일 가능성이 있어. 그 나이 때는 미래가치, 즉 '가능성'만 있는 게 정상이야.

그럼, 남자의 가능성이란 뭔가, 어떤 가능성을 봐야 하는가 생각해보자는 말이지. 첫째, 학벌은 아주 좋을 필요 없어. 명문 대학 나왔다고 해서 성공하는 게 절대 아냐. 내가 아트 스피치 최고 경영자 과정을 하고 있잖아. 매번 CEO 50명씩을 모집해. 그런데 너무나 놀라운 건 그 50명 중 서울대나 연대 고대 나오지 않은 사람이 90퍼센트야. 학벌 좋은 사람이 왜 우리 과정에 안 오나 봤더니 CEO가 못 된 거야. 그런 사람들은 다 대기업 상무야.

공부를 너무 잘한 사람은 길이 정해져 있어. 명문 대학 나오면 삼성에 들어가거나 신문사 들어가거나 둘 중 하나야. 들어가서 한 20년은 좋아. 그런데 50세 이후가 되면 동창회에서 하위권이야. 빵빵한 CEO로 성장한 친구들이 얼마나 많은데. 그런데 아이러니하게도 그들은 대개 학창시절에 공부를 못했던 친구들이야.

공부를 중간 정도밖에 못한 사람들 앞엔 많은 길이 열려 있어. 학벌이 높은 사람은 100가지 길 중 한 가지 길로만 가지만 그렇지 못한 사람은 99가지 길을 다 모색해봐.

대기업은 안 되니까 중소기업 들어가서 거기서 핵심기술 배워서 아예 회사 차린 사람들 있잖아. 그래서 어마어마한 부자 된 사람도 많아. 대학도 못 나와서 중소기업 구두회사에 취직해. 거기서 잘돼서 회사 차리고 몇백 억, 몇천억 원 매출 올리면서 부자 된 사람도 있어. 그런 사람들은 자기가 어렵게 살아봐서 자기 재산 중 일부는 어려운 사람들을 도와주는 데 써. 그걸 보면 인간으로 태어나서 어떻게 살아야 하는지 다시 한 번 생각해보게 되지.

그런데 명문 대학 나온 사람은 대개 대기업 사회공헌팀 부장이야. 사회공헌팀 부장과 자기가 번 돈으로 어려운 사람 직접 도와주는 사람 중 누가 더 존경스러워? 누가 더 미래가치가 있는 사람이야? 길게 보면 중소기업 구두회사 대리가 대기업 다니는 남자보다 더 미래가치가 있을 수 있다고.

학벌이란 건 한계가 분명해. 고등학교 때 공부 잘해서 서울대 기계공학과에 들어갔어. 그럼 길이 뻔해. 연구소 들어가는 거지. 그런 남자들은 쉰, 예순 되기 전에 은퇴야.

아트 스피치 CEO 과정에 들어오는 사람들 보면 서른 살 때는 조그만 회사 사장이었지만 지금은 몇백억 원씩 매출을 올리는 사람들이 있어. 그런데 그런 사람 옆에는 항상 남자의 미래가치를 믿고 투자한 아내가 있더라고. 경리 없을 때 대신 일

봐주고 밥할 사람 없을 때 밥도 해주면서 '창업정신'으로 남편과 함께 기업을 일궈온 거야. 이 부부의 결혼이야말로 진정한 창업이었던 거지. 5만 원짜리 남자를 50만 원, 500만 원으로 끌어올린 멋진 아내들이 있단 말이야. 그런 여자들을 보면 정말 존경스러워.

그와의 일생은 장장 60년이야

~~~~~~~~~~~~~~~~~~~~~ 그리고 두 번째로 외모. 우스갯소리로 이런 소리 하잖아.

"얼굴 못생긴 건 봐줘도 다리 짧은 건 못 봐준다."

그런데 결혼하고 애 낳고 살다 보면 결국 다 봐주게 돼 있어. 자기 남편이 예쁘고 사랑스럽게 느껴지는 건 긴 다리 때문이 아니라 그 남자의 하는 행동과 말이 예쁘니까 그런 거야. 남편 하는 짓이 미우면 숟가락 들어가는 입도 때리고 싶어.

'그런 짓을 해놓고도 밥이 들어가니?'

그 말이 목구멍까지 차올라. 하는 짓이 밉고 하는 말도 얄밉잖아. 그러면 베개로 그 잘생긴 얼굴을 누르고 싶다고.

하지만 남편 하는 짓이 예쁘면 아무리 못생겨도 자다가도 쓰다듬고 싶어. 결혼은 연애랑 달라. 잠깐 모임에 데려가서 자랑할 사람이랑 결혼하는 거 아니잖아. 남편은 나와 피와 살을 섞고 온갖 인생 역정을 헤쳐나가는 사람이라고. 자그마치 60년이란 세월 동안 말이야.

너한테는 어떤 힘든 일이 있어도 함께 잘해보자고 말하는 그런 남자, 밭을 일궈서 열매를 수확하는 부지런한 농부 같은 남자가 필요해.

"농사 잘 짓네요."

힘들게 일하고 있는데 선글라스 끼고 스포츠카 타고 와서 그런 말이나 하는 건달을 찾는 게 아니잖아. 그런데 여자들이 꼭 그런 건달 같은 남자를 찾는단 말이야. 그럼 안 돼. 내 땅을 함께 일궈갈 농부를 찾아야 해. 그러니까 외모 너무 따지지 마.

셋째는 경제력. 그런데 내가 말하는 경제력은 현재 그 남자가 가진 돈이 아니야. 돈을 벌 수 있는 능력인 거지. 서른 살 때 돈 있으면 정상이 아니라고 했잖아. 부모 돈이든 남의 돈이든 뺏어온 거야. 남자가 가진 경제력은 돈을 벌 수 있는 능력, 세상 어디에 가든 잘살 수 있는 생활력이야.

남자가 그런 '경제력'을 갖고 있는지 알기 위해 꼭 확인해야 할 게 있어. 남자가 혼자 살고 있잖아? 그럼 공과금이 밀렸는지 안 밀렸는지 꼭 봐. 공과금 밀려서 수도 끊기고 전기 끊기고 그런데도 아무렇지 않은 사람이면 심각한 거야. 납기에 맞춰서 공과금 낼 줄 아는 사람, 그 납기를 두려워하는 사람, 출장비 아껴서 애들 장난감 사주는 기쁨을 아는 사람, 그래서 처자식이 행복하면 그것 때문에 기쁜 사람이 바로 남편이고 아버지야.

내 남편은 섹시한 남자가 아니고 남편이고 아버지인 거라고. 섹시한 남자는 밖에서나 좋아하지 안에서는 필요 없어. 그리고 섹시한 남자들은 꼭 밖에서 자기의 섹시함을 확인하려고 하잖아.

넷째, 성격을 봐야 해. 공과금도 잘 내는데 성격까지 좋아. 그럼 최고의 남자인 거지. 요즘 여자애들 '나쁜 남자' 좋아하잖아. 그런데 나쁜 남자는 계속 나빠. 왜냐하면 나쁘게 굴어도 멋지다는 소리를 들으니까 그게 계속 통할 거라고 생각해. 그래서 나한테까지 나쁘게 해. 부부가 함께 땅을 일궈야 하는 결혼생활은 무조건 착하고 성실해야 해. 섹시하고 나쁘게 해서 될게 하나도 없다는 거야. 남자가 섹시하다고 화장실 청소를 섹시하게 해? 양말을 섹시하게 벗어놓냐? 아니잖아. 따뜻하고 착한 남자가 좋은 거야.

아내가 남편이랑 누워서 TV 보다가 졸려서 자려고 하는데 목이 말라. 그래서 남편한테 목 마르다고 물 좀 갖다달라고 했더니 한다는 소리가 "네가 갖다 먹어." 그렇게 나쁜 남자가 매력 있어? 아무리 피곤하고 힘들어도 아내를 위해 벌떡 일어날 수 있어야지. 연애할 때뿐만 아니라 결혼한 지 30년 지나도 그렇게 하는 남자가 착한 남자고 좋은 남자야.

그런 남자는 나한테만 그러는 게 아니라 내 친정식구한테도 착하게 굴고 자식한테도 따뜻하게 대해. 꼭 알아둬야 할 건, 나쁜 남자는 결혼 전후가 다르다는 거야. 남자의 나쁜 매력, 섹시한 매력에 끌려서 결혼한 여자일수록 후회하게 돼 있어.

주식평가액에
시어머니도 포함시켜라

〰〰〰〰〰〰〰 다섯째, 제발 시어머니 될 사람 좀 보고 시집가. 애를 봐주는지 아닌지를 보라고. 내가 살아보니까 일하는 여자한테는 시어머니가 굉장히 중요해. 앞서 말한 조건을 똑같이 충족하는 남자가 있어. 그런데 한 남자는 시어머니가 애를 봐준다고 하고, 또 다른 한 남자는 절대 못 봐주겠대. 그러면 애 봐주는 시어머니 가진 남자를 골라. 물론 사랑은 기본이고.

시어머니가 애를 중3까지 봐준다고 쳐봐. 월급인상률 고려해서 시어머니 1년 연봉을 3,000만 원이라고 치면 16년이면 4억

8,000만 원이야. 그러니까 그 시어머니는 4억 8,000짜리 최고급 인재라고. 결혼할 때 5억 원짜리 집 가져오는 남자보다 내 애를 봐주는 시어머니가 훨씬 나아.

결혼해서 애를 낳았어. 직장 다녀야 하니까 200만 원씩 주고 아줌마 써. 내 월급이 그 아줌마한테 다 들어가는데 불안해죽 겠어. 아줌마가 사고 칠 때마다 시어머니가 뛰어와야 해. 그럼 어차피 시어머니 용돈 드려야 해. 그러다 애한테 무슨 일 생겨 직장 그만두면 경력 단절되고 나는 '아르바이트' 인생 돼.

그것보다는 애 낳자마자 먹이고 입히고 씻기고 중3까지 봐 주는 시어머니가 있는 편이 훨씬 나아. 그런 시어머니가 있다 는 건 '천군만마'를 얻은 것과 똑같아. 살아보면 다 알게 돼. 잘 난 남편 열 명보다 애 봐주는 시어머니 한 명이 더 낫다는 걸 말이야. 그러니까 결혼하자마자 시어머니를 빨리 맡아야 해. 다른 며느리가 채 갈 수도 있잖아. 돈을 싸들고 가서라도 시어 머니를 내 편으로 만들어. 같이 사는 거? 당연히 감수해야지. 애 보는 아줌마랑 사는 것보다 훨씬 나아. 나한테만 좋은 게 아 니라 애한테도 좋아. 정성이 깃든 음식 먹이고 애한테 잘해주 는 사람이 제일 좋은 사람인 거야.

결혼해서 애 맡길 수 있는 시어머니가 있다는 것만으로도 넌 행운아야. 그런 시어머니가 없으면 절박한 상황에서도 남한테 애 맡겨야 하는 상황이 닥친다고. 애는 황달로 병원에 입원해 있는데 난 직장에 나가야 해. 그때 그 어떤 사람으로도 대체할 수 없는 사람이 시어머니야. 하늘이 내려준 선녀지.

만약 결혼할 남자가 앞의 네 가지 조건에 합당하고 애 봐주는 시어머니까지 있으면 투자가치가 전도유망한 '중소기업 CEO'라고 보면 돼. 30년 지나면 세상에 태어나서 가장 잘한 선택이라는 걸 알게 될 거야. 그러니까 언니 말 들어.

심플한 남자의 말은
쿨 하게 다뤄

요즘엔 미혼여성을 골드미스라고 해. 듣기만 해도 럭셔리하지 않니? 그런데 단어만큼 화려하지는 않다는 게 문제지. 싱글이 화려하면 얼마나 화려하겠냐고. 그런데 화려하진 않더라도 최소한 구질구질하진 말아야지. 어차피 늘 애인이 있을 순 없어. 성질이 더러워서 사귀던 남자를 차버릴 수도 있고 반대로 차일 때도 있을 거야. 결혼 전의 여자는 싱글의 삶이 절반, 커플의 삶이 절반이야. 커플링이 손가락에 있었다 없었다 하는 것처럼.

그런데 넌 그걸 알아야 해. 커플링이 손가락에 있을 때만 싱싱하게 살다 빼버린 뒤 시들시들해지면 그때 넌 지는 거라는 사실. 싱글의 삶도 결국은 내 삶이니까 신나고 당당하게 살아야 해. 그러려면 커플일 때 잘해야지. 커플일 때 최대한 행복해야 싱글로 돌아왔을 때도 자기 생활을 멋있게 꾸려갈 수 있어.

그러려면 연애할 때 제대로 잘하는 게 중요하겠지? 무엇보다 남자의 심리를 잘 아는 게 중요해. 연애도 공부한 사람이 더 지혜롭게 할 수 있어. 괜한 실수 때문에 좋은 남자 떠나보내는 악수는 두지 말란 거지. 여자는 남자 만나면서 점점 '선수'가 돼야 해. 아무 데나 들이대는 작업녀가 되라는 게 아니라 열정적인 사랑을 통해서 성숙한 여자가 돼야 한다는 소리야. 실제로 연애 잘못해서 정신연령만 어려지는 여자들이 얼마나 많니.

사랑을 잘하기 위해서 남자의 뭘 알아야 하느냐면 제일 중요한 게 남자의 말이야. 여자가 연애할 때 제일 열받는 게 남자랑 말이 안 통할 때야. 우린 원래 사랑을 다 말로 하잖아. 그런데 남자랑 말이 통할 때가 언제냐면 그건 오직 연애 초기 때뿐. 그때는 남자가 작심하고 말을 많이 해. 내 여자로 만들려고 젖 먹던 힘까지 다하니까. 그런데 연애 중반만 되도 말이 반 토막으로 줄어들어. 연애 말기는 어때? 다들 경험해봤잖아. 그렇게 과묵할 수가 없어. 거의 자기 아버지 수준이야. 결혼하면 어떻게 돼? 많아야 세 마디지.

"왔어? 애들은? 밥 줘!"

사랑에 울고 웃는 여자가 문제야

〜〜〜〜〜〜〜〜〜 얼마 전 우리 회사의 한 직원이 연애를 시작했어. 서른두 살이고 예쁜데 오랫동안 싱글이었어. 왜 남자가 안 생기는지 항상 궁금했지. 소개팅도 몇 번 하는 것 같은데 너무 고른다 싶었어. 그러다 드디어 회계사 남자를 만난 거야. 우리 회사가 여자들만 득시글하잖아. 누가 남자만 생겼다 하면 개인사가 아니라 전 직원의 관심사가 되지. 그런데 다들 개 걱정을 그렇게 하는 거야.

"너 그렇게 연애하면 안 돼."

"남자는 애교 떠는 여잘 좋아해."

"넌 표현이 그래서는 초장에 끝날 거야."

다들 한마디씩 훈수를 했어. 걱정할 만도 한 게 얘 별명이 '아저씨'야. 말도 별로 없고 무슨 일이 생겨도 그냥 '허허' 하고 아저씨처럼 웃어넘겨. 얘가 남자 앞에서 애교 떠는 것은 상상할 수 없는 거야. 그런데 걱정도 팔자였지. 얘가 남자친구랑 전화할 때 옆에서 보면 도대체 눈 뜨고 볼 수 없을 정도야.

'간들간들, 방긋방긋, 배시시.'

완전 애교 풀코스. 모든 직원이 배신감에 치를 떨었다니까. 결국 각자 '우리나 잘하자'로 결론을 내렸지.

그러던 어느 날, 얘한테 '그날'이 왔어. 여자라면 누구나 겪게 되는 운명의 날. 남자한테 말로 배신당하는 날이. 얘가 온 종일 우울한 거야. 원래 모든 여자는 연애하면 웃었다 울었다 조울증이 오가잖아. 아침까지만 해도 배시시 웃으며 전화했던 얘가 갑자기 점심 먹고 들어온 후부터 급 우울 모드로 바뀐 거야. 다들 쉬쉬하면서 안테나를 얘 쪽으로 맞췄지. 무슨 일인지 물어봐도 별일 아니래. 그러더니 결국 퇴근 시간이 다 돼서야 말문을 열었어. 알고 봤더니 원인은 그 남자의 문자였던 거야.

직원 중 몇 명이 연애 컨설턴트로 급히 투입됐어. 왜 우리 연애할 때는 옆에 주치의 같은 심리 컨설턴트가 한두 명씩 꼭 있잖아. '이 남자 저의가 뭘까?' '이 남자가 날 정말 좋아하긴 하는 걸까?' 등 실시간으로 떠오르는 의문에 미주알고주알 답해 주는 친구 말이야. 물론 걔도 검증은 안 된 얘지. 아무렴 어때 위로만 되면 그뿐이지.

사건은 이렇게 시작됐어. 비도 오고 그러니까 괜히 보고 싶어져서 얘가 남자친구한테 문자를 보낸 거야.

'자기야, 나야! 오늘 비도 오는데 같이 영화 한 편 보고 저녁도 같이 먹고 그러면 아주 좋겠다. 그치?'

완전 애교가 철철 넘치는 문자를 보낸 거야. 그런데 답장이 30분 만에야 왔어. 원래 반갑지 않은 문자는 다음 날 와도 짜증 나지만 기다리는 문자는 5분도 길잖아. 여기부터 살짝 틀어지기 시작했어. 그런데 결정적인 건 문자의 길이야.

'오케이' 달랑 세 글자. 이 남자 간이 부었거나 과도하게 쿨하신 거지. 그걸 본 순간 얘 마음속에는 한 편의 비극적인 드라마가 써지기 시작하는 거야.

'바빴나? 아니 아무리 바빠도 어떻게 달랑 세 글자야? 사랑이 식지 않고서야 어떻게 이럴 수가 있어?'

김이 확 새버렸으니 말이 곱게 나갈 리 없지. 이렇게 답 문자를 보냈어.

'아니, 바쁘면 안 가도 돼.'

이게 여자야. 갑자기 4차원을 넘나드는 문자 보내기. 여자는 4차원적인 말을 하는 거야. 나 삐친 거 알아달라고. 그런데 그거 아는 남자면 남자냐? 여자지. 그 남자 답장이 예술이야.

'왜?'

이번엔 달랑 한 글자! 아주 재촉을 하는 거지. 죽음을.

'아니…… 내가 좀 갑자기 바쁜 일이 생겼어. 다음에 가자.'

이쯤 되면 알아야 하는데 남자가 알 리가 있나. 나중에는 아버지 같은 자상함으로 배려까지 하는 거야. 더 화나게.

'그렇구나……. 그럼 일해, 다음에 가지 뭐. 저녁 잘 챙겨먹고.'

완전 '으악'이었지. 이 문자를 놓고 전 직원 긴급토론이 벌어졌어. 그 남자 귀가 꽤나 가려웠을 거야. 아주 잡아먹을 듯이 열 명이 넘게 덤벼댔으니까. 잘근잘근 씹다가, 그래도 네가 참으라고 위로도 했다가. 어찌나 분위기가 열띤지 밤을 새워도 끝날 것 같지 않더라고.

결론은 이거야. 그 남자, 너 사랑하는 거 맞아. 변한 건 없어. 그저 그가 남자일 뿐이야. 여자를 잘 모르는 남자. 그가 여자를 잘 알았다면 네가 들떠서 '비 오는데 영화 같이 볼까'라고 했을 때 '오케이'라고 했겠니? '그래 비도 오는데 자기 무척 보고 싶어. 이따가 맛있는 거 먹자'라고 했겠지.

내가 남자들한테 이 얘기를 하면 대부분 어떤 반응을 보이는지 알아? 태어나서 처음 듣는다는 표정을 지어.

"진짜예요? 와! 여자들 참 이상하네. 오케이 하면 가자는 건데 뭐가 문제래요?"

어떤 남자는 자긴 오케이도 안 한데, '응' 이렇게 보낸다는 거야. 하긴 그래서 자기가 여자가 없다고 반성은 하더라고. 하는 수 없이 내가 남자들한테 문자 보내는 법을 가르쳐줬지.

핵심은 문자 바이트를 여자가 보낸 것과 근사치로 맞추는 거야. 그러기 위해서는 일단 전달을 눌러. 그 여자의 문자에 약간만 수정하라는 거지. 어렵지도 않아. 단어 몇 개만 수정하면 돼.

'자기야, 나야! 오늘 비도 오는데 같이 영화 한 편 보고 저녁

도 같이 먹고 그러면 아주 좋겠다. 그치?'

이런 문자는 이렇게 바꾸는 거야.

'자기야, 그래! 오늘 비도 오는데 같이 영화 한 편 보고 저녁
도 같이 먹고…… 나도 그러고 싶어. 사랑해…….'

보너스로 사랑해 하나 추가해주는 거야. 예술이지. 이런 거
가르쳐주면 남자들 필기하고 난리가 나. 우리는 본능인데 그들
에겐 학습인 거야. 그걸 알아야 괜한 오해로 속이 꽉 찬 좋은
남자를 떠나보내지 않아. 그런 적 없어? 아무것도 아닌 일로 감
정선이 꼬여서 떠나보낸 남자 없느냐고. 그러니까 나중에 후회
하지 말고 남자를 알아야 해.

사랑 표현이 부족하다고
괜찮은 남자 걷어차진 마

〰〰〰〰〰〰 우리 회사 그 직원은 어떻게 됐냐고? 내가
단단히 학습시켰지. 이젠 '응' 하고 남자한테 문자 와도 방실방
실해. 그게 남자라는 걸 이제는 알거든. 사랑의 무게와 짧은 문
자 사이에 아무런 관계도 없다는 걸 깨달으면 '응'도 용서가 되
는 거야.

남자는 원래 감정을 언어로 표현하는 걸 무지 어려워해. 얼

마나 사랑하는지, 얼마나 보고 싶은지, 얼마나 섭섭한지, 그런 걸 말로 잘 표현 못해. 그러니까 늘 '날씨가 참 좋네.' 이따위 기상캐스터 같은 문자나 보내지. 그런데 여자 심리를 너무 잘 알고 여자처럼 문자 보내면 그것도 별로야. 혹시 그런 남자 만나봤어? 아마 '응'보다 더 싫을걸? 십중팔구 카사노바야.

나와 감성 표현이 똑같지 않다는 이유로, 같은 시간에 같이 보고 싶어 하지 않는다는 이유로, 사랑의 표현 수준이 다소 처진다는 이유로 복을 걷어차는 일은 하지 마. 그런 실수는 10대나 하는 거야. 결혼을 전제로 성숙한 사랑을 하는 여자가 문자 하나로 천당과 지옥을 오가고 지난 1년간의 사랑을 의심한다면 누가 더 문제야? 여자 아니냐고.

자, 심호흡하고 마음을 가다듬어. 사소한 감정에 휘말리지 말고 사랑을 더 크게 더 길게 하라고. 그리고 네 옆의 친구들한테도 한마디 할게. 제발 되지도 않는 말로 옆에서 코칭 좀 하지마! 너나 잘해. 우리 각자 성숙한 여자로 근사하게 사랑해보자고. 사소한 꼬투리로 꼴딱꼴딱 숨넘어가는 소리 좀 내지 말고. 이제 30대면 그런 애들 같은 사랑은 넘어서야 해.

'오케이' 하면 '굿!'

그렇게 보내라고 쿨 하게! 여자가 심플 문자메시지를 날리기 시작하면 남자의 문자가 길어지게 돼 있어. 제발 간단한 문자 날리라고. 마음도 단순하게 가져. 그리고 일해. 그것 때문에 울고불고 상담 그만하고. 30대 여자애들이 만날 뭐라고 하는 줄 알아?

"혼자일 때가 편했어요! 미치겠어요."

연애할 때마다 푸념해. 그러다 혼자가 되면 뭐라고 그러니?

"외로워 미치겠어요."

계속 고통스럽고 계속 미치는 거지. 왠지 알아? 사귈 때 쿨하지 못했다면 혼자일 때 자신에게도 쿨 하지 못하거든. 남자를 괴롭히지 않으면 대신 자기 자신이라도 괴롭혀야 하는 못된 습관이 몸에 배어 있으니까.

그러니까 커플이었을 때 단순하고 쿨 하게 사랑하자고. 그러면 여자도 사랑하면서 성숙해지기 시작해. 안 그러면 문자 한 줄 없다고 징징 짜는 미숙한 여자로 남게 돼. 고통스러운 커플과 싱글을 반복하는 여자는 나이 들수록 히스테리가 점점 더 심해져. 남자들이 그런 너를 좋아하겠니? 얼굴은 늙었지, 허벅지는 굵어졌지, 게다가 나이 들어 느는 건 떼쓰는 것밖에 없지. 너 같으면 좋아하겠느냐고. 제발 나이 들수록 성숙하고 심플해지자!

"오케이?"

남자의 사랑을 이해하려면
통역이 필요해

〜〜〜〜〜〜〜〜〜 여자는 어렸을 때부터 몸짓으로 대화를 해 왔어. 싫으면 '싫다'라는 말보다 표정으로 더 많이 얘기해. 여자 들이 애교를 말로 하는 거 봤니? 대개 몸으로 하잖아. '앙~' 소 리도 어떻게 몸을 흔드느냐에 따라 강도가 달라져. 어렸을 때 봐. 딸들은 아빠가 안아주면 애기짓 하면서 품으로 파고들잖 아. 야단치면 '아빠~' 하면서 애교 떨어 무마시키고. 그렇게 몸 짓언어가 버릇이 된 거야.

여자들이 남자 생기면 제일 되고 싶은 게 뭐야, 애기잖아. 그 래서 남자한테 '애기야, 잘 잤어?'라고 문자 오면 다 죽는 거야. 다 큰 여자들도 연애할 때는 애기처럼 굴어. 또 그걸 잘 받아주는 남자가 최고이고. '어디서 애기짓이야!'라고 야단치면 내 남자가 아닌 거지.

남자들도 생각해봐. 자신의 남자다움을 어디서 느껴? 여자가 애기짓 하면 마치 자기가 아빠가 된 것 같은 착각이 들잖아. 그러면서 '내가 이 여자를 평생 먹여 살리리라' 하고 두 주먹 불끈 쥐게 되고. 드라마 〈파리의 연인〉을 봐.

"애기야. 가자."

박신양의 그 한마디에 모든 여자가 쓰러졌잖아.

여자들은 어렸을 때만 몸짓언어를 하는 게 아냐. 중학생들 봐. 여러 명이 걸어가는데 한 애가 다섯 발짝 뒤에서 걸어와. 그럼 여자애들은 생각하지. '왜 다섯 발짝 뒤에서 걸어올까?' 여자애들에게 다섯 발짝은 엄청난 언어야. 당연히 삐친 거지.

그럼 삐친 애 달래주려고 말하잖아.

"야, 너 왜 그래? 쫄면 같이 먹을까?"

그런데 걔가 됐다고 그러면 또 그 한마디에 숨겨진 메시지를 찾느라 머리가 맹렬하게 회전하는 거지. 그렇게 여자애들에게 표정과 몸짓은 엄청난 언어야. 그런데 이게 나이 먹는다고 달라지느냐, 절대 아니지. 여자들끼리 쇼핑을 갔는데 다른 애들은 많이 샀어. 그런데 한 애가 아무것도 안 사는 거야. 그럼 우린 그러잖아.

"너 왜 안 사? 무슨 일 있어?"

행동거지 하나하나 놓치지 않고 파고들어. 그런데 남자들은 어때?

"살 만하지 않으니까 안 사겠지." "사기 싫은가 보지."

겉으로 보이는 것 외에는 절대 알려고 하지 않아. 남자애들은 다섯 발자국 뒤에 오는 친구 보면 '뭐 생각할 게 있는가 보지'라고 넘겨. 우리랑 언어구조 자체가 다르다고. 게다가 사랑받기 위한 몸짓 같은 건 전혀 해본 적이 없는 거야. 오죽하면 엄마가 "우리 아들, 내가 안아줄게." 그래도 "됐어요." 하고 도망가겠어.

남자들은 할 말을 몸으로 한 적이 없어. 다 말로 했지.

"야, 넌 왜 안 사?" "어, 나 오늘 돈 없어. 오늘은 안 사려고." "그래? 알았어."

그들은 그렇게 말하는 게 다인 거고 보이는 게 전부야. 여자들처럼 말은 오케이인데 속은 뒤집어지는 일은 별로 없다고.

남자는 여자를 몰라도 너무 모른다

～～～～～～～～～ 그럼 여자들의 몸짓언어가 결혼한다고 변할까? 아니, 똑같아. 아내가 설거지를 하는데 쨍그랑 소리가 나도

록 그릇을 세게 놓는 거야. 밥 먹을 때마다 앞에서 종알거렸던 여자가 말도 없이 설거지만 하는 거지. 그러면 알아들어야 할 거 아냐? 아내들은 설거지를 통해서 지금 수많은 말을 던지고 있는데.

'당신 오늘 5일째야. 말도 없이 늦게 들어온 게. 오늘도 늦을까 봐 밥도 안 차렸는데 일찍 들어온다는 연락도 없이 무작정 들어와서 밥 달라고? 내가 지난 5일 동안 화가 나도 꾹 참고 아무 말도 안 하고 있는데 웃으면서 당신이랑 밥 먹게 생겼어? 인간아, 그런 식으로 인생 살지 마!'

그런데 문제는 남자들한테 이 말이 안 들린다는 거지. 말을 해야 알 거 아냐. 그러다 이 여자가 자러 가. 그런데 남자는 아무것도 모르고 눈치 없이 이러는 거야.

"기다려, 신문 잠깐만 보고 같이 자자."

지금 화가나 죽겠는데 같이 자게 생겼느냐고.

"됐어, 나 피곤해. 먼저 잘게."

문 쾅 닫고 들어가면 남편이 이러지.

"성질머리하고는 쯧쯧…… 나니까 데리고 살지."

어쩜 이렇게 못 알아들을 수가 있어? 외계인 아냐? 여자들은 쇼핑도 몸으로 눈으로 하잖아. 여자들 셋이 쇼핑하면 굳이 대화가 필요 없어. 모든 대화는 다 눈으로 하거든. 한 명이 눈으로 몇 번 찡긋하면 한꺼번에 우르르 나가.

"저 매장 옷 파는 여자, 왜 저러니? 너도 기분 나빴지? 웃겨, 진짜."

이미 매장을 나오기 전부터 눈으로 모든 대화를 끝낸 거야. 그런데 남편이랑은 이게 안 돼. 눈빛으로 아무리 나오라고 해도 알아들을 리가 없지. 꼭 큰소리로 말해.

"왜 안 사? 산다며?"

도대체가 몸짓이 안 통해서 쇼핑을 같이 할 수 없어. 그것 때문에 남자랑 쇼핑하면 재미가 없는 거야. 여자들은 그 복잡한 동대문 쇼핑센터에 가서도 눈짓만 싹 하면 이리 가고 저리 가고 일사분란하게 움직이잖아.

부부싸움 대부분이 여자의 몸짓 때문에 생겨. 남자들은 할 말 있으면 분명하게 말해줘야 해. 몸짓으로 이야기하면 남자는 스트레스 지수가 엄청나게 올라가.

"말로 하지, 너는 도대체 왜 그런 식으로 행동하냐?"

그런데 여자는 행동한 게 아니라 말하고 있었던 거잖아. 그런데 남자들은 불만을 행동으로 표출한 것에 대해서 더 화를 내. 자기를 모자라고 눈치 없는 사람으로 만드는 것에 대해서 무지 화내는 거야. 나도 결혼 생활하면서 그런 경우가 많았어. 남자가 몸짓언어를 잘 모른다는 걸 알면서 자꾸 본능에 따라

실수해. 이 정도면 남편이 알아듣겠지 하면서.

여자들이 화나면 잠자리에서 삐쳤다는 걸 표현하잖아. 남편보고 일부러 몸을 홱 뒤척여. 자면서 베개를 홱 젖히고 괜히 침대 모서리 끝에 가서 거의 떨어질 것처럼 비참한 자세로 매달려. 그래도 못 알아들으면 다리 하나를 '툭' 떨어뜨리는 거야. 그 소리라도 들으라고. 그런데 이 남자는 내가 삐친 줄도 몰라.

"야, 그렇게 끝에 붙어 자다간 떨어진다."

이따위 소리나 하고. 얼마나 화가 나니. 여자가 기분 좋으면 왜 등을 돌리겠어? 남편이 등을 돌렸더라도 뒤에서 껴안고 자지. 아내가 등 돌리면 왜 그러냐고 물어봐야 할 거 아냐. 그런데 남편들은 절대 몰라. 다음 날 일어나서 멀쩡하게 아침에 밥 달라고 하잖아.

그런 몸짓 퍼포먼스가 일주일 그리고 이주일 계속 이어지면 부부 사이에 서로가 모르는 언어들이 축적돼. 서로 딴 세상 언어가 쌓이는 거야. 여자들 가슴에는 남편은 손톱 끝만큼도 모르는 장편 드라마가 가득히 채워지지.

결국 아내의 몸짓언어가 아주 과격해질 때쯤 남자들은 겉으로 드러난 과격함만 읽는 거야.

'저 여자, 요즘 이상하네. 왜 나한테 이렇게 까칠하게 굴지?'

몸짓언어는 못 알아들을수록 점점 과격해져. 그럼 그때부터 엄청나게 싸우기 시작하는 거야. 그러니까 제발 못 알아듣는 몸짓 퍼포먼스는 그만두고 남자들이 해석 가능한 말로 통역해 주라고.

"당신 지난 5일 동안 계속 늦게 들어왔잖아. 그래서 난 오늘도 늦게 들어올 줄 알았어. 그래서 밥도 반찬도 안 했는데. 연락도 없이 갑자기 들어와서 밥 달라고 그러니까 얼마나 당황하겠어? 내가 매일 애들한테 저녁도 안 해먹이는 여자처럼 생각할 거 아니야. 다 먹고 치웠는데 다시 쌀 씻으려면 내가 얼마나 짜증이 나겠어. 그리고 저녁식사 안 하고 올 거면 저녁 먹으러 들어간다고 미리 전화 좀 해줘."

이렇게 차근차근 말하면 남편도 알아들을 거야. 화부터 내지 않고 조곤조곤 설명하면 그에게 사과도 받아낼 수 있어.

"여보! 미안해. 다음부터 잘할게. 전화도 꼭 하고."

그러면 똑같은 일로 다시 싸울 일이 없는 거지. 그러려면 우리가 변해야 해. 그럼 네가 항변하겠지? 왜 우리만 변하느냐고. 남자는 왜 안 변하느냐고. 그런데 관계가 변하기 위해서는 한 사람만 변하면 돼. 내가 먼저 남자 심리를 알았다면 져주는 셈 치고 맞춰주는 것도 괜찮아.

부부는 머리는 두 개에
몸통은 하나인 묘한 생명체

~~~~~~~~~~ 부부는 머리는 두 개고 몸통은 하나인 묘한 생명체래. 그래서 누가 되었건 달콤한 꿀을 먼저 상대 입에 넣어주면 내 몸이 달콤해지고 상대 입에 독을 넣어주면 결국 내 몸이 아프다는 거야. 그래서 둘 중 한 명만 현명해도 부부는 그런대로 살아갈 수 있어. 부부 사이에 무조건 다 싸워서 승리해야 하는 건 아니야. 진짜 싸울 건 따로 있어. 하지만 이건 싸워서 쟁취할 문제가 아니고 알아들은 사람이 먼저 실천하면 되는 일이야.

하고 싶은 말이 있으면 몸을 비틀지 말고 말로 해. 말로 이해시키고 설득시키는 것도 아내의 실력이야. 만날 져주면 손해 아니냐고? 가족끼리도 손해 따지고 살면 숨 막혀서 세상을 어떻게 살아가겠니. 여자에서 아내라는 이름으로 산다는 것은 과거보다 두 배 더 현명해져야 한다는 뜻이야.

04

가족 · Family

그 여자,
그 남자가 사는 법

一 한때 남자들이 귀남이로 살았던 시절이 있었어. 장조림, 우유, 과자는 다 아들 몫이고 대학 진학도 오빠 먼저고 유산 상속도 아들만의 전유물이었어. 딸은 완전 찬밥, 식은 밥 취급이었지. 먹는 것조차 차별받고 공부도 제대로 안 시켜주고 밀리고 치이는 후남이 인생. 여자들은 항상 '뒷전 인생'이었어. 그런데 세상 참 공평해. 불과 30년도 안 돼서 사람 사는 모양새가 이렇게 달라질 수 있다니.

사회 곳곳에 '역전의 여왕'들이 속속 등장하고 있어. 남편보다 돈 잘 버는 여자, 남편보다 학력 높은 여자, 남편보다 지위 높은 여자, 그런 여자들과 사는 남편들이 점점 많아지고 있어.

옛날 같으면 다 혀를 깨물었을 텐데 다들 그냥 살더라고. 물론 애써 견디는 사람도 있고 팔자려니 하는 사람도 있겠지. 그래도 어찌 됐건 사회 전반적으로는 아직 이런 상황이 불편한 것만은 분명해.

남자들은 왜 꼭 자기보다 여자가 반 계단이라도 아래에 있어야 한다고 생각할까. 누구의 잘못이라고 딱 꼬집어 말할 순 없지. 5,000년 전부터 형님들이 물려준 정신적 유산일 테니까.

하여간 사람들이 내게 꼭 물어보는 질문이 있어.

"남편은 뭐 하세요?"

이 질문, 위험하지. 왜인 줄 알아? '사실 별 볼 일 없죠?'를 밑바닥에 깔고 하는 질문이거든. 잘난 여자 옆에는 당연히 시들시들한 남편이 있을 거라고 생각하니까. 그럼 난 항상 말해줘.

"네, 근사한 직장인이에요."

한방 먹여주는 거지. 나는 일하는 내내 그런 웃기는 고정관념과 늘 싸워왔어. 물론 가장 많이 싸운 건 내 남편의 DNA에 박혀 있는 오래된 형님들의 유산이었지.

결혼 초, 명절이라 시댁에 갔는데 명절 당일에 점심 먹고 친정에 못 가게 하는 거야. 이틀 전부터 그렇게 전 부치고 고기 굽고 스무 번도 넘게 상을 차렸으면 됐지. 시누이들 올 때까지 있다가 자고 다음 날 가래. 자기들 딸이 시어머니 눈앞에 있다면 남의 딸인 나는 우리 엄마 눈앞에 있어야 맞는 거 아냐? 이 건 완전 '묻지 마 폭력'이더라고. 결혼한 지 얼마 안 된 새댁이 고 말발도 안 서 몇 년은 참았어. 3년 정도 지나서 대판 싸우고 해결했지. 명절날 동시다발적으로 각자 엄마 눈앞에 있는 딸들 의 세상을 내가 스스로 개척한 거야. 통쾌했어. 무슨 독립투사 같은 기분이 들더라고.

일하다 보면 12시 넘어 집에 올 때가 많잖아. 술도 한잔하게 되고. 그런데 남편이 그걸 통제하려 들더라고. 자기는 '월화수 목금금금'으로 살면서. 난 원래 부당한 탄압에는 분연히 일어 나 투쟁해야 한다고 생각하는 사람이야. 불공평한 현실을 걸러 내지 않고 적당히 타협하는 건 나 자신에게 무책임한 짓이라고 늘 생각하니까. 또 싸웠지.

"왜 나만 12시 넘으면 안 되는지 이유를 세 가지만 대!"

이유가 있을 리 없지. 되지도 않는 이유 몇 개를 대더라고. 위험하다는 둥. 그래서 내가 안전장치에 대해서 확실히 설명해 줬지. 점점 코너에 몰리자 결국 유구한 역사를 흘러온 가당치 도 않은 말을 하더라고. 이것 역시 형들의 유산목록에 있는 말 이야.

"여자랑 남자랑 똑같니?"

으이구 화상들······. 똑같기만 하겠어? 여자가 더 잘난 것도 많지. 그때 깨달았어. 이건 하루 싸워서 해결될 문제가 아냐. 정권 바꾸는 것도 10년 이상 준비해야 하고 대한 독립도 36년 걸렸어. 그러니 문화를 바꾸는 건 내가 죽을 때까지 해야 하는 일이야. 그래서 지금까지도 꾸준히 하고 있어. 물론 이제는 나 하나 당당하게 사는 데 아무런 정서적 무리가 없을 만큼 남편을 다 바꿔놓았지. 쉬운 일은 아니었지만 절대 포기하지 않았기에 성공할 수 있었어.

자, 지금부터 스스로 잘난 여자라고 생각하는 사람들은 잘 들어. 혹시 남자친구와 비교해서 자신이 우위라고 스스로 혹은 사회적으로 판단되는 사람, 그래서 결혼할까 말까 망설이는 사람. 지금은 아니지만 아무래도 10년 후에는 내가 더 잘날 것 같아서 속도 조절을 고민하는 여자들도 잘 들어.

결론부터 말할게. 그건 부부가 살아가는 데 있어 치명적인 문제가 아냐. 그냥 남들과 사는 방식이 조금 다를 뿐이야. 인생은 이것 외에도 녹록지 않은 문제가 산적해 있어. 그중에서도 이건 죽고 사는 문제가 아니라고. 다만 천천히 오랫동안 마음의 키를 돌려놔야 하는 수련의 문제야.

사실 결혼할 당시에는 대부분 남자건 여자건 상황이 비슷해. 스물일곱 살 때 남자와 여자의 연봉 차이는 별로 없어. 그런데 살다 보면 점점 달라지는 거야. 둘 다 직장인인데 어떻게 연봉이 똑같을 수가 있어. 회사 사장들끼리 짜냐? 불가능한 거야.

예를 들어 여자가 사업한다고 쳐. 남편은 직장을 다니고. 그러면 점점 달라질 수밖에 없어. 돈이라는 것은 누가 더 많이 벌 수 있고 적게 벌 수도 있는 거야. 그런데 이걸 오류라고 생각하는 순간부터 문제가 생겨.

그 여자, 그 남자의 마음 수련법

～～～～～～～～ 첫 번째 해야 할 마음 수련이 바로 '이건 정상이다'라고 생각하는 거야. 예전에 이런 말을 들은 적이 있어. '한 집에 들어가는 복은 정해져 있다.'

그래서 부부 중 한 명이 많이 가지면 다른 한 명은 적게 가질 수밖에 없다고. 신이 복의 숫자도 맞춰서 나눠주기 어려운데 어떻게 성별까지 맞추겠어. 그러니까 이건 문제가 아니고 정상인 거야.

두 번째 마음 수련은 존중이야. 예를 들어 아내가 전문직인데 조금 돈을 잘 버는 직종이야. 처음부터 그랬던 것은 아니지만 한 15년 일하다 보니 그렇게 된 거지. 매년 5퍼센트, 10퍼센트 인상되는 남편의 월급보다 아내가 한 번에 가져오는 인센티브가 더 많을 때도 있어. 세월이 지나면서 남편과의 월급 격차가 두 배 이상 나는 거야.

그런데 그게 어쨌다는 건데? 그게 남자를 무시해야 할 이유니? 그런 나쁜 여자들이 있어? 반대로 그게 남편이 아내한테 열등감 느낄 요소야? 그런 바보 같은 남편이 있어? 그냥 일이 주는 대가의 결과물이 서로 다를 뿐이야.

아내가 남이야? 월급 많이 받는다고 시기하게. 남편이 남이야? 월급 나보다 적다고 통쾌해 하게. 많은 부부가 나이만 먹어가지 자신들의 변화를 무책임한 통념으로 함부로 재단해. 남들과 좀 다르면 어때? 아내가 돈 잘 벌면 왜 열등감을 느껴야 하느냐고. 형님들의 5,000년 유산이 뭐건 간에 호락호락하게 넘어가지 마. 무책임한 고정관념의 피해자가 되지 말라는 거야. 뭐든 내 상황에 맞게 재해석해야 해.

개그맨 김지선 씨 알지? 아이 네 명 낳아서 잘 기르고 살잖아. 김지선 씨 남편, 참 괜찮은 남자야. 식당도 열심히 운영하면서 육아도 얼마나 열심인지 몰라. 그런데 사람들이 얼마나 얄팍해. 다들 김지선 씨가 벌어 먹이는 줄 알아. 그럼 안 되는 거야. 왜 자기들 편견으로 남의 집에 대해 이러쿵저러쿵하느냐고.

내가 김지선 씨를 보면서 아주 좋았던 건 남편에 대한 존경심이 가득하다는 거였어. 그가 자기 삶을 열심히 살아가는 것에 대해서 진심으로 존경하더라고. 둘이 함께 잘 벌 때도 있지만 지선 씨가 잘 안 풀리던 공백기에는 남편의 힘으로 살았어. 그러다 요새 홈쇼핑도 하고 TV 프로그램에 고정 출연하면서 열심히 돈 모아 집도 새로 샀어. 내가 지선 씨한테 어떻게 애들을 넷이나 낳을 생각을 했느냐고 물어보니까 남편 믿고 낳았대. 일도 육아도 돈도 미래도 다 함께하는 파트너십으로 생각하니까 가능한 거야.

나 역시 지선 씨를 보면서 많이 깨달았어. 집안 역할을 분리해서 너는 돈, 나는 살림 이런 식으로 사는 것은 인력의 효율적 순환 면에서 문제가 있어. 돈이건 살림이건 육아건 파트너십으로 서로 격려하면서 키워가면 뭐 하나 빠지는 것 없이 골고루 성장할 수 있을 거야.

부부는 최고의 파트너이자 전우

〰〰〰〰〰〰 마지막 마음 수련은 치유야. 아무리 파트너십을 가지고 서로 돕고 산다 해도 자칫 하면 한쪽으로 치우치기 쉬워. 굳이 상처 주려 한 것은 아닌데 의도하지 않게 상처가 나기도 하지. 얼마 전 남편이 차를 샀어. 물론 자기 월급 모아서 장만했어. 그런데 회사에 갔더니만 남들이 다들 그랬대.

"와이프가 차 사줬구나, 역시 돈 잘 버는 아내 둬서 좋겠다."

"아니거든요……."

왜 그렇게 잘살고 있는 사람을 옆에서 툭툭 건드리는 거야.
우리 남편이 얼마나 자존심 상했겠어. 그런 식으로 의도하지
않게 상처가 나는 거야. 난 이것도 내가 만든 빚이라고 생각해.
그래서 우리는 일 년에 한 번 일본으로 '치유여행'을 떠나.

일본을 고집하는 이유는 딱 하나야. 남편이 일본 회사에 다
녀서 일본어를 잘하니까. 여행 준비할 때부터 그가 모든 권력
을 장악해. 이미 게임은 끝난 거야.

"당신 여기 안 가봤지? 이 집 초밥이 끝내주는데 예약해놓
을까?"

"그게 한국에서 예약이 돼?"

"그럼, 내가 전화 한 통화 하면 끝나."

그러면서 잡을 수 있는 온갖 폼을 다 잡아. 난 일부러 아무
준비도 없이 남편만 믿고 여행을 가는 거야. 모든 여행 비용은
남편 돈으로 해결해. 혹시 길 잃어버릴까 봐 남편이 일본 돈도
조금 내 지갑에 넣어줘.

나는 비행기를 타러 가는 순간부터 남편 꽁무니를 졸졸 따
라다녀야 해. 놓치면 바로 미아 되니까. 일본 공항에 도착하는
순간, 이미 그는 승리자의 눈빛이야. 한국에서는 볼 수 없는 강
렬한 눈빛. 그때부터 우리 남편이 얘기하지.

언니의 독설

"나만 잘 따라와. 안 그러면 길 잃어버려!"

그렇게 나는 남편의 여행 코스대로 쫓아가는 거야. 정말 아무도 못 찾을 만한 철길 밑의 만두집, 가격 착한 옷가게, 좋은 호텔 등에 데려가.

"맛있지 않냐? 이 옷가게 괜찮지? 진짜 싼 데 잘 찾았지?"

그러면서 자화자찬이 극에 달하는 거야. 그러면 나는 옆에서 추임새 넣는 거지.

"어머, 이렇게 싼 곳을 어디서 찾았어? 이 호텔 아주 좋다. 일본에서 이렇게 널찍한 방은 드문 거 아냐?"

나는 감탄사를 연발하는 거야. '어머나, 꽥, 으악' 같은 온갖 의성어와 몸짓언어를 동원해서. 그럼 우리 남편이 돌아오는 비행기 안에서 꼭 한마디 해.

"다음에 또 올래?"

그는 4박 5일의 일본 여행으로 1년 동안 받은 상처를 다 치유한 거야. 생각해봐, 마트 가면 사람들이 나만 알아보지, 차를 사면 아내가 사줬느냐는 소리나 듣지. 얼마나 상처가 많았겠어. 상처는 부부가 함께 치유해야 하는 거야. 이렇게 남들과 다른 여자들은 세상 살아가는 방법도 하나 더 추가해야 해.

난 이 게임을 천천히 과격하지 않은 방법으로 풀어가는 중이야. 남자들의 5,000년 유산 중 너무 부당한 것은 단칼에 해치우기도 하고 어떤 문제는 살살 달래가면서 평생의 숙원사업으로 천천히 변화시키기도 해.

진짜 잘난 여자는
행복을 들고 서 있는 여자야

～～～～～～～～ 원래 남자는 태어나길 백마 탄 기사로 태어났어. 자기가 백마 탄 왕자라고 평생 생각하며 살고 싶은데 백마 탄 여기사 뒤에 타고 싶겠냐고. 꼭 여기사의 종 같잖아. 절대 못 사는 거야. 사실 여자가 돈 많이 벌고 유명해지는 것이 남녀관계에서 축복이 아닐 수도 있어.

그것을 축복으로 만들기 위해서는 특별한 기술이 필요한 거야. 자기 남편을 더 잘난 남편으로 만들어주는 여러 가지 방법을 쓰는 거지. 거기에는 기획력이 필요해. 네 좋은 머리로 남편을 위한 기획안을 짜봐. 그리고 부부가 함께 수련 과정을 거쳐. 그러면 행복하게 살아갈 수 있어.

그런데 우리는 대부분 노력하지 않잖아. 내가 많이 벌었다, 어쩔래? 그래 내가 많이 일한다, 어쩔래? '어쩔래'로 살 수 있는 부부생활은 없어. 파트너십으로 서로를 수련에 동참시키면서 살아가는 거지. 제아무리 철통 같은 5,000년 형님 유산도 현명한 사랑을 위해 노력하는 부부 앞에서는 무력해질 수밖에 없어.

부부는 최고의 파트너이자 전우여야 해. 다투고 싸워서 전선만 교란시키지 말고 힘을 합쳐서 앞으로 돌격해. 가다 보면 누군가 넘어지기도 하고 기운도 빠지겠지. 그럼 앞서거니 뒤서거니 서로의 손을 잡아줘야 하지 않겠어?

세상에서 진짜 잘난 여자는 마지막에 돈을 들고 있는 여자도, 신문에 난 자기 기사를 들고 있는 여자도 아냐. 행복을 들고 서 있는 여자야.

임신에도 치밀한
전략이 필요하다

～～～～～～～～ '애를 정말 낳아야 하나, 낳는다면 언제 낳아야 하나.'

일하는 여자들에게 가장 큰 고민이 임신이야. 생기면 낳는다는 건 이제 옛말이야. 임신도 전략적으로 해야 해. 특히 일하는 여자는 꼭 그래야만 해. 아이는 내 인생의 엄청난 사건이거든. 애를 낳는다는 건 직원을 뽑는 것과 똑같다고 했잖아. 어느 날 갔더니 뽑지도 않은 직원이 와 있어. 그러면서 월급을 달래. 월급 줄 돈도 없는데. 그러면 얼마나 괴롭겠냐고.

직원을 뽑을 때는 회사의 규모와 성장 가능성 등을 다 타진하면서 하잖아. 애 낳는 것도 마찬가지야. 낳기 전에 철저히 준비하라는 거지. 아이란 느닷없이 닥친 상황이 아니라 너무도 기다렸던 선물이 돼야 하는 거잖아. 그러려면 준비를 해야 해.

첫째, 애는 결혼한 다음에 낳아. 아무런 계획도 없이 무작정 애 낳고 결혼하는 일은 없도록 하라는 거야.

둘째, 현재 자기가 처한 상황을 봐야 해. 지금 사는 집이 아이 키우기에 적절하지 않지만 대신 열심히 노력하면 내년쯤이면 좀 더 나은 집으로 이사 갈 수 있어. 그럼 그때 낳아. 집 근처에 어린이집이 어디에 있는지도 알아보고 어린이집 가기 전 두 살까지 누구한테 맡길 수 있을지도 생각해. 두 살까지 내가 회사에서 육아휴직을 할 수 있는지도 알아보고.

애는 태어나자마자 '돈 먹는 하마'야. 자기한테 필요한 품목 리스트를 갖고 나오잖아. 우선 병원비부터 시작해서 양육하는 데 돈이 아주 많이 들어가. 인터넷 검색해보면 한 살, 두 살, 세 살 1년 단위로 얼마가 드는지 다 나와. 자기 밥그릇은 차고 나온다고? 다 옛말이야. 요즘 젊은 여자들 제일 무서워하는 게 애 교육비잖아.

뱃속에 있을 때부터 교육을 한다고. 그러니까 그 비용 계산하고 애를 낳으라는 거지. 특히 프리랜서로 일하는 여자들은 애 낳고 키우는 동안 10원도 못 벌어. 그래서 애 낳기 전에 죽으라고 일해서 돈을 모아놓아야 해. 나도 프리랜서잖아. 강사니까.

나는 애 낳기 전에 미리 계산을 했어. 애가 언제쯤 나오면 가장 좋을까. 가장 강의가 없는 시즌에 맞추는 거야. 우리 셋째는 2월에 낳았잖아. 1년 열두 달 중 2월이 강의가 제일 없어. 1월에는 신년강의를 해야 해서 아주 바빠. 그래서 2월에 낳고 3월까지 쉬는 거야. 셋째 낳을 때는 대학원에 다니고 있었기 때문에 대학원 복학 시기와도 맞췄어. 2월에 낳으니까 대학원을 딱 한 학기만 쉬면 9월에 복학할 수 있겠더라고. 이것저것 다 계산해서 셋째를 낳은 거지.

그리고 매달 들어가는 돈을 생각해봤어. 당시에 보험료랑 적금 엄청나게 들어가고 있었거든. 그런데 애 낳고 강의 쉬면 적금을 못 넣잖아. 나는 내가 버는 월급의 80퍼센트를 보험과 적금으로 부었어. 애 낳으면 돈은 못 버는데 보험금과 적금 들어가지, 또 애 낳으면 들어가는 돈이 장난 아니잖아. 그래서 계획을 세워서 애 낳기 전에 미리 악착같이 벌어놓은 거야.

물론 생활비는 우리 남편 월급으로 한다고 쳐도 그동안 내가 일하는 여자로서 반을 책임져 왔던 걸 무너뜨릴 수는 없잖아. 애 낳았다고 적금을 안 넣으면 안 되잖아. 내 인생에 적금 깨는 일은 없어. 나는 저축하는 순간부터 그 돈은 은행 돈이지 내 돈이 아니라고 생각하고 살아. 찾는 날 내 돈 되는 거지 중간에는 내 돈이 아니라고. 그러니까 적금도 안 깨면서 버텨내려면 미리 세팅해놓아야 한다는 거지.

애 낳으러 병원에 가기 전에 은행에 미리 돈도 넣어봐. 일 못하는 동안 알아서 공과금 빠져나가라고. 그리고 출산휴가 들어간다고 공지하고 다시 짠하고 나타나는 거야.

프리랜서가 좋은 게 뭐냐면, 임신했기 때문에 승진에서 빠지는 일은 없어. 자기 스스로 알아서 승진하니까. 대신 프리랜서들은 경력 관리가 철저해야지. 관리해야 하는 곳이 직장이 아니라 내가 거래하는 모든 곳이기 때문에 더 치밀하게 경력 관리를 해야 해. 그래야 임신과 출산 때문에 들락날락하는 동안 고객이 떨어져 나가지 않게 돼.

셋째, 제발 번호표 뽑고 임신해. 우리 팀에 결혼한 지 1~2년 되는 여직원이 세 명이야. 그러면 그 팀 상사는 바짝 긴장해. 애들이 한꺼번에 임신할까 봐. 회사로서는 그것처럼 큰 재앙이 없거든.

"저 임신했는데요."

부장이 한 달 간격으로 세 명한테 이 얘기를 들어봐. 아마 까무러칠걸? 이건 무책임한 거야.

승진하고 두 달 뒤에 임신해

〰〰〰〰〰〰〰〰 우리 회사 직원들은 거의 여자들이야. 가임기 애들이 많아. 그래서 나는 새해가 되면 물어봐.

"올해 애 가질 사람?"

'생기면 낳지'가 아니라 미리 계획을 세워서 제발 손을 들라는 거야. 우리 회사 애들은 실제로 손을 들어. '그럼 얘가 올해 애를 가지는구나. 나는 6개월 후나 1년 후에 가져야겠다'고 하면서 서로 받쳐주는 거야. 애들이 동시에 출산휴가 들어가면 나는 새로운 인력을 뽑을 수밖에 없어. 그러니까 번호표 뽑고 서로 도와주면서 자기 직장과 일터를 지켜. 임신 6개월 늦춘다고 큰일 나지 않잖아.

얼마 전 우리 회사에 들어오고 싶어 하는 애가 하나 있었어. 면접 봤는데 괜찮더라고. 그래서 뽑기로 했어. 콘텐츠 개발하느라 밤새 일하는 때도 많은데 열심히 하겠대. 그렇게 얘기가 다 됐는데 느닷없이 메일이 한 통 왔어. 어제 임신했다는 걸 알았다는 거야. 임신한 상태에서 일하기에는 자기가 몸이 약하다며 너무 죄송하게 됐대. 정말 안타깝더라고. 우리 회사 들어와서 6개월 정도 일한 다음 애를 가졌으면 얼마나 좋아. 어떤 사람들은 아직도 이렇게 말해.

"애 낳는 건 가장 자연스러운 인간의 본성이고 하늘이 준 선물이기 때문에 인위적으로 조절해서는 안 된다."

그런데 그렇지 않거든. 사회라는 건 구성원들의 배려와 도움 없이는 돌아갈 수 없어. 서로 맞출 수 있다면 최대한 맞춰주는 게 옳아. 그리고 내가 여직원 대상 강의 때 꼭 하는 말이 있어.

"승진 직전에는 애 갖지 마라."

예를 들면, 대리 승진하고 두 달 후에 애를 가지라고. 그게 너한테도 좋고 회사에도 좋아. 내년에 대리로 승진하려면 올해 인사고과가 잘 나와야 하는데 임신을 했어. 임신하면 예기치 못한 일이 생길 수 있거든. 애가 착상이 잘 안 될 수도 있고 거꾸로 설 수도 있어. 그것 때문에 병원에 2주 정도 입원해 있어야 할지도 몰라. 애 때문에 얼마나 많은 변수가 생기는지 모른다고.

게다가 출산휴가 다녀오면 일한 게 없잖아. 인사고과를 잘 줄 수 없지. 상사로서는 애가 없는 동안 그 자리를 메운 동료한테 더 줘야 하잖아. 그러니까 승진 직전에 임신하지 말고 대리 승진한 다음에 가지라는 거야. 경제적인 준비 다 해놓고 말이야. 조금 더 욕심 있는 애들은 중요한 프로젝트 하나 마무리하고 그걸로 특진한 뒤 애 갖더라고. 얼마나 현명한 여자냐는 거지.

자신 있게 배 내밀면서
직장 다니자

──────〜〜〜〜〜〜〜 내가 아는 사람 중에도 그런 여자가 한 명 있어. 승진 시기 싹싹 피해 가면서 자기 커리어도 지키고 그러면서 셋을 낳더라니까.

"대단하다. 독하다."

내가 그렇게 말했더니 자기는 욕심이 많대. 커리어도 지키면서 아이 낳을 생각을 하니까 딱 감이 오더라는 거야.

'첫째 낳을 때는 사원, 둘째 낳을 때는 대리, 그리고 대리 말년에는 셋째를 낳고……. 그러면 애들이 클 때쯤 과장 소리 듣겠구나.'

그렇게 전략을 세워서 임신하니까 상사한테 아쉬운 소리도 할 필요 없대.

"저, 셋째 임신했어요."

"또?"

"애초에 셋은 낳으려고 생각했기 때문에 어쩔 수 없어요. 회사에 좀 미안하긴 하지만 애 낳고 오면 두세 배는 더 열심히 일할 거니까 걱정하지 마세요. 저는 체질상 입덧은 한 달 하고요. 막달 되면 기운이 뻗치니까 신경 쓸 일 없어요."

애는 그런 식으로 아이 엄마로서의 계획과 회사 계획을 조화롭게 맞춰갔던 거야. 그러니까 애가 애 낳는 거에 대해 부장도 아무 소리 못 하지. 나는 여자가 직장 다니면서도 애는 둘 정도는 낳아야 한다고 생각해. 승진에 걸림돌 되지 않게 싹싹 피해 다니면서.

보통 승진하려면 5년은 걸리잖아. 그러려면 애는 두 살 터울로 낳는 게 좋아. 낳을 때 확 낳아버려. 그래야 시어머니한테도 좋아. 시어머니 한 살이라도 젊고 건강하실 때 빨리 낳으라고. 나도 그러지 못해 후회했어. 시어머니는 자꾸 나이 들어가시는데 애 봐달라고 하기가 정말 미안했지. 우리 시어머니도 그러시는 거야.

"내가 한 살이라도 젊었을 때 셋을 한꺼번에 낳아주지 그랬냐."

어차피 일하는 여자들은 누군가의 손을 빌려 애를 키워야 해. 그러니까 가장 좋은 상태와 효율적인 상황을 미리 만들어놓으라는 거야.

두 살 터울로 낳으면 낭비도 없어. 젖병도 그대로 쓰고 보행기도 그대로 쓸 수 있어. 옷도 물려서 입으면 돼. 그러지 않고 3~4년이 지나면 그 아까운 걸 다 버리게 되는 거야. 애 키워본 사람들은 다 알아. 유모차는 얼마나 비싼지, 장난감은 또 왜 그렇게 비싼지, 세상에 애 옷이 어른 옷보다 더 비싸. 천이 반밖에 안 들어간다고 값도 반이라고 생각하면 오산이야. 순면이라 더 비싸.

그렇게 애를 몇 살 터울로 가질 것인가까지 미리 계획하는 게 좋아. 그래야 안정적인 상태에서 애도 더 잘 키우고 내 커리어도 당당히 지킬 수 있어. 아이는 여자가 태어나서 받는 가장 당당한 선물이어야 해. 우리 미안하게 애 낳지 말고 자신 있게 배 내밀면서 직장 다니자. 알았지?

전 직원이 손뼉 치는
출산휴가 만드는 법

━━━━〰〰〰〰〰〰〰〰 일하는 여자는 출산이 다가오면 준비할 게 많아. 우선 나 없는 3개월 동안 누가 내 일을 맡을지 정해야지. 후임자가 누군지도 모르는 상태에서 애 낳으러 가면 안 돼.

"부장님이 알아서 하겠지, 팀장님이 하겠지."

그러지 말고 상사랑 의논해야 해. 내가 없어도 마치 있는 것처럼 회사 일이 돌아갈 수 있도록 하고 가란 말이야.

우리 회사의 최 이사는 자기가 없어도 되게끔 모든 것을 매뉴얼화해놓고 출산휴가를 갔어. 회사 파일이란 게 자기가 보기 좋은 형태로 정리돼 있잖아. 그걸 다른 사람이 보기 좋은 형태로 다 바꿔놓은 거야. 갑자기 어떤 자료가 필요할 때 얘한테 군이 전화하지 않아도 컴퓨터 켜면 다 찾을 수 있도록 만들어놨더라고. 그리고 자기가 없는 동안 일을 맡아줄 후배에게 계속 밥 사고 선물도 사줬어. 후배가 일하면서 투덜거리지 않도록 말이야. 너도 그냥 들어가지 말고 동료한테 꼭 밥 한번 사.

"저, 내일부터 출산휴가 들어갑니다. 여러분이 저 때문에 고생하실 텐데 오늘 제가 밥 살게요."

그러면서 멋지게 한턱 내고 들어가는 거야. 그리고 애를 낳으면 회사에 알려야 해. 요즘 애들은 자기 애 낳았다고 친구들한테는 일일이 전화하면서 회사에는 안 하더라고. 그러지 말고 회사에 알려야 해.

'무탈하게 애를 잘 낳아야 할 텐데…….'

애를 잘 낳았는지 가장 궁금해하는 사람은 회사 팀장이야. 제일 걱정하는 사람이 바로 직속 상사라고. 여직원이 6월 30일에 출산휴가 들어가서 10월 2일에 출근하기로 했어. 그러면 팀장은 애가 과연 10월 2일 나올까 궁금해하면서 3개월을 보내.

"애 낳고 보니까 제가 없으면 안 되겠어요. 죄송하지만 새로 사람 구하셔야 할 것 같아요."

이런 전화 올까 봐 속이 타는 거야. 그런 경험을 몇 번 해본 팀장들은 솔직히 마음의 준비를 하고 있어. 그래서 애 낳으면 꼭 회사에 전화하고 출산휴가 중이더라도 상사한테 전화하라고.

꿈꾸는 커리어우먼에게
쉼표는 없다

~~~~~~~~~~~~~~~~ 내가 최 이사한테 감동한 것도 바로 그 점이야. 애 낳고 바로 5분 후에 최 이사 남편한테 전화가 왔더라고. 아내가 예쁜 딸을 순산했다고. 다 대표님이 걱정해주신 덕분이라고. 최 이사가 시켰겠지. 직접 전화한 것보다 더 감동이었어. 바로 쫓아가서 축하해주고 '무용담'도 들어줬지. 여자들끼리 제일 재밌는 토크 중 하나가 애 낳을 때 무용담이잖아.

"제가 분만실로 들어갔는데요. 애는 나오려고 하는데 세상에 이 남자가 담배 피우러 가고 없는 거예요. 탯줄을 누가 잘라야 하나 걱정하며 울고불고하는데 그제야 나타나는 거 있죠?"

이런 얘기처럼 재미있는 게 없다고. 이런 무용담 말할 때는 막 애를 낳은 여자인가 싶어. 하도 기운이 넘쳐서. 그런데 전화를 해야 이런 얘기도 들어주고 선물도 사다 주고 할 거 아냐.

3개월 동안 전화 한 통 없는 여자들 많아. 그럼 안 돼. 출산휴가 중이지만 이 회사 직원이잖아. 최 이사한테서는 전화가 자주 왔어. 사실 애 낳고 나면 전화할 정신이 없거든. 애 낳고 젖 먹이다 보면 하루가 어떻게 가는지도 몰라. 애는 울지, 기저귀 갈아줘야지, 젖 불면 짜내야지. 그런데도 최 이사는 이틀에

한 번씩, 자기가 정신없을 땐 일주일에 한 번씩 전화해서 회사 상황을 점검하는 거야.

"대표님, 별일 없으시죠?"

부하 직원들한테도 전화해서 별일은 없는지 일일이 점검하는 거야. 그러니까 얘가 없어도 늘 있는 것처럼 느껴지지. 출산휴가 중인데도 마치 중국으로 3개월 출장 간 것 같더라고.

그러다 회사 행사 때문에 갑자기 전화가 폭주하는 일이 생겼어. 그러자 최 이사가 지금 시간이 좀 있으니까 이틀 동안 자기가 전화를 받겠대. 애 좀 봐달라고 엄마를 불렀다는 거야. 그러면서 회사로 걸려온 전화를 자기 휴대전화로 연결해서 다 받더라고. 그렇게 하니까 얘는 휴가 간 게 아니라 회사에서 일하는 사람 같은 거지.

출산휴가 마치고 10월 2일에 출근을 했어. 그런데 아무도 최 이사가 출산휴가 다녀왔다고 생각 안 하는 거야. 복귀 축하 회식 안 했으면 몰랐을 정도로. 나는 최 이사처럼 출산휴가 갈 수 있으면 10번은 더 가도 좋다고 했어. 최 이사가 자리를 비운 3개월 동안 부하직원은 일을 주도하면서 성장할 기회까지 얻었잖아. 그런데 대부분 여자들은 이렇게 안 해. 3개월 동안 죽었는지 살았는지도 몰라.

심지어 전화 한 통 없이 출근하는 애들도 있어. 제대로 된 커리어우먼, 앞으로 리더로 성장할 애들은 출산휴가 때부터 싹수가 달라. 출산휴가도 하수처럼 쓰는 애들이 있고 고수답게 쓰는 애들이 있다는 거지.

지혜는 '최후의 무기'야

～～～～～～～～～ 언젠가는 너도 아이를 낳을 거잖아. 당당히 낳을 수 있도록 미리 세팅해놓으라고. 만약 업무도 마무리 안 해놓고 파일도 정리 안 해놓고 출산휴가 들어갔어. 급한 파일 찾을 거 있어 전화했는데 전화도 안 받아.

'출산휴가 중인데 왜 전화하고 난리야.'

그러면서 회사에 전화해서는 무슨 일이냐고 물어보면 그 애가 우리랑 한솥밥 먹었던 그 애인지 헷갈려. 정나미가 확 떨어져. 그렇게 3개월 있다 귀신처럼 나타나. 그러더니 1년 후에 다시 애 낳으러 가겠다고 그래.

"우리가 또 뒤치다꺼리해야 해요? 정말 짜증 나요."

다른 직원들이 안 그러겠냐고. 이렇게 만들면 안 된다는 거지. 조금만 노력하면 회사 내에서 축복받는 임신이 될 수 있잖아. 하기 나름이라고. 이렇게만 하면 여직원이 임신해서 출산휴가 쓴다고 해도 회사가 전혀 부담스러워하지 않아.

여자가 임신해서 출산휴가 내는 건 너무 당연해. 그래서 법으로 정해놓은 거 아냐. 그런데 법도 어떻게 할 수 없는 게 있어. 직장 동료들 간의 배려와 팀워크. 사람의 마음은 법으로 움직여지는 게 아니거든.

"법으로 출산휴가 정해져 있잖아. 3개월 동안 출산휴가 쓰는 건 당연한 거야. 어쩔래?"

그러지 말고 법 이상의 현명함을 발휘해보라는 거야. 지혜로운 사람은 법 이상으로 살아. 그러지 못한 사람들이 딱 법만큼만 살지. 조금만 센스를 발휘하면 회사가 출산을 장려하는 분위기를 얼마든지 만들 수 있어. '지혜'야말로 네 커리어를 지켜주는 '최후의 무기'라는 사실, 잊지 마.

출산휴가는 내 인생의
특별한 찬스!

아이를 낳는 건 인생 최대의 기쁨이지만 산
후조리가 여자한테 늘 행복한 건 아니야. 애 낳고 우울증도 많
이 걸려. 나도 경험해봤잖아. 물론 금방 극복했지만 일주일 정
도는 아주 우울했어. 특히 셋째 때 그랬어. 마흔 살에 늦둥이를
가지니까 더 그랬던 거 같아.

게다가 여자들이 아이를 낳으면 신체적인 변화가 많이 생기
잖아. 내 자식 낳았다는 기쁨은 며칠 못 가. 온몸은 불어터져
있는데 계속 노동에 시달려야 해. 샤워도 못해 찝찝해 죽겠는
데 애는 젖 달라고 울고불고. 그래도 초유는 꼭 먹여야 할 거
아냐.

젖 먹이는 게 보통 힘든 일이 아냐. 엄마만 힘든 게 아니라 애도 힘들어. 젖 먹고 나면 땀을 쫙 흘리잖아. 애가 힘들어도 먹겠다니까 엄마도 죽을힘을 다해 먹여야지. 세 시간마다 먹여야 해. 거의 잠을 못 잔다는 얘기지. 그건 누가 대신해줄 수도 없어. 그래서 졸다가 애 떨어뜨릴까 봐 발밑에 이불 겹겹이 펴놓고 먹이잖아.

게다가 미역국도 한두 번이지 계속 먹으면 토할 것 같아. 어느 날은 내가 미역국 먹으면서 울고 있는 거야. 셋째 낳고 일주일 정도 지났을 때였어. 우리 남편은 옆에서 육개장을 먹고 있었는데 갑자기 목구멍까지 욕이 차올라.

'나쁜 놈, 나는 들통에 하나 가득 끓여놓은 미역국 몇 날 며칠 데워서 먹이면서 자기는 맛있는 육개장 먹고.'

다들 얄밉고 섭섭한 거야. 또 매운 것 먹으면 안 된다고 김치도 안 줘. 옆에서는 시어머니가 한 술 더 뜨고.

"얘야, 젖 많이 나오게 두 그릇 먹어라."

내가 젖소냐고요, 미역국 먹고 젖 짜게. 그러다 왈칵 눈물이 나오더라니까. 한 달 전까지도 신나게 일했던 여자가 갑자기 모든 게 싫어지고 서러워지면서 우울증에 빠진 거야.

남편이 회사 갔다 온대서 그러라고 하는데 거울 속의 내 모습이 보였어. 세상에, 내가 윗옷 단추를 두 개나 안 잠근 거야.

젖 먹이느라 가슴을 풀어헤쳐 놓은 채 미역국을 퍼먹고 있었던 거지. 아…… 어찌나 비참하던지.

게다가 몸은 너무 뚱뚱해. 애가 나왔는데 몸무게는 그대로야. 머리에는 개기름이 좔좔 흘러. 그런데 남편은 그대로야. 몸도 총각 때랑 똑같이 늘씬하고 변한 게 없어. 나만 변한 거지. 출근한다고 향수 뿌리고 있어. 은근히 의심도 들어. 저거 뿌리고 어디 가나 싶어서.

"오늘, 퇴근하고 누구 만나?"

"응, 고객 만나서 술 한잔 하고 좀 늦을 거야."

그 얘기 듣는 순간 '혹시 여자들도 같이 가나?'라는 생각부터 들어. 나같이 불어터진 아줌마 말고 늘씬한 미녀들 말이야. 내가 점점 미쳐가는 것 같아. 저녁 늦게 남편이 돌아오면 또 물어봐.

"저녁에 뭐 먹었어?"

"응, 초밥."

그러면 나도 초밥이 너무 먹고 싶은 거야. 예전 같으면 나가서 사먹었을 텐데 이 몸으로 나갈 수도 없잖아. 자기 혼자 초밥 먹고 온 남편만 얄미워 죽겠는 거지. 이런 내가 이상하다는 걸 알면서도 한번 우울해지니 걷잡을 수가 없었어.

몸조리만 하지 말고
정신도 조리해

〰〰〰〰〰〰〰〰〰 그렇게 한 달이 지나니까 아침, 점심, 저녁이 구분이 안 가. 집에 갇혀서 세 시간마다 수유하니까. 사람이 아침에는 일어나고 점심 때는 일하고 저녁때는 자야 하잖아. 그런데 세 시간마다 수유를 하니까 24시간 끊임없이 일하는 거야. 그것도 나 혼자서만 말이야.

하루는 너무 피곤해서 남편한테 애를 좀 봐달라고 했어. 그런데 피곤하다며 자. 나는 3시간마다 깨서 젖 먹이느라 힘들었는데 이 남자는 나를 집에서 쉰 여자로 생각하는 거야. 억울해서 분통이 터져. 이대로 계속 살아야 한다면 미치겠는 거야. 애 낳은 지 한 달쯤 되니까 안 되겠다 싶어. 남편한테 나 데리고 어디 좀 가달라고 했어. 그때가 2월이니까 추웠지.

우리 시어머니가 찬바람 들면 큰일 난다고 꽁꽁 싸매고 나가래. 옷 입으려고 보니까 맞는 옷이 없어. 할 수 없이 우리 남편 와이셔츠를 걸쳤어. 퉁퉁 부은 얼굴에 화장하니까 중국 경극 배우 같더라고. 그리고 간 곳이 호텔 뷔페야. 미역국 말고 다른 음식을 먹는 게 소원이었거든. 호텔 뷔페 같은 데는 분위기 좋잖아.

"애가 오늘 젖은 잘 먹었나?"

샹들리에 불빛 아래서 밥 먹으면 적어도 그런 얘기는 안 하잖아. 그러고 나니까 살 것 같은 거야. 그래서 일주일에 한 번씩 호텔 뷔페 가서 밥 먹었어. 그게 내 정신건강에 얼마나 도움이 됐는지 몰라.

그러니까 너도 집에 갇혀서 구질구질한 네 모습 보면서 우울해하지 마. 하루만이라도 잘 차려입고 레스토랑 가서 사람도 보고 맛있는 음식도 좀 먹으라고. 그것만으로도 충분히 행복해져.

뷔페로 우울증을 가라앉힌 후, 예전의 활기찬 모습으로 돌아가려면 어떻게 해야 할지 고민하기 시작했어. 결론은 책이었지. 남편 출근 전 새벽 4시에 일어나 7시까지 책을 집중해서 읽으니 얼마나 잘 읽히던지. 『여성 마케팅』이 그렇게 해서 태어난 작품이야. 그 프로그램 덕분에 몇 년 동안 우리 회사가 잘 먹고 잘살았잖아.

동영상 편집 프로그램도 독학으로 배웠어. 처음에는 비디오로 찍어놓은 우리 딸 모습을 동영상으로 남겨놓고 싶어 배우기 시작했지. 윈도 무비메이커로 편집하고 음악 넣고 혼자서 이리저리 해보면서 터득했어. 이 아까운 걸 그냥 썩힐 수 없지.

'모든 취미는 자본으로 탈바꿈하라.'

내 지론이야. 『여성 마케팅』 프레젠테이션에 들어가는 동영상 열 편을 다 내가 만들었어. 출산휴가 동안 파워포인트와 동영상 편집까지 전부 숙달한 거야. 그처럼 출산휴가가 나에겐 얼마나 의미 있는 시간이었는지 몰라. 출산휴가 끝나고 나니까 너무 뿌듯해. 해놓은 게 너무 많아서. 직장생활 하든 안 하든 여자들 대부분은 산후조리 동안의 기억이 썩 좋지 않아. 그래서 나는 이 세 가지를 꼭 하라고 말하고 싶어.

첫째, 우울증에 빠지지 않도록 조심할 것. 그래서 일주일에 한 번씩은 잘 차려입고 좋은 곳에서 밥도 먹고 영화도 꼭 보러 갈 것.

둘째, 머물지 말고 전진할 것. 산후조리 중이지만 24시간 몸만 추스르고 있지는 않잖아. 몸조리가 아니라 정신조리를 하라는 거야. 특히 책을 많이 읽는 게 좋아. 책을 읽는다는 것만으로도 정신이 전진하는 거니까. 그렇지 않으면 한 군데에 고여 썩어. 그래서 더 우울한 거라고.

셋째, 재미있고 새로운 걸 시도할 것. 동영상 편집을 배운다든지 블로그를 만들어서 아이 사진 올리고 글 쓰면서 세상과의 소통을 시작해봐. 나중에 생각하면 상당히 보람 있는 일이 될 거야.

출산 후 다이어트,
자존심을 걸고 성공시켜라

～～～～～～～～ 더불어 산후조리 끝나고 꼭 해야 하는 게 바로 다이어트야. 죽기 살기로 해야 해. 이 출렁거리는 살, 양손으로 한 움큼 잡히는 배. 왜 그런 출산의 흔적을 달고 사느냐고. 그럴 때 남편과 자면 자부심도 떨어져.

'이 남자가 좋아서 하는 걸까? 뚱뚱해서 하기 싫은데 아내니까 해주는 걸까?'

그런 의심이 드는 거야. 섹스는 잘난 척하면서 해야 하는 거잖아. 남자들도 마찬가지야. 꼭 물어보잖아.

"오늘 좋았어? 나 잘하지?"

그렇게 잘난 척하면서.

"못하지만 한 번만 봐주라."

그렇게 말하면서 하는 인간은 없잖아. 아내도 마찬가지야. 자부심 느끼면서 해야 해.

"애 낳고 뚱뚱해진 게 내 잘못은 아니잖아. 임신해서 살이 찐 건 아이를 위해 그런 거잖아."

누가 뭐래? 남편은 괜찮다고 하잖아. 내가 스스로 못마땅한 거지. 배는 눌러보면 풍선처럼 물컹물컹해. 이 물컹물컹한 배에 남편 손이 닿는 게 창피해. 자존심 상해.

"야, 괜찮아."

남편이 그렇게 말해도 자꾸 신경이 쓰이고 안 만졌으면 좋겠어. 그런데 잠자리하다 보면 다 만지게 되잖아. 여기 얹어진 남편 손 떼어내고 저기 얹어진 남편 손 막아내고 그러다 보면 기분이 확 나빠져서 하기가 싫어져.

정말 많은 여자가 이런 의문을 품더라고. 애 낳고 나서 남편과 처음 잠자리를 했을 때 예전과 달라졌을까 봐 불안해 죽겠는 거야. 그래서 남편한테 물어봐.

"자기야, 나 옛날이랑 똑같아?"

얼마나 불쌍하냐고. 남편이 아무리 똑같다고 말해도 소용없어. 이미 아닐 거라고 단정했으니까. 그러면서 어떻게 사니? 내 경험에 비춰보면 뚱뚱할 때는 꼭 물어보게 되더라고. 하지만 다시 날씬해지고부터는 안 물어봐. 모든 게 자기 자부심으로부터 출발하는 거야.

내 몸에 자부심이 있으면 세상만사 다 신나게 가는 거야. 독하게 맘먹어. 무리하지 않는 선에서 건강하게 살 빼는 방법도 얼마든지 있어. 건강하게 하는 단식도 있고 채식 다이어트도 있어. 하지만 절대 빼놓지 말아야 할 게 운동이야. 처음에는 몸이 힘드니까 가벼운 스트레칭이나 요가나 걷기 같은 운동으로 시작하는 거지. 그래야 다이어트는 물론 회복도 빨라져.

사실 임신과 출산은 여자를 강하게 만드는 최고의 극기 프로그램이야. 생각해봐. 임신 후 찾아오는 심경의 변화, 배가 불러 예전 옷이 맞지 않을 때의 속상함, 만삭이 되면 걷기도 힘든 고통, 그렇게 열 달을 보내고 애가 태어날 때의 산고, 출산 후 우울증, 아무리 힘들어도 세 시간마다 깨서 젖 먹여야 하고 애한테 사랑한다고 거듭 말해줘야 하잖아.

미역국 먹다 울고, 인생에서 가장 큰일을 해냈지만 뚱뚱해져 있는 내 모습을 보고 한심하게 느끼고, 남편이 배에 손 올리면 자존심 상하니까 죽기 살기로 다이어트해서 살 빼고. 살면서 이런 다양한 감정과 힘든 몸 상태를 경험하기가 어디 쉬워? 세상 어디에도 이것처럼 독한 극기 프로그램은 없는 거야.

세상에서 제일 강한 여자는 너야

~~~~~~~~~~~~ 그래서 난 임신과 출산이라는 극기 프로그램을 이겨내고 강한 여자로 다시 태어나기 위해 작전을 짜라고 말하는 거야. 앞서 말했듯 산후조리 중에 우울증에 빠지지 않기, 전진하기, 재미있고 새로운 것 배우기. 이 세 가지 작전을 잘 수행해. 살도 쫙 빼고. 그럼 출산휴가가 끝나고 다시 사회로

복귀할 때 개선장군이 되는 거야. 처녀 때 날씬한 여자보다 애 낳고도 날씬하고 정신력 강한 여자가 더 매력 있어.

산후조리 기간은 어찌 보면 여자한테는 엄청난 기회야. 임신 기간 중에도 입덧하면서 일할 거 다 하고 출산휴가 들어가기 전에 마무리 깔끔하게 하고 들어가. 출산휴가 끝나자마자 괜찮은 프로젝트 하나 있다고 입에 거품 물고 얘기해. 6개월 뒤에는 살을 쫙 뺐어. 그런 여자만큼 독한 여자가 어디 있냐고.

"쟤, 엄청나게 독한 애야. 함부로 건드리면 안 돼."

주위 사람들이 절대 함부로 못 건드리지. 산후조리 기간은 나라는 존재를 세상 만천하에 알릴 수 있는 찬스야. 자, 이제 우울증은 확 벗어 던져버려. 이건 기회야!

남자의 육아 나이를
키워라

"낳아보고 얘기해라."

엄마들이 이런 말 많이 하지. 그런데 이 말을 바꿔야 해.

"길러보고 얘기해라."

아이 키우는 게 너무 힘들거든. 여자들이 많이 고민하는 게
뭐냐면, 애는 몇 살까지 엄마가 필요한가야. 물론 누구에게나
엄마는 평생 필요하지. 마흔다섯 살 먹은 남자도 엄마가 필요
해. 하지만 애들한테 엄마가 가장 필요한 시기는 정서 발달이
이루어지는 네다섯 살까지야.

첫째 애가 다섯 살 되는 동안 둘째 애 생기지. 둘째 애가 다
섯 살 되면 엄마는 마흔 살이 돼. 경력 단절된 지 10년 넘은 주

부가 마흔 살 돼서 다시 직장생활 하기는 쉽지 않지. 나는 애가 다섯 살 때까지 엄마가 꼭 필요하다는 확신이 들면 직장을 포기하는 게 옳다고 생각해. 회사 일도 제대로 못하고 아이도 제대로 못 키울 바엔 직장 그만두고 전업주부로서 육아에만 전념하는 게 좋아.

그런데 결혼해서 살다 보면 여자의 육아 의지를 처참하게 꺾는 사건이 벌어져. 애 낳고 퉁퉁 부어서 산후조리하러 들어가면서부터 꼬이기 시작해. 남자들이 이런 식이거든.

"애는 낳은 사람이 길러야지."

그래, 밥도 밥통 산 사람이 하게 돼 있어. 그래서 내가 늘 여자들한테 밥통 사지 말라고 해. 남자가 직접 골라서 사게 하라고. 농담 아냐. 쇼핑 때 적극 의견 낸 만큼 참여하게 돼 있다고.

육아는 본능이 아니라 훈련이다

～～～～～～～～～ 물론 임신부터 출산까지는 생물학적으로 여자가 하게 돼. 하지만 육아는 달라. 육아는 사회적인 거야. 육아를 여자만 해야 한다는 생물학적인 이유가 없다는 거지. 남자도 애 잘 키울 수 있어. 이혼하고 혼자 사는 남자들이 얼마나 애들을 잘 키우는지 몰라. 못할 게 뭐 있어. 걸레를 못 빠냐, 기

저귀를 못 가냐, 우유를 못 타냐, 놀이터를 못 데리고 나가냐? 튼튼해서 더 잘할 수도 있어. 다만 남자들이 자기 일이 아니라고 생각할 뿐이야. 육아에서 중요한 건 남자 여자가 아니라 누가 그 일에 더 훈련돼 있느냐는 거야.

여자가 임신했다고 애 키우는 방법까지 저절로 알게 되는 것은 아니잖아. 우유 잘못 타서 애 배탈 나게 하는 엄마도 있고, 애 목욕시키다 떨어뜨리는 엄마도 있고, 애 안을 줄 모르는 엄마도 있어. 여자도 학습을 통해 육아를 터득하는 거야. 남자도 이 학습에 참여해야 해. 육아의 반은 남자가 책임져야 한다고. 그게 힘들면 적어도 30퍼센트는 참여해야 해. 탯줄 잘랐다고 다 아빠가 되는 건 아냐.

무조건 남자도 육아에 참여해야 돼. 이건 일하는 여자나 그렇지 않은 여자나 마찬가지야. 일 안 하는 여자들도 남편을 육아에 참여시켜야 해. 일하는 여자도 일하지 않는 여자가 될 수 있어. 애한테 무슨 일이 생기면 직장 그만두게 돼. 일하지 않는 여자도 집안에 무슨 일 생기면 바로 일하는 여자가 될 수 있어. 그러니까 일하는 여자, 일하지 않는 여자 굳이 구분할 필요가 없다고.

아빠가 된다는 건 아이의 성장 과정을 지켜보고 그 과정에 참여할 때 가능한 거야. 엄마가 그냥 되는 게 아닌 것처럼. 육아는 그 아이에 대한 사랑의 역사야. 젖 먹다가 우유 먹고 이유식을 먹기까지의 역사는 정말 고단하고 힘들어.

그 시간을 온전히 애와 함께한 엄마는 애가 숟가락을 처음 입에 넣을 때 감격하는 거야. 애가 엄마 젖꼭지에 얼마나 애착을 보였는지, 얼마나 힘들게 젖을 떼고 이유식을 먹기 시작하는 건지 다 아니까. 얼마나 기특하고 사랑스러운지 몰라. 그래서 애가 한 살 한 살 먹어가는 건 축복이야.

이걸 모르면 아빠가 될 수 없어. 물론 이걸 모르는 여자 역시 엄마가 될 수 없어. 애를 누가 낳았느냐를 따지기보다 애의 성장 과정을 지켜보는 게 중요하다는 거야. 우리 셋째 딸은 남편이 거의 길렀어. 내가 너무 바쁠 때였거든. 남편과 막내딸은 찰떡궁합이야. 자기들끼리 통하는 게 무지 많아. 얘깃거리가 아주 많아서 어떨 때는 내가 왕따가 돼버려. 윤서가 뭐 찾을 때 아빠한테 물어보지 나한테는 안 물어봐.

"아빠, 내 장난감 어디 있어?"

그리고 길 가다가 "어, 여기 아빠랑 왔던 데야." 그러면 우리 남편이 훈장 단 것처럼 "당신은 모르지?" 하는데 그럴 때 얼마나 흐뭇한지 몰라. 우리 남편이 아이에 대해 얘깃거리가 많고 추억이 많다는 게 아주 좋아. 육아하면서 남자도 아빠가 됐다는 것을 느끼는 거야.

남편 살리는 '정의로운 싸움'에
목숨을 걸어

〰〰〰〰〰〰〰〰 남자가 육아에 참여하지 않고 여자만 애를 기르면 꼭 싸우게 돼. 연애할 때야 좋았지. 결혼하고 임신했을 때도 좋아. 그런데 남산만한 아내 배에 귀 갖다 대면서 좋아하던 놈이 왜 집에 와서는 애를 안 보냐고. 뱃속에 있을 때는 편했지. 애는 나오면서부터 사고뭉치야. 백일 때까지는 잠도 안 자고 울기만 해. 백일이 지나면 낫겠지. 그런데 백일 지나고 애가 기어 다니기 시작하면서 여기저기 부딪치면서 다니잖아. 계속 따라다녀야 해. 걷기 시작하면 더 가관이야. 책상 모서리에 부딪혀서 울고 넘어져서 울고……

자전거 타기 시작하고 인라인 스케이트 타기 시작하면 온통 위험한 것 천지야. 할머니들이 '애 봐주는 거 공 없다'는 말 많이 하시잖아. 애 잘 보다가 한 번 다치면 그 공이 다 없어지는 거라고. 엄마가 스물네 시간 계속 지키고 있어야 해.

예전에 엄마 다섯 명이 모여서 육아에 대해 수다 떤 적이 있어. 누가 한마디 하면 다들 맞아 맞아 난리가 난 거야. 한 엄마가 제발 자기는 화장실 문 좀 닫고 볼일 보고 싶대. 애가 기어 다니다 무슨 일이 일어날지 몰라 화장실 문도 못 닫는 거야. 그래서 누가 들어오다 보면 큰일인데도 문을 열어놓고 볼일을 보게 되는 거야. 더 심한 때도 있어. 애가 울고불고 난리가 났는데 갑자기 화장실 가고 싶어. 그러면 애를 안고 화장실 들어가서 무릎에 애를 앉혀놓고 볼일을 보는 거야.

이 지경인데 샤워라고 문 닫고 할 수 있겠니? 문 닫고 볼일도 못 보고 문 닫고 샤워도 못해. 혼자 조용히 샤워라도 하고 싶어서 온 종일 남편 기다리는데 이 남자가 안 오는 거야. 지쳐서 아이랑 곯아떨어졌는데 밤 12시에 들어와서 애 보고 싶다고 깨워놓네. 얼마나 신경질나겠어? 애 깨웠으면 자기가 봐야 할 거 아냐? 그러는 남편이면 업고 다니지. 10분 만에 애 팽개치고 코 골고 자는 거야. 웬수가 따로 없지. 도와주는 건 고사하고 애 울어 시끄럽다며 자기 혼자 작은방 가서 자는 거야. 이런 일이 계속되면 싸우기 시작하는 거지. 아주 유치한 싸움이 벌어져.

"내가 이렇게 살려고 결혼한 줄 알아?"

"누가 너더러 직장 그만두랬나?"

"그럼 애는 누가 키워?"

"다른 사람한테 맡기면 되지?"

"맡기면 제대로 키워주기나 한대?"

이런 식으로 밑도 끝도 없는 싸움이 시작되는 거야. 이쯤 되면 남편이 정말 '남의 편'이야. 남자들, '남의 편'이 되기 않기 위해 이것만은 좀 해봐. 제발 집에 일찍 들어와서 문 닫고 샤워할 시간 30분 주기. 일주일의 반 이상은 그렇게 해야 해. 그리고 적어도 한 달에 한 번은 아내가 친구들과 나가서 수다 떨 수 있도록 해줘야 해. 매일 집에만 있으니까 대화를 할 수 있는 사람이 없잖아. 남편은 늦게 와. 와도 자기 일에 바빠. 그래서 매일 애만 붙들고 얘기해. 애랑 하는 대화가 다 똑같지.

"으이구, 똥 쌌쩌?"

혀 짧은 소리로 애랑 하는 대화가 하루에 다섯 문장을 넘어가지 않는다고. 그러니 얼마나 대화를 하고 싶겠어? 그런데 모진 남편들은 뭐라고 하는 줄 알아?

"애 데리고 나가."

결혼 안 한 친구들은 애 데리고 나오는 거 싫어해. 대화가 안 되거든. 신나게 수다 떨다가도 중간마다 애를 보거든.

"우유 먹자. 쉬 하자."

대화가 되겠느냐고?

아내를 사랑해서 결혼한 거잖아. 그러면 결혼과 육아는 별개가 돼서는 안 돼. 내가 이 여자를 사랑해서 결혼하고 그래서 생긴 애니까 육아에 같이 참여해서 여자 힘든 걸 덜어줘야지. 아내가 밖에 나가서 수다 떨면서 기분 전환할 수 있게 애도 봐주고 그래야 부부지.

부부생활이란 게 초기 3년이 제일 중요해. 처음 세팅하는 기간 3년에 실패하면 평생 싸워. 이때 남편이 잘못하면 여자들 마음속에 앙금으로 남거든. 그때 이 남자가 나한테 그랬다는 걸 마음에 안고 사는 거야. 부부라서 용서한다고? 천만에. 부부라서 절대 용서 못하는 거야. 이 3년이 가장 갈등이 많은 시기야. 그래서 이 시기에 가장 이혼을 많이 하는 거라고. 일생에 한 번도 안 겪었던 갈등을 이때 다 겪는 거야.

육아 나이가
내 집안의 경쟁력이다

그러니까 남자들이 초기 3년 동안 적극적 여자를 도와주고 육아에 참여해야 해. 또 그게 진정한 아빠가 되는 과정이니까. 아이에게는 생물학적인 아빠 엄마가 필요한 게 아니라 자기의 성장 과정을 지켜보면서 기특하다고 말해줄 아빠 엄마가 필요한 거야. 그래서 애만 크는 게 아니라 아빠 엄마도 같이 성장하는 거지.

애가 세 살이 되면 아빠의 육아 나이도 세 살이 되는 거고 열 살이 되면 아빠의 육아 나이도 열 살이 돼.

"내가 낳았으니까 내가 애 아빠지."

이게 아니라고. 생물학적 나이가 마흔다섯 살인 남자가 있어. 육아 나이는 몇 살일까? 아마 한 살인 남자도 아주 많을 거야. 그러면 이 아빠는 애와 대화도 안 될 거고 자식에 대한 추억도 없을 거야.

이런 아빠는 애 문제에서 아내와 대화도 안 돼. 애에 대해 모르니까 합의를 이끌어낼 수 없거든. 그러니까 또 싸우게 되는 거지. 엄마는 육아 나이가 열다섯 살인데 아빠는 한 살이야. 대화가 되겠냐고? 한 살짜리 애가 제대로 말하는 거 봤어? 남편과 평생 싸우면서 고통받기 싫으면 남자의 육아 나이를 챙겨줘야 해. 그게 얼마나 중요한지 싸워서라도 가르쳐줘야 해. 하루에 30분, 1시간씩이라도 남편이 육아 나이를 먹을 수 있게 해줘야 한다고.

"다 큰 성인 남자를 어떻게 가르쳐요?"

안 그래. 가르쳐야 해. 남자도 여자도 애를 키우면서 함께 성장하는 거야. 육아 나이를 제대로 먹은 부부를 보면 인품이 달라. 하지만 생물학적 나이만 먹었지 육아 나이를 못 먹은 사람은 가족을 어떻게 사랑해야 하는지, 가족 내에서 내가 어떻게 살아야 하는지 전혀 몰라. 그러니까 남편과 싸워서라도 그걸 알려줘야 해.

월급 조금 갖다 주는 걸로 싸우지 말고 이런 것 가지고 싸워야 한다고. 다른 얘기 갖다 붙이지 말고 육아 문제 하나만 가지고 싸워. 내 가정이 바로 서기 위한 정의로운 싸움은 반드시 필요한 거야. 쓸데없는 걸로 싸우지 말고 의로운 싸움에 목숨을 걸라고!

남편의 파트너십을
훈련시켜라

‾‾‾‾‾‾‾‾‾‾‾‾‾‾‾‾‾‾‾‾‾ 결혼하면 남편이란 사람이 생겨. 이게 나에게 겐 어떤 의미일까 생각해봤어? 남편이란 사람이 내 인생으로 들어온 거야. 내가 내 인생을 그에게 던져준 게 아니라고. 그런데 많은 여자는 결혼이 자기 인생을 누군가에게 던져준 거라고 생각해.

상의해서 결정할 것과 무조건 해야 하는 것을 구분하지 못하는 거야. '오늘 반찬 뭐 할까?'는 함께 상의할 일이지만 '나 직장 다녀도 돼?'는 상의할 게 아냐. 되게 하여야 하는 거지. 남편도 내가 일할지 말지를 결정할 수 없어. 내가 제일 화가 나는 얘기가 뭔 줄 알아?

"남편이 일하라고 하면 하고요."

네가 남편 좋이냐? 네가 하고 싶으면 하는 거지. 네 인생을 사는 건 너잖아, 남편이 아니고. 남편은 네 목표를 향해 가는 와중에 파트너로 만난 거야. 파트너랑 협업해서 너도 일 잘하고 남편도 일 잘하는 시스템을 만들어야 옳지, 남편이 허락하면 일한다고?

그런 애들 보면 정말 성질 나. 그런 생각이 조금이라도 있다면 남의 회사 들어가서 분위기 망치지 말고 직장 그만두는 게 나아. 그리고 두 번째로 화나는 말.

"남편이 집안일 잘 도와주세요?"

TV에서 많이 하는 질문이잖아. 남편이 집안일을 '도와준다'고? 남편이 선심 쓰는 거야? 결혼계약서에 청소는 여자가 해야 한다고 쓰여 있지 않잖아.

얼마 전에 방송에 나갔는데 또 물어보더라고.

"원장님은 강의 다니느라 바쁘신데 남편께서 많이 도와주시나요?"

딱 대답하기 싫더라고. 그래서 대답을 안 했더니 또 묻는 거야. 보통 때 같으면 확 성질 부렸을 텐데 방송이라 그러지는 못하겠고. 그래서 이렇게 말했지.

"우리 집안일인데 당연히 해야죠."

아나운서가 황당해하더라고. 바깥일은 남자가 하고 집안일은 여자가 하도록 정해져 있는 게 아니잖아. 남자 여자 똑같이 밖에서 일해. 그럼 집안일도 똑같이 해야지. 남편이 밥 먹으면 나도 밥 먹고 남편이 속옷 벗어놓으면 나도 벗어놓는 거잖아. 남편에게도 아내에게도 집은 재충전의 공간이야. 충전하기 위해 둘이 어질러놓는 공간이라고. 둘이 어질렀으면 둘이 같이 치우는 건 당연한 거야. 남편도 치워야 하는 게 맞는 건데 그게 뭐 대단한 일이라고. 그것도 30대 초반 애들이 그러는 거야.

"우리 남편은요. 집안일을 너무 잘 도와줘요."

세 번째로 싫은 건 우리 남편이 어디 가서 나를 꼭 '집사람'이라고 소개하는 거야. '집사람'이라는 게 '집안일은 여자 것'이라는 말이잖아. 그러면 나는 남편한테 막 따지지. 내가 집에 있는 거 봤냐? 당신이 집에 있으면 집사람 되는 거냐? 남편이 기가 막힌 듯 나를 한참을 쳐다봐. 그러지 말고 이렇게 말할 수도 있잖아.

"제 아내입니다."

그렇게 남자로서 만들어진 용어도 많아. 별걸 다 따진다 싶지? 나도 웬만한 건 다 그냥 넘기고 살고 싶어. 그런데 하나둘 밀리기 시작하면 숨이 턱에 차도록 뛰어도 남는 건 불만뿐이야. '루저' 되는 거지.

제발 '종 발상'을 버려라

～～～～～～～ 남편한테 네가 '종'이라는 인식을 심어주면 절대 안 돼. 이런 얘기 들으면 시어머니가 화내겠지? 우리 시어머니도 그랬어. 그래서 설득시켰지. 나도 일하고 이 사람도 일한다. 내가 이 남자한테 불만을 가져서 싸우길 원하시는 건 아니지 않느냐. 그럼 우리 스타일대로 살게 놔둬라. 이런 얘기 하는 며느리가 드물었을 때야. 우리 시어머니도 엄청나게 충격 받으셨지.

그래도 난 했어. 내가 바꾸지 않으면 내 딸의 삶도 바뀌지 않을 거로 생각해서 죽기 살기로 싸운 거야. 우리 남편이 늘 얘기하는 게 자기 늙으면 일하는 여자 남편이 어떻게 살았는지 처절한 자서전 한 편 쓴다는 거야. 어떻게 세뇌당하며 살아왔는지 다 쓰겠대.

이 남자가 가만 보니까 다른 남자들은 안 그러고 사는 거야. 다른 남자들은 '뜨신' 밥 먹고 살고 집에 들어오면 손 하나 까딱 안 하고 사는 것 같은 거야. "물!" 하면 아내가 물 갖다 주고 "리모컨!" 그러면 리모컨 갖다 주고 자기 아내를 종처럼 부리면서 사는 거지. 남편의 권위를 그런 데서 찾는 거야.

그래서 내가 이렇게 말했어. 우리는 친한 친구처럼 살지 않냐. 기쁠 때 함께 기뻐하고 힘들 때 서로 위로해주지 않느냐. 외국 출장 갔다 오는 길에 내가 좋은 넥타이도 사다 주고 강의 나가서 홍삼 선물 들어오면 당신 다 챙겨주지 않느냐. 추석 선물 30개, 50개 들어오지 않냐. 보통 여자들은 이렇게 선물 많이 받아오지 않는다. 파트너와 살면서 삶의 질이 달라졌다고 생각해라. 이렇게 '꼬시는' 거지.

그리고 이런 말도 했어. 집안 청소와 육아 등 모든 집안일은 착해야만 할 수 있다. 당신이 착하니까 하는 거지 아무나 못한다. 사실 그렇거든. 집처럼 착한 공간이 어디 있어? 집이라는 공간은 착한 가족이 서로 배려하고 아껴주며 사는 곳이잖아.

우리 남편은 아침에 이불 개는 것부터 방청소, 설거지까지 못하는 게 없어. 입었던 옷도 빨래통에 알아서 집어넣고 베란다 물청소도 '싹' 해놔.

중요한 건 습관이야. 습관을 들여놓으면 알아서 하게 돼 있어. 중학생 아들 방청소시키는 것과 똑같은 거라고. 원래 못하는 게 아니라고. 혹시 안 할 수 있나 해서 결혼했다가 아! 해야 하는 거구나 하고 발상만 전환하면 되는 거야.

교육을 제대로 해놓으면 나중에는 자기가 알아서 하는 거야. 육아도 그래. 집에 들어와서 애들과 같이 책 읽기, 애들과 일주일에 한 번 팝콘 먹으면서 영화 보기. 훈련 돼 있는 남자들은 다 한다고.

여자들이 머릿속에서 깨끗이 지워버려야 할 말이 바로 "우리 남편이 많이 도와줘요"야. 그런데 이 말 하기 전에 '그래도'가 꼭 붙더라고. 못된 다른 남자보다는 '그래도' 자기 남자가 낫다는 건가?

"그래도 우리 남편은 청소는 해줘요."

"그래도 우리 남편은 빨래는 해줘요."

더 심한 애들은 이렇게 말해.

"그래도 우리 남편은 양말 벗어서 아무 데나 놓지는 않아요."

"그래도 우리 남편은 설거지통에 담그는 것까지는 해요."

그게 뭐가 기특해서 '그래도' '그래도' 하냐고. 초등학교 5학년 아들도 하는 걸 다 큰 남자가 하는 게 뭐가 기특해?

그런 식으로 '종 발상'을 하게 되면 남편이란 사람은 더 많은 것을 원하게 돼 있어. 사람은 통하는 대로 사는 거야. 아내를 종으로 부려도 그게 통하면 계속 그렇게 살게 돼 있어. 집에 들어오면 손가락 까딱 안 하고 뭐든지 요구만 하는 남편으로 5년 동안 살면 계속 그렇게 살게 되는 거야.

'파트너십 발상'만이
행복으로 가는 길

~~~~~~~~~~ 부부는 파트너십을 갖고 살아야 해. 누가 누구의 종이 아니라 동등한 인격체이고 서로의 파트너라는 생각으로 청소도 같이하고 설거지도 같이하고 육아도 같이하면서 집안을 이끌어나가는 거라고. 파트너십이 생기면 뭘 인정하게 되는지 알아? 아내의 6개월 출장을 인정하고 이해하게 돼.

그렇지 않고 '종 발상'을 하는 여자들은 남편한테 6개월 출장 얘기 꺼내는 게 쉽지 않아. 그리고 남편이 끝까지 반대하면 퇴사할 수밖에 없다고 생각해. 이런 집에서는 남자가 뭐라는 줄 알아?

"자기야, 나 6개월 출장 가."

그럼 바로 나오지.

"애는?"

애가 여자랑 같이 나오는 세트 메뉴냐? 툭하면 "애는?" 애를 데리고 가라는 거야? 그러는 이 남자는 출장 갈 때 애 데리고 갔느냐고?

이건 파트너가 아닌 거야. 6개월 출장을 이해 못해서 자기 아내 커리어를 망쳐버리는 남자라고. 그런데 문제는 여자가 자기 남편을 그렇게 만들었다는 거야. 결혼 초기부터 세팅을 잘 해 놨어야 해. 싸워서라도 만들어놨어야 한다고. 그래서 "나 6개월 출장 가." 이러면 "걱정 마. 애는 내가 돌볼 테니까 잘 다녀 와." 이렇게 나와야 하는 거야. 더 나아가서 자기 아내 2년짜리 MBA도 보내줄 수 있어야 해. 그게 파트너십이라고.

파트너십은 여자도 가져야 해. 내 남편한테는 궂은 일, 험한 일 안 생길 것 같아? 남편 회사가 갑자기 망했다고 쳐봐. 1~2년 간 집에 있어야 해. 파트너십을 가진 여자는 남편에게 도약을 위한 준비 기간을 줘. 돈도 못 벌고 온 종일 집에만 있다고 무시하지 않아. 살다 보면 안 좋은 일이 생길 수도 있고, 그런 일이 나한테도 얼마든지 생길 수 있다고 생각하니까. 아주 쿨 하고 건강한 부부관계지.

그런데 종처럼 살던 여자는 어떤 줄 알아? 남편이 집에 있어. 할 수 없이 자기가 돈을 벌어야 해. 그때부터 거꾸로 남편을 종으로 대하는 거야.

"집안 청소 안 하고 뭐 했나?"

"내가 온 종일 일하고 피곤해죽겠는데 청소까지 해야 해?"

"당신은 옛날에 손 하나 까딱 안 하고 살았잖아."

이게 부부야? 적이지. 그런데 많은 사람이 이렇게 산다고. 나는 이렇게 살기 싫어서 싸움을 시작한 거야. 남편과 싸우고 대한민국 500년 역사와 싸운 거야. 내 남편은 그 샘플이 되어 고생한 거고. 나는 우리 남편이 가끔 불쌍할 때도 있어. 나란 여자와 결혼하기에는 너무 일찍 태어난 거지. 한 30년 후에 태어났으면 좋았을 것을. 어쩌겠어? 다 자기 팔자지.

하지만 나는 이 싸움 때문에 많은 걸 이뤘다고 생각해. 내 딸은 나처럼 살 것이고 우리 아들은 자기 아내를 파트너라고 생각하고 청소하고 빨래하는 걸 당연하게 받아들일 거야. 우리 아들 데려가는 여자는 봉 잡은 거지. 내가 다 세팅해놓아서 싸울 일도 없어. 내가 딸이 둘이나 되는데 제발 세팅 제대로 된 남자가 걸렸으면 좋겠어. 이상한 놈 걸릴까 봐 걱정돼. '종 발상'을 하는 집안에서 자란 아들은 커서도 '종 발상'을 해. '파트너십 발상'을 하는 집안에서 자란 아들은 커서도 '파트너십 발상'을 하고.

물론 결혼 초기에 파트너십 발상을 세팅하는 과정이 쉽지는 않아. 그 엄마가 그렇게 안 가르쳐서 보냈기 때문에. 하지만 행복하게 살려면 우선 내 인식부터 바꾸고 남자의 생각과 행동을 바꿔나가야 해. 그렇지 않고 찌들어서 억지로 산 여자들은 분노만 가득해.

분노가 쌓이면 사람이 독해지지. 독해지다 보면 여성성을 다 잃어버리고 쌈닭이 돼. 하도 싸워서 얼굴이 각이 져. 회사에서는 임원이지만 집안에서는 종이야. 집안일 혼자 다 하면서 분한 마음에 욕만 늘고 얼굴도 우락부락해져.

그런 아내는 남자도 싫어해. 결국 일은 일대로 다 하고 남자 잃고 얼굴만 각지는 거야. 이렇게 살지 않으려면 한 살이라도 젊고 예쁠 때 남편과 싸워서 집안 문화를 잘 세팅해놓아야 해. 그래야 늙어서도 행복해.

워킹맘의 아이는
더 강해야 해

~~~~~~~~~~~~~~~~~~ 일하는 엄마들은 애들도 미리 세팅해놓아야 해. 옆집 애들이 어떻게 사는지 모를 때, 즉 비교 체험하기 전에 세팅을 끝내야 한다고.

육아라는 건 한 집안의 문화야. 집안에는 그 집만의 고유한 정서가 있지. 집이 100개라면 그 집의 문화와 정서도 100개야. 적용은 그 집의 상황에 맞게 알아서 하는 거지만 지켜야 할 중요한 원칙은 있어.

첫 번째, 애를 강하게 키워라. 이게 제일 중요해. 강하지 않으면 애가 버텨낼 수 없거든. 일하는 엄마들은 애 옆에 붙어 있을 수가 없잖아. 엄마가 없는 동안 아프거나 배고플 수 있어. 물론 애를 내버려두는 건 아니지. 애 봐주는 아줌마가 옆에 있을 수도 있고. 하지만 언제까지나 아줌마가 옆에 있을 수는 없잖아. 애가 중학교 1학년에 들어가면 모든 것을 혼자 할 수 있어. 여기에 전제가 하나 붙어. 혼자 알아서 할 수 있도록 애를 강하게 키우는 거야.

내가 직장생활 하는 여자들한테 늘 말해. 중1 때까지만 버텨라. 그게 돈 버는 거다. 그러면 이렇게 말하는 사람도 있어.

"애 키우느라 돈 들어가고 아줌마 월급까지 주면 돈이 하나도 안 남아요."

그런데 사실은 그렇지 않아. 물론 돈이 들지. 그런데 강하게 큰 애는 중1이 되면 스스로 알아서 하니까 돈이 별로 안 들어. 자기가 알아서 판단하고 분별할 줄 알게 되면 비용이 크게 안 든다고. 그렇지 않고 저 혼자 라면도 못 끓여 먹는 애들한테는 누군가가 꼭 옆에 붙어 있어야 해. 그래서 대학 때까지 비용이 들어. 다시 말하지만 애를 강하게 키우는 건 결국 돈 버는 거야.

애들에겐 스스로 해야 할 일의 목록이 있어. 이런 일들을 스스로 하다 보면 저절로 강해지더라고. 첫 번째 병원 혼자 가기, 두 번째 냉장고에서 반찬 꺼내서 혼자 먹기, 세 번째 학원 혼자 가기와 알아서 공부하기. 이 세 가지를 스스로 하는 힘을 길러줘야 해.

그러려면 어렸을 때부터 스스로 할 수 있도록 놔두는 게 필요해. 나는 혼자 옷 입는 것부터 시켰어. 우리 막내, 아줌마가 옆에 있지만 혼자 옷 입게 두라고 해. 다른 건 괜찮은데 혼자 타이즈 신는 게 꽤나 어려워. 네다섯 살 때는 앞뒤로 바꿔 입고 타이즈가 돌돌 말려서 '똥꼬'에 끼인 적도 많아. 물론 지금은 너무 잘해.

"엄마, 엉덩이에 두 개 줄이 그어져 있는 게 뒤쪽이에요."

스스로 알아낸 거야. 그걸 알아내려고 애썼다는 거고. 엄마가 계속 입혀줬으면 몰랐겠지. 이제 팬티도 절대 돌려 입지 않아.

"꽃 달린 게 앞이에요."

이제 꽃이 없어도 앞이 어딘지 알아. 일하는 엄마들은 전업주부보다 애한테 혼자 하는 일의 목록을 두세 배는 더 줘야 해. 밥 먹고 그릇 설거지통에 넣어놓기, 자기가 밥 먹은 자리는 휴지로 닦기, 이건 여섯 살만 돼도 할 수 있어. 그래야 나중에 초등학생만 되도 자기가 먹는 밥에 창의성을 발휘해. 김치만 있어도 볶아서 김치볶음밥 만들어 먹고 냉동실 만두가 다섯 가지 요리가 되는 것을 발견하게 돼. 우리 애들은 아줌마 없고 나 없으면 천국이야. 자기들이 먹고 싶은 거 서로 하겠다고 싸워.

좀 더 크면 병원도 혼자 갈 수 있어. 우리 첫째와 둘째도 병원에 혼자 다녔어. 제일 고생 많이 하면서 자란 애가 역시 첫째야. 돈이 없을 때라서 더욱 그랬지. 내가 우리 막내 예뻐서 안아주면 지나가듯 한마디 해.

"엄마, 그러지 마. 강하게 키워. 나처럼 강하게 키우라고."

"너, 어렸을 때 기억나니?"

그러면 자기는 다 기억난대. 샤워도 비눗물 먹어가며 혼자 했대. 자기도 그렇게 컸으니까 엄마도 막내랑 같이 목욕하지 말라는 거야. 주말에 막내랑 신나게 놀아주잖아? 그러면 뭐라는지 알아? 대충 놀아주래. 월요일에 공허하지 않게.

자기 기억으로는 엄마가 시간 난다고 어쩌다가 많이 놀아주면 다음 날이 더 허전해서 힘들었다는 거야. 그냥 강하게 크는 페이스를 유지하는 게 더 낫다는 거지. 혼자 하면서 고생은 많았지만 대신 심리적 맷집이 강해진 거야.

엄마의 일을 공유하라

〰〰〰〰〰〰 두 번째는 엄마의 일을 사랑하도록 해야 해. 애들한테 절대 미안해하면 안 돼.

"엄마가 늦게 들어와서 미안해."

"엄마가 출장을 가야 해서 미안해."

그렇게 말하면 안 된다고.

"엄마가 회사에서 일을 잘해서 4박 5일로 발리에 보내준대. 엄마가 일을 잘 못했으면 못 갔을 텐데 일을 너무 잘해서 회사에서 상 받은 거야. 오는 길에 선물 사올게."

그렇게 당당하게 말하고 갔다 오라는 거야.

또 일하는 엄마를 존경할 수 있도록 해줘야 해. 그러려면 우선 애한테 내가 하는 일에 대해 자세히 말해줘. 존경도 알아야 할 수 있는 것인지 모르면 못하는 거잖아. 모르면 말없이 떠나는 무심한 엄마야. 엄마 일에 대해 애한테 자세히 말해주면 애도 엄마를 존경하게 돼 있어.

나는 우리 애들한테 강의한 얘기며 회사 얘기며 자세하게 해줘. 그래서인지 우리 큰애는 내 책에 관심이 많아. 내 책 표지 잘못 나오면 엄청나게 화내. 잘 써놓은 책이 표지디자인 때문에 망가졌다고 다른 책들과 비교분석까지 해왔더라고. 그리고 얼마나 팔렸는지 계속 체크해. 한번은 『김미경의 아트 스피치』 책 나온 지 두 달쯤 됐을 때야. 얼마나 팔렸느냐고 물어왔어.

"5만 부 조금 넘겼어. 왜 그렇게 더디게 나가는지 모르겠네."

그랬더니 애가 뭐라는 줄 알아?

"엄마, 5만 부 팔린 게 얼마나 많이 팔린 건 줄 알아? 1만 부도 엄청나게 대단한 거야. 출판되는 책 중 5만 부 이하짜리가 90퍼센트야. 그 이상인 책은 10퍼센트도 안 돼."

내가 이 얘기를 듣고 깜짝 놀랐어. 이제 스무 살짜리가 출판업계 돌아가는 걸 어떻게 알지? 어떻게 알았느냐고 했더니 이러는 거야.

"엄마가 책 내는데 내가 그거 모를까 봐?"

알게 모르게 나를 통해 배운 거지. 내가 큰딸에게 배운 게 또 있어. 얘는 책 교정하는 귀신이야. 출판사에 원고 교정 들어가기 전에 자기가 꼭 봐야 한대.

"엄마, 이거 지루해. 비슷한 사례가 두 번 나와. 이거 사례 좀 바꿔." "엄마, 이 책은 제목 때문에 팔리긴 글렀어." "엄마, 이 사진 좀 이상하지 않아? 포토샵 누가 한 거야?"

애 말 듣고 자세히 보면 정말 이상한 거야. 얘가 내 일에 대해 자세히 알고 엄마를 존경하니까 어느새 내 일의 조력자가 된 거지. 엄마가 미안해하면서 일에 대해서도 대충 얘기하면 아이는 엄마를 존경할 기회를 잃게 돼. 그러면 얘는 평생 엄마의 파트너가 될 수 없어.

애들도 열다섯 살이 넘어가면 엄마의 파트너가 될 수 있어. 애 많으면 든든하다는 얘기가 뭔 줄 알아? 어느 순간 애가 어른보다 잘하는 게 생겨. 특히 트렌드에 대해서는 기성세대보다 더 정확히 판단해.

아이를 작은 어른으로 대접하라

～～～～～～～ 세 번째, 애 취급하지 말고 어른대접 해줘야 해. 애 취급하면 정말 애 되고 어른 취급하면 어른 되는 거야. 열다섯 살인데도 여덟 살 같은 애 있잖아? 그건 부모가 여덟 살 취급해서 그렇게 된 거야. 딱 대접한 만큼 크게 돼 있어. 애 취급하지 말고 애한테도 할 수 있는 일을 줘야 해. 어느 정도가 적당하냐 하면 제 나이보다 1~2년 정도 앞선 일을 주면 돼.

한번은 이런 일이 있었어. 둘째 팬티를 사서 왔는데 큰애가 보고 난리가 난 거야.

"엄마, 애 이거 입으면 학교에서 매장당해. 중1이 애도 아니고 무슨 짱구 팬티를 입어?"

그러면서 청바지 입을 때 팬티가 약간 나와줘야 '간지'가 난대. 중학생 애들도 멋내고 사는 세상에 고무줄 바지 입히고 짱구 팬티 입히면 어떡하냐고 나한테 막 뭐라는 거야. 그래서 내가 "야, 그러면 동생 바지도 네가 한번 골라봐라." 그랬더니 바로 "오케이!" 하더라고. 그러더니 체인 달린 '무서운' 청바지를 사온 거야. 체인 줄이 두 개나 매달려 있어. 둘째가 그걸 헤지고 닳도록 입었잖아. 나는 아들한테 옷에 관한 한 신뢰를 완전히 잃었어. 엄마는 퇴물이고 간지 나는 누나가 최고가 된 거지.

그리고 우리 아들이 여드름이 나기 시작했는데 큰애가 좋은 인물 다 버리겠다고 난리 치면서 피부과 데려가더라고. 자기도 여드름 나봤으니까 아는 거야. 오히려 나는 잘 모르지. 또 애들이 좋아하는 치약이 따로 있어. 자기들이 알아서 사는 거야. 그러더니 자기들 먹는 간식은 자기들이 사겠대.

이제는 우리 큰딸이 동생들을 데리고 대형마트 가서 장을 봐와. 엄마들은 대형마트에서 장 보는 게 중노동이잖아. 이제는 큰딸이 동생들 데리고 장을 봐서 콜밴 불러 싣고 오는 거야. 우리 애들은 그게 그렇게 재미있나 봐. 어떤 때는 30만 원 이상이 나 긁어.

"뭘 이렇게 많이 샀어?"

내가 따지면 한마디도 안 져.

"엄마, 시장 한번 가 봐. 물가가 얼마나 비싼 줄 알아?"

내놓은 물건들 보면 다 필요한 것들이야. 그게 몇십 개 되니까 돈이 그만큼 나온 거지. 동생 실내화도 떨어지면 얘가 다 사줘. 나는 뭐가 떨어졌는지 모르고 산 지 2년 넘었어. 그래서 내가 큰애 생일날 카드에 썼어.

'그거 아니? 네가 내 아내다. 고마워!'

이렇게 한 가지 한 가지씩 자기 나이보다 1~2년 앞선 일들을 주기 시작하는 거지. 회사에서 가장 좋은 리더가 '임파워먼트(empowerment)'로 성과를 내게 해서 자부심을 일깨워주는 거잖아. 나는 집안도 똑같다고 생각해. 애들한테도 일을 줌으로써 성과를 내게 하고 자부심을 일깨워줘야 해.

그렇게 했을 때 또 한 가지 좋은 점은 형제들 간에 우애도 좋아진다는 거야. 남동생이 누나한테 얼굴 들이대면서 여드름 짜달라고 하는 모습을 보면 얼마나 흐뭇한지 몰라. 처음에는 일하는 엄마인 내가 편하기 위해 집안을 세팅했지만 그게 애들한테도 최고의 선택이었어. 그래서 난 처음부터 이렇게 세팅해놓은 것에 대해 전혀 후회하지 않아. 다시 태어나 애를 낳더라도 지금과 똑같이 할 거야.

05

돈 · Money

히스토리가 있어야
돈이 쌓인다

～～～～～～～～～ 사람들은 모두 부자가 되고 싶어해.

그런데 왜 부자 되고 싶은데? 가난한 게 싫어서? 가난하면 뭐가 문제가 되는 건데? 결론은 하나야. 사고 싶은 물건을 살 자유, 하고 싶은 일을 할 자유가 없는 거지. 자본주의 사회에서 돈이 주는 것은 사실 마음의 자유인 것 같아.

그러나 마음도 가끔 사기를 쳐. 가끔 나에게 좋지 않은 일을 시키기도 해. 돈이 있으면 나쁜 일을 할 자유까지 멋대로 누리는 거지. 돈 없으면 나이트클럽 못 가는 데 있으니까 매일 나이트클럽, 룸살롱 가. 돈 없으면 도박 안 하는데 있으니까 하는 거야. 그래서 돈 때문에 불행한 경우도 많아. 중요한 것은 내가 벌 수 있는 돈 안에서 행복해지는 방법을 빨리 찾아내는 거지. 그게 리얼 머니의 법칙이야.

그런데 리얼 머니도 사람에 따라서 크기가 너무 달라. 내가 아는 사람 들 중에는 자산이 수천억이 넘는 사람 많아. 하지만 그런 사람들의 하루 일상을 보면 사는 것은 우리와 똑같아. 일 하고 사람 만나고 놀러 다니고 그저 급이 다를 뿐이야. 내가 아는 사람은 매 끼니마다 10만 원, 20만 원짜리 먹고 머리부터 발끝까지 1억 5,000만 원 정도로 걸쳐. 물론 차도 최고급 승용차를 타고 다니지.

그런데 그 사람이 얼마 전에 아내랑 유럽여행 갔다 왔는데 엄청나게 싸웠다는 거야. 그러면서 자기는 다시는 안 가겠다고 작정을 했대. 아무리 부자라도 그러면 행복하겠니? 여행 가서 부부끼리 싸우고 기분 망치면 그 명품 옷도 벗어서 던질 거 아냐.

반대로 가난해도 버는 돈 안에서 행복하게 사는 법을 안다면 그게 행복인 거야. 4인 가족이 입은 옷 다 합쳐야 10만 원인데 기차 타고 춘천 가서 닭갈비 신나게 먹고 와. 그들은 자신들의 여행이 너무 행복했다고 말해. 돈이 많다고 해서 내용도 좋은 건 아니야. 돈이 적다고 내용이 부실한 게 아닌 것처럼.

가짜 돈과 진짜 돈을 구별하라

~~~~~~~~~~~~~~~~~~ 남의 돈은 진짜 돈이 아니야. 가짜 돈이야.

"어머 유럽 갔어? 너무 부럽다!"

이건 가짜 여행인 거야. 내가 할 수 있는 여행이 진짜 여행인 거지. 내가 입는 옷, 내가 먹을 수 있는 음식이 진짜야. 사람들이 돈 때문에 불행해지는 이유는 남의 돈을 부러워하고 기웃거리기 때문이야.

친구 연봉. 이게 대표적인 가짜 돈이야. 자기는 연봉이 2,500만 원인데 친구가 새로 옮긴 직장에서 연봉을 3,500만 원 받는다는 거야. 그럼 1,000만 원 격차 때문에 내 연봉 2,500만 원이 그렇게 꼴 보기 싫어져. 가짜 돈에 시달리는 거지. 그런데 생각해보면 1,000만 원 더 받아봤자 더 헤프게 쓰잖아.

한번 계산을 해보자고. 3,500만 원 받은 친구가 이거 사고 저거 사고 다 쓰고 남은 돈이 1년 지나고 나니까 500만 원밖에 없어. 그런데 나는 죽어라 저축하고 옷, 구두 덜 샀어. 사실 옷도 살 필요 없는 게 작년에 뭐 입었는지 아무도 기억 못해. 자기도 기억 못해서 매일 벗고 산 것 같잖아. 매일 새로운 걸 입는다고 해도 남들은 다 어제 본 옷 같은 거야. 전혀 기억 못하지. 그렇게 옷 살 돈 아껴서 1년 동안 저축한 돈이 1,000만 원이다. 그러면 진짜 돈을 가진 애가 누구니? 2,500만 원 받은 애잖아.

그런데 만약에 1,000만 원 격차에 마음이 허해져서 '에잇, 옷이나 질러.' 이러면 남는 돈이 마이너스 500만 원이야. 자신에게 남은 진짜 돈은 마이너스 통장이라고. 내가 벌고 있는 돈, 내가 쓸 수 있는 돈, 내가 남겨야 할 돈이 바로 리얼 머니지.

가짜 돈에 시달리는 게 이것뿐이겠어? 결혼해서 나는 이제 15평짜리 연립주택 전세 사는데 내 친구가 33평 아파트 분양받아서 이사 갔다고 해봐. 그러면 세상에 내 집이 갑자기 꼴같잖은 거야. 그 친구네 가서 집들이 한번 하고 오면 1년 내내 우울해. 우리는 언제 벌어서 저거 사나? 내가 버는 돈, 내가 하는 일 모두가 하찮게 느껴지는 거지. 이게 불행의 시작이야.

'나는 왜 가난한 집에서 태어났나?'

더 심하게는 이런 원초적 본능까지 건드리기 시작해. 그거야말로 평생 가짜 돈에 시달림 받는 지름길이야. 내가 선택할 수 없었던 돈이잖아. 내가 노력조차도 할 수 없는 돈. 평생 남 탓하는 애들은 자기를 계속 불행 속으로 몰아넣어.

'내가 조금만 더 부잣집에 태어났어도, 내가 조금만 돈을 가지고 시작했어도.'

이렇게 가짜 인생을 사는 거지. 가짜 돈 부러워하면 가짜 인생을 살아. 진짜 삶에 집중할 수 없어. 가짜만 부러워하니까.

리얼 머니의 첫 번째 법칙은 내가 처음 벌었던 돈이 씨앗이라는 거야. 내가 세상에 태어나서 처음 번 돈이 뭐냐고? 예를 들어서 시급 4,000원짜리 아르바이트를 했다고 쳐봐. 편의점에서 하루 다섯 시간 일해서 2만 원 벌었어. 그럼 그게 내 리얼 머니의 첫 씨앗이야. 이전에는 가짜 돈과 거래했잖아. 뭐냐고? 부모님이 준 용돈이지. 그러면 돈 쓰는 것도 가짜로 하게 돼. 근거 없는 돈은 이유 없이 나가. 왜? 또 달라면 주니까.

이런 식으로 가짜 돈을 지출하게 되면 지출 비용이 점점 커지기 시작하는 거야. 자꾸 누구에게 달라고만 하지. 그런 애들은 자본주의 사회에서 절대 자신이 번 돈으로 자수성가할 수 없어.

머니 히스토리를 구축하라

나도 진짜 돈을 배웠어. 대학 합격해서 서울에 처음 왔을 때 우리 엄마 양장점이 잘 안 돼서 힘들었어. 그래서 엄마가 화곡동에 작고 초라한 자취방 하나 얻어주고 갔지. 엄마가 버스비, 자취방 월세, 책, 점심값 계산하더니 한 달에 6만 원이면 안 되겠느냐고 아껴 쓰라고 하는 거야. 그런데 책 몇 권 사니까 돈이 없어. 옷 한 벌도 살 수 없는 거야. 그때는 옷값이 제일 중요한데.

나는 증평 리리 양장점 옷이 너무 싫었어. 입고 가면 애들이 다 아줌마 같대. 그것도 증평 아줌마. 이대 앞에서 유행하는 옷이 너무 사고 싶어서 못 참겠는 거야. 옷값을 벌어야겠다는 생각을 하면서 학교 앞을 지나는데 애들이 모자 뒤집어쓰고 롯데리아에서 일하더라고. 그때 시급이 1,000원도 안 됐어. 그런데 그 아르바이트 자리도 신촌에는 없어서 물어물어 신림동까지 찾아갔지.

그래서 아르바이트를 시작하는데 일주일 내내 온종일 햄버거 패티를 구우니까 다리가 퉁퉁 붓는 거야. 부엌에 서서 일하는 직업이 다리가 제일 많이 붓잖아. 차라리 부엌은 조금씩 걷기라도 하지. 0.5평밖에 안 되는 공간을 다람쥐 쳇바퀴 돌듯 하니 미치겠더라고.

'미쳤지, 내가 왜 이걸 하고 있나?'

그런 생각이 저절로 드는 거야. 그때 나는 리얼 머니를 뼈저리게 느꼈어. 엄마한테 받아쓰다가 6만 원 벌려고 하니까 얼마나 어려운지. 1만 원 단위의 리얼 머니를 제대로 배운 거지.

그러다 불현듯 '내가 이 아르바이트를 할 게 아니라 피아노 학원에 가서 선생님을 하면 되겠다'는 생각이 드는 거야. 피아노 선생님은 앉아서 가르치니까 다리는 안 부을 것 같더라고.

그럼 왜 처음부터 피아노 학원을 생각 못했을까? 그게 돈의 법칙인 거지. 거저가 없어. 고생 한판 세게 해야 다음에 내가 어디로 가면 되는지 가르쳐주는 게 돈이거든. 그렇게 돈이 하는 일이 많아. 우리에게 일용할 양식도 주지만 내일 어디에 가면 돈이 있다는 것도 알려줘.

그래서 학원 가서 피아노를 열심히 가르쳤지. 그런데 부잣집 애들이 개인 레슨을 한다고 빠져나가는 거야. 따져보니 개인레슨하면 몇 명만 해도 월급이 나오겠더라고. 돈이 또 계시를 내려주는 거야. 그런데 개인레슨을 하려고 보니까 서울에 아는 사람이 하나도 없는 거지. 하지만 간절히 원하니까 또 계시가 내리네. 교회로 가라는 계시었어. 다른 도시에 가서 아는 사람 없을 때는 종교단체가 최고야. 교회에서 주일학교 선생님으로 봉사활동을 시작했어. 애들을 집에 데려와 피아노를 가르쳐주니까 애들이 나한테 피아노 배우고 싶다고 엄마들을 조른 거야. 그 덕에 내 등록금을 댈 수 있었어.

그러다 어느 날 교회에서 아는 분이 내가 연대 작곡과를 다닌다니까 입시생을 가르쳐보라고 하더라고. 자신은 없었지만 한번 해보겠다고 했어. 그런데 내가 가르친 학생이 중앙대 작곡과에 붙은 거야. 대부분 대학원생들이 가르치는데 학부생이 가르쳐서 합격한 거지.

내가 가르치는 데 소질이 있었는지 교회 내에서는 '입시 족 집게'로 통한 거야. 그래서 다음에는 재수생까지 세 명을 가르 치고 한 달에 100만 원 넘게 벌었어. 얼마나 많이 벌었는지 대 학교 4학년 때는 등록금 내고 서울에 올라온 동생 셋한테 용 돈 주고 살았지.

그때부터 나는 돈을 절대 무서워하지 않았어. 중요한 것을 깨달은 거야. 햄버거 가게에서 시작해 고객을 상대하는 방법, 학원에서 엄마들 상대하는 방법, 그렇게 알게 모르게 돈을 벌 수 있는 기초실력을 쌓은 거지. 돈과 대화를 했던 거야. 엄마한 테 받는 가짜 돈을 다 버리니까 돈이 하는 말이 들리더라고. 그러면서 진짜 돈이 어디 있는지 알아낸 거야.

가짜 돈은 가르쳐주는 기능이 없어. 떼쓰는 기능, 거짓말해 서 더 타내는 기능만 있지. 난 지금도 늘 돈과 대화해. 어디에 가면 돈이 있는지 돈들이 꼭 말해주더라고. 중요한 건 그게 듣 고자 하는 사람한테만 들린다는 거야.

자본주의 사회에서는 진짜 돈을 벌어본 사람이 진짜 인재가 돼. 그런데 계속 부모가 주는 돈 쓰다가 갑자기 직장에 들어오 는 애들이 있어. 부모가 주는 용돈이 회사 월급보다 많은 애들. 부장님 차보다 자기 차가 좋아서 못 끌고 오는 애들. 가끔 간 큰 애들은 끌고 오기도 하잖아. 직장생활 쿨 하게 하는 거지.

월급보다 많은 용돈 받는 애들은 직장 들어와서도 이까짓 거 아무것도 아니라면서 일도 가짜로 해. 그에 반해 부장님은 15년 동안 진짜 돈과 싸우고 있어. 점심 먹는 것도 아이들 학비 걱정하면서 8,000원짜리도 못 먹어.

그래서 돈이라는 것은 자기만의 머니 히스토리가 있어야 해. 히스토리가 담긴 돈은 함부로 쓰지 않아. 지금 내가 가진 돈을 존중하고, 열심히 돈 번 자신을 존중하고, 쓰고 있는 나의 하루하루를 존중하면 리얼 머니가 따라오게 돼 있어. 가짜 돈에 대한 환상 따위는 버려. 가짜는 가짜일 뿐이야. 돈보다 내용을 채우고, 남의 돈보다 내 돈을 사랑하고, 내가 번 히스토리 있는 돈에 대해 자부심을 느끼고 살라고.

"저, 마음만은 부자예요."

그딴 소리는 이제 그만하고 몸으로 부딪치면서 돈의 역사부터 만들어봐.

숫자가 아닌
리얼 머니와 싸워라

━━━━━━━━━━ 돈에는 또 한 가지 중요한 개념이 있어. '진짜 돈'과 '숫자 돈'. '숫자 돈'은 가짜야. 난 스무 살 때부터 돈을 벌면서 살았어. 그러니까 벌써 28년간 돈과 거래한 경력이 있지. 종류도 참 다양하게 벌어봤어. 시급알바로 번 돈, 주급 과외 선생으로 번 돈, 직장 다니면서 번 월급, 영업해서 번 레슨비, 창업해서 번 수익금, 강사하면서 번 시간당 강사료, 사업하면서 번 돈까지 여러 종류의 돈을 다 벌어봤어.

많이 벌기도 했고 많이 쓰기도 했지. 그러면서 돈에 대한 철학이 생기더라고. '가짜 돈'과 '진짜 돈'의 개념이 확실히 서기 시작한 거야. 어떤 사람은 평생 가짜 돈과 거래하면서 낙제생으로 살아가. 하지만 난 돈에 관한 한 우등생이라고 자부해. 그래서 많은 직장인이 돈 때문에 허망해하는 것을 볼 때마다 안타까웠지. 돈이 무엇이고 어떻게 해야 '진짜 돈'의 주인이 되는지를 늘 말해주고 싶었어.

일단 워밍업부터 해볼까? 먼저 '숫자 돈'이 왜 '가짜 돈'인지 알아야 해. 대표적인 '숫자 돈'이 주식이야. 어떤 사람이 자기가 가진 '진짜 돈' 1,000만 원을 주식 투자했다고 해보자고. 그런데 하루에 5,000원씩 오르는 거야. 어떤 날은 1만 원씩 오르고. 그러다 한 달 뒤에 보니까 1,300만 원이 된 거지. 300이라고 찍힌 숫자를 보고 기쁜 나머지 자기 통장에 있는 진짜 돈을 꺼내 쓰는 거야. 주식으로 쉽게 번 만큼 펑펑 다 쓴 거지. 그런데 명품 가방 산 그날 주식이 폭락해서 1,150만 원으로 떨어졌어. 통장에 있는 진짜 자기 돈만 잃은 거야.

팔려고 보니까 다시 오를 것 같아서 안 팔았어. 타이밍을 놓친 거지. 일주일 뒤에는 주가가 폭락해서 700만 원이 된 거야. 오히려 원금에서 300만 원이나 까먹었어. 이렇게 주식은 숫자에 불과해. 주식 전문가들은 주가가 올랐다고 뭘 사지 않아. 진짜 내 돈을 쓰지 않는다고. 사람들은 늘 숫자라는 허상을 쫓으면서 내가 가진 진짜 돈이 뭔지 몰라. 그래서 대부분의 사람이 숫자 때문에 행복해지기도 하고 불행해지기도 하는 거야.

우리가 숫자와 거래하는 게 또 하나 있어. 바로 월급이야. 월급날 통장에 200만 원 찍히면 아주 좋지. 그런데 월급 받고 좋아하는 거 한 시간도 못 가는 애들 많아. 카드회사들은 어떻게 내 통장에 돈 들어오는 걸 귀신같이 아는지.

월급날 되면 누가 더 동작 빠른지 경쟁하는 애들 있어. 은행에 돈 들어온 거 알면 카드회사에서 바로 빼갈까 봐 1분 안에 출금하잖아. 해본 사람은 다 알지.

'내가 그렇게 많이 썼나?' 월급날만 되면 카드 내역서 보면서 벌벌 떨어.

이 카드 저 카드에서 다 빠져나가고 공과금, 보험료 나가면 나중에 남는 돈이 19만 5,000원. 그게 '진짜 돈'이야. 200만 원은 '가짜 돈'인 거지. 내가 있지도 않은 돈에 잠시 흥분했던 거야. 그때, 외마디 절규를 하지.

"미치겠다! 이걸로 어떻게 살아!"

그러면서 다음 달에 또 '가짜 돈'을 쓰는 거야. 카드를 긁어대는 거지. 이게 바로 '가짜 돈'을 찍어내는 전형적인 사기수법이야. 남한테 피해를 줘야만 사기인가? 자기 자신한테 피해를 줘도 사기야. 문제는 이게 습관적으로 반복된다는 거야. 평생 '가짜 돈'과 거래하는 사람은 '진짜 돈'을 한 번도 모을 줄 몰라.

사소한 습관이 거대한
돈을 만든다

~~~~~~~~~~~~~~~~~~~~~ 우리 아버지는 나에게 종종 돈에 관한 '독설'을 하곤 했어. 평소에는 그렇게 다정한 아버지가 씀씀이 문제에 있어서만은 정색을 하는 거야. 한번은 아버지 생신날 용돈을 50만 원 드리는데 이런 말씀을 하시더라고.

"미경아, 맞벌이하면서 남편이랑 둘이 번다고 자랑하지 마라. 만약에 너 250만 원 벌고, 남편 250만 원 번다고 치자. 그런데 넌 500만 원 펑펑 쓰고 다니잖아. 너 알지? 네 동생 어렸을 때부터 알뜰한 거. 네 동생이 남편이 가져다준 돈 250만 원 죽기 살기로 아껴 쓰면 나중에 너보다 훨씬 부자로 살아. 그동안 너 고생하고 애들도 고생시켰는데 번 돈도 없으면 바보 된다. 아껴 써라."

그때는 내가 전세 살고 있을 때였어.

'우리 불쌍한 아버지, 오늘 아니면 언제 드려.'

큰맘 먹고 용돈 드렸는데 그런 말씀을 하시니까 화가 나고 섭섭하더라고.

"그럼 아버지 돈 주지 말라고?"

"그게 아니고. 나한테 준 돈은 고맙고 기특하지. 그런데 내가 아버지니까 널 잘 알잖아. 너는 마음 가는 데 항상 돈이 따라가. 돈은 또 벌 수 있다고 생각하니까. 하지만 당장 다음 달 아프거나 벌 수 없는 일이 생길지도 모르잖아. 그러니까 지금보다 더 모으고 아껴 쓰란 말이야."

돈도 말을 해, 들어봤어?

━━━━━━━━━ 사실 나는 동생 은희를 생각할 때마다 내 씀씀이를 되돌아보게 돼. 은희는 마음이 시키는 소리를 돈으로 차단할 줄 아는 애야. 마음으로는 아버지에게 50만 원 주고 싶은데 '돈을 아껴야지.' 하는 소리가 들려. 그럼 은희는 늘 돈이 하는 말을 들어줘. 바로 10만 원으로 깎는 애야. 아주 짠순이지. 나는 내 동생한테 '독한 년' 소리를 입에 달고 살았어.

그런데 지금은 부자야. 남편이 벌어다 준 돈으로 알뜰살뜰 모아서 집 사고 주식 사서 부자됐어. 나는 정말 이해가 안 돼. 경이로운 걸 넘어서 걔는 신이야. 나는 천성이 마음과 돈이 동시에 대화하면 늘 마음의 한판승으로 끝났거든.

그날 이후, 나는 굳게 마음먹었지.

'내 동생 은희보다 두 배 세 배 잘 살아야 정상이다. 안 그러면 나는 바보다.'

가정주부인 은희를 경쟁 상대로 생각한 것은 걔의 아껴 쓰는 습관 때문이야. 은희는 남편이 현대자동차에 다니는데 월급 나올 때마다 열심히 저축하고 회사 주식 모았어. 남편이 회사 다닌 지 20년이 넘었는데 지금은 주식이 어마어마하게 올랐지.

내가 걔보다 두 배 세 배 많이 벌지만 동생이 아껴 쓰기 시작하면 내가 버는 경쟁력보다 더 센 거야. 그게 참 묘하더라고. 나는 그걸 뒤늦게 알았던 거지. 돈을 아껴 쓰는 경쟁력이 돈 버는 경쟁력이랑 똑같다는 걸. 그래서 안 벌어도 아껴 쓰면 번 거야. 그걸 아는 데 정말 오래 걸렸어. 제일 좋은 건 돈을 많이 벌면서 아끼는 거지. 쉽지는 않지만 꼭 해야 돼.

내 동생 은희는 숫자와 거래하지 않고 '진짜 돈'과 거래했던 거야. 내 손에 쥔 돈, 모은 돈만 진짜로 인정했어. 은희는 어렸을 때부터 돈에 대한 철학이 남달랐어. 어렸을 때부터 아예 '장부'가 있었어. 우리는 용돈기입장 수준이잖아. 구슬 500원, 껌 100원 쓰는 게 고작이야. 그런데 걔는 그게 아냐. 누가 가르쳐준 것도 아닌데 거의 '회계장부' 수준으로 썼어. 우리랑은 차원이 달랐지. 돈을 쓴 이유와 쓰지 말아야 할 이유까지 써놓는 정말 무서운 애였던 거야.

우리 집에서 엄마 다음으로 돈 많은 애가 은희였어. 어렸을 때 갑자기 돈이 떨어지면 나는 항상 걔한테 꿨지. 엄마가 나보고 '저년은 만날 빚쟁이여'라고 항상 구박할 정도였으니까. 그런데 은희는 늘 당당한 거야. 항상 돈이 있으니까. 하루는 갑자기 궁금해지는 거야. 왜 똑같은 용돈을 받는데 나는 꾸고 동생은 꿔주는 사람일까?

은희가 돈 쓰는 것을 가만 보니까 다 같이 과자 사먹을 때도 안 사. 나는 속이 좋아서 내가 사서 나도 먹고 동생도 줘. 그런데 동생은 아예 안 사고 안 먹는 거야. 그 습관이 대학 때도, 회사 다닐 때도 따라다녔어. 은희는 결혼 전에 대한항공 스튜어디스였어. 그때 얼마나 돈을 아꼈던지 거의 월급을 다 모았더라고. 전혀 쓰지 않아. 대신 비행수당이라고 해서 출장비로 몇만 원 더 나오는 걸 아껴서 영국 갔을 때 버버리 외투까지 사오더라고. 월급은 10원도 건드린 적이 없는 거지.

얼마나 철저했는지 혹시 자기가 사놓은 고급 옷을 우리가 입고 나갈까 봐 방문까지 잠그고 다녔어. 외국에서 사온 샴푸 쓸까봐 자기 머리만 감고 다시 방에 갖다놓기도 하고. 그땐 하도 약 올라서 날 잡아 흠씬 패줄까도 생각했다니까. 동생은 자기 마음의 소리도 안 듣고, 우리가 하는 잔소리도 안 듣고, 정말 돈이 하는 소리만 들었던 거지. 그게 습관이 되니까 결혼해서도 적은 돈으로 부자가 되더라고. 나는 내 동생을 통해서 철저히 배웠지.

돈에게 당하지 말고
돈을 부려라

〰〰〰〰〰〰〰 한번은 은희가 나한테 뼈아픈 독설을 한 적이 있어. 차를 사려고 했는데 돈이 모자란 거야. 결국 적금을 깨려고 했지. 그런데 그 얘기를 들은 은희가 너무 어이없어하는 거야.

"언니, 걸어 다니면 안 돼? 버스 타고 다니면 안 돼? 차를 왜 지금 사? 만기 돼서 이자 받고 차를 사지, 왜 적금 털어서 사냐고. 언니는 참 이상하다. 나한테 적금 든 돈은 그날부터 내 돈 아냐. 은행 돈이지."

"야! 그게 왜 네 돈이 아니냐?"

"3년 후, 내 통장에 들어와야 내 돈이지."

나는 그 말이 지금도 내 귀에 쟁쟁해.

'적금 든 돈은 내 돈 아니다.'

그 뒤부터 마음이 하는 소리는 물론이고 돈이 하는 소리까지 들어야겠다고 결심했어. 너도 이제부터 진짜 돈과 싸워서 이겨. 숫자 돈에 속지 말라고. 만약 내 월급의 60퍼센트를 빼서 120만 원을 적금 들었다고 쳐봐. 그러면서 계속 생각하는 거야.

'이건 3년간 내 돈이 아니다. 만기가 돼야 내 돈이다.'

그렇게 3년이면 거의 4,500만 원 이상의 돈이 돼. 게다가 이 자까지 불어나니 얼마나 좋아. 3년 만에 직장인이 4,000만 원 넘는 돈 모으는 게 쉬운 일 아냐. 돈이 하는 소리를 정직하게 듣지 않으면 할 수 없는 일이야. 뿌듯하잖아. 만기 돼서 4,000만 원이라는 돈이 생기면 괜찮은 주식이나 펀드를 하는 거야. 그 돈에서 매달 펀드 100만 원씩 빠져나가게 해. 그리고 또다시 3년짜리 적금을 시작하는 거야.

그런데 어느 날 사장님이 월급을 올려주셨네? 그럼 인상된 만큼 더 쓰지 말고 140만 원씩 저축하는 거야. 3년 되면 5,000만 원 이상이야. 그러면 금방 1억 원 모으는 거지.

원래 세상에서 제일 좋은 돈벌이는 일은 나 혼자 하는데 돈은 둘이 버는 거야. 적금으로 140만 원씩 벌고 있지, 4,000만 원에서 펀드 나가서 또 벌고 있지. 6년 만에 1억 원 넘는 돈을 번 사람이 되는 거야. 돈이 1억 원 넘기 시작하잖아? 융자 끼고 작은 오피스텔 충분히 사. 1억 8,000만 원 정도 하는 오피스텔에 우아하게 들어가 사는 거야. 반지하 월세 전전긍긍하다가 6년 만에 얻은 내 집. 그런데 오피스텔 가격이 오르네? 너무 신나는 거지.

게다가 월급이 또 가만있겠어? 월급도 오르고 적금도 많아지고, 또 펀드하면 2억, 3억 원 부자 되는 거야. 이게 진짜 돈과 싸워 승리하는 거지. 직장생활 8년 후 누군가는 1억 5,000만 원 이상의 재산을 가졌는데 어떤 애는 아무것도 없어. 게다가 돈 버는 습관은커녕 돈 까먹는 기술만 연마해서 돈 쓰는 귀신이야. 그런 애가 시집가잖아? 그럼 어떻게 되겠니? 남편 돈까지 까먹는 거야. 그래서 집안을 말아먹어요.

하지만 저축해서 2~3억 원 모은 애들은 돈에 관한 한 실력파인 거지. 벌써 돈에서 엄청난 가르침을 받은 거야. 월급이 300만 원만 돼도 미래 자산가로 이미 변모한 거야. 자기 돈에 관한 한 완벽한 CFO(Chief Finance Officer)가 된 거지. 적어도 자기 월급에는 CFO가 돼야 할 거 아냐. 그러면 돈에 얽매이지 않고 돈으로부터 자유로워져.

돈으로부터 자유로워지기 시작하면 그때부터 인생이 훨씬 더 품격 있어져. 돈이 없으면 돈의 노예야. 있으면 주인이 되는 거고. 아직도 노예살이 중이라고? 그럼 오늘부터 돈이 하는 소리를 들어봐!

돈은 결핍으로
사람을 가르친다

돈 때문에 울어본 적 있어? 돈 때문에 죽고 싶었던 적은? 돈 때문에 오기가 발동한 적은 혹시 없니?

돈은 정말 정직해. 아주 얄미울 만큼 정직해. 꼭 대가를 치르게 하거든. 게다가 돈은 풍요로 사람을 가르치지 않아. 반드시 결핍으로 가르치는 못된 습관이 있어.

열정, 도전, 끈기, 오기, 용기. 이 모든 것의 원천이 뭔지 알아? 바로 돈이야. 돈 떨어져 봐. 없던 능력도 저절로 생기지. 학창시절 중간고사 생각나? 시험 전날 밤의 그 암담함. 발등에 불이 떨어지면 갑자기 잠이 확 달아나면서 초인적인 힘으로 몰입해. 제품 납입 시한이 내일이야. 그럼 납부 기한 맞추려고 눈에서 불이 확 붙어. 이런 게 바로 마감의 힘이야. 느슨했던 세상이 갑자기 불에 덴 듯이 돌아가. 돈이 가진 힘이 바로 이거야. 물론 돈이 딱 떨어졌을 때 말이야.

'돈은 마감을 재촉하고 마감은 작품을 만든다.'

나는 옛날부터 그렇게 믿었어. 얼마 전 〈무릎팍 도사〉를 보니까 나만 그런 게 아니더라고. 배우 윤여정 씨도 똑같은 말을 하는 거야. 집을 이사하고 인테리어를 다시 했는데 인테리어 견적이 예상보다 많이 나왔대. 인테리어라는 게 처음에는 5,000만 원인데 이것저것 추가하면 금방 1억 원 되잖아.

그런데 돈이 없더라는 거야. 그때 마침 시나리오가 하나 들어왔는데 내용이 기가 막혔대. 벗는 장면도 많고 끈적한 거야.

"아무리 돈이 급해도 난 절대 못해!"

처음에는 시나리오를 던져버렸어. 그런데 돈의 힘이 대단하지. 돈 앞에선 '절대'라는 게 없어. 당장 밀린 공사비는 줘야 할 것 아냐. 엄청나게 고민하다가 결국 '하자, 못할 게 어딨어?'라고 결심한 거지. 그게 바로 영화 〈바람난 가족〉이야. 어떻게 벗는 연기를 했느냐고 물었더니 윤여정 씨 대답이 걸작이야.

"저라고 벗고 싶었겠어요? 인테리어비가 급하니 어떡해? 그런데 돈이 급하니까 연기가 아주 잘 되는 거야."

윤여정 씨만 그런 게 아냐. 〈무릎팍 도사〉에 나오는 사람마다 다 똑같은 소리를 해. 소설가 공지영 씨도 예전엔 단칸방에서 살았대. 지지리 가난했던 무명시절, 어느 날 정신 차려보니 쌀도 떨어지고 연탄도 떨어져서 방이 냉골이야. 출판사에서 미리 받은 원고료는 이미 다 써서 한 푼도 없고. 마감이 바로 코앞인데. 이젠 더 피할 곳이 없었던 거야. 그러니까 갑자기 초인적인 힘이 생기더래. 거의 잠도 안 자고 죽기 살기로 매달린 거야. 그래서 탄생한 책이 공지영 씨 최고의 역작 『무소의 뿔처럼 혼자서 가라』야.

돈이 급해야 사람 된다

~~~~~~~~~~~~~~~ 돈이 급한 사람은 자기 안에 없던 능력까지도 다 꺼내 쓰게 돼 있어. 이전에는 몰랐던 자기 안의 가공할 만한 어떤 것과 처음으로 만나지. 그러면서 엄청난 발견을 하게 되는 거야. 돈이 많으면 나에게 어떤 능력이 있는지 확인할 기회를 영원히 놓쳐.

아버지가 빌딩 물려주고 돌아가셨어? 그러면 세상만사 급할 게 없지. 매월 월세 또박또박 들어오잖아. 굳이 다른 능력을 확인할 이유가 있겠어? 결국 월세 계약서만 몇천 번 쓰고 주차관리 빌딩관리만 하다가 빌딩 관리인으로 죽는 거야.

그런데 만약에 돈이 없으면 돈 때문에 미친 듯이 달려. 그러다 보면 빌딩을 열 개씩 사게 돼. 돈은 가장 절박한 상황에서 사람을 급격히 철들게 해. 그래서 성공한 유명 인사들이 자식을 가르칠 때 절박함 속에서 돈의 이치를 깨닫게 하는 거야. 돈이 내 자식의 숨겨진 능력을 발굴해줄 거라 믿기 때문에.

세계적인 부호 워런 버핏은 자식에게 용돈 줄 때 그냥 주지 않았어. 절박할 때 줘. 항상 조건을 내걸지.

'○○ 하면 준다.'

이때도 공부 잘하면 준다는 것이 아니고 돈에 대한 노동의 대가를 치르게 했어. 일요일 저녁까지 잔디를 다 깎아야 용돈을 주는 거야. 네가 벌어서 쓰라는 얘기지. 그러면 자식들은 자연스럽게 '돈은 벌어서 쓰는 거구나. 나에게도 돈 벌 능력이 있구나'라는 것을 깨닫게 되는 거야. 여섯 살짜리에게도 돈 벌 능력이 있다는 것을 가르치는 거지.

워런 버핏도 어렸을 때 이미 큰돈을 버는 이치를 깨달았거든. 여섯 살 때 돈을 벌기 위해서 코카콜라 한 박스를 산 거야. 한 병에 25센트짜리를 사다가 50센트에 판 거지. 그 돈을 통장에 모아서 열한 살 때 주식투자를 시작했어. 그러면서 돈을 어떤 식으로 불려나가는지 알게 된 거지. 워런 버핏은 워낙 돈에 대해 철이 일찍 들어서 서른두 살에 100억 달러가 넘는 어마어마한 부자가 됐어. 돈에 일찍 철드는 건 서러운 일도 아니고 구질구질한 일도 아냐. 철이 늦게 드는 게 훨씬 심각한 문제지.

돈에 대한 철이 일찍 들려면 가난한 게 축복이야. 결핍이 축복인 거지. 내가 잘 아는 분 중에서 구두회사로 성공하신 분이 있어. 어렸을 때 너무 가난해서 고등학교도 졸업 못하고 서울로 올라온 거야. 무작정 영등포역 뒤편 수제 구두공장에 찾아가서 졸라서 일을 시작했어.

"밥만 먹여주십쇼. 뭐든지 열심히 하겠습니다."

그분이 얼마나 부지런했는지 남들 다 퇴근할 때도 남아서 혼자 구두를 열심히 만든 거야.

결국 그분은 구두 명장이 됐고 지금은 전 세계에 구두를 수출하는 회사 사장님이 됐어. 이렇게 성공한 사람들은 모두 절박하고 결핍에 시달렸어. 돈이 그 사람 안에 있는 도전과 용기를 꺼내 쓰도록 만든 거지. 그래서 성공한 이들은 대부분 '가난이 축복이었다'고 말해.

그 가난의 대명사가 바로 이외수 선생이지. 행려병자로 젊은 시절을 보냈잖아. 하도 굶어서 가죽이 뼈에 간신히 기생할 정도였으니까. 그런 배고픈 시절을 견뎌냈기에 지금은 입만 열면 명언, 글만 쓰면 명문장이 나오는 거야. 이외수 선생은 지금도 말해.

"내 성공의 8할은 굶주림이었고 내 인생의 가장 큰 스승은 가난이었다."

모든 인간의 역사는 결핍과 고난으로부터 출발해.

내가 '여자 비아그라'가 되기까지

～～～～～～～～～～ 내게도 돈에 대한 결핍의 역사가 있어. IMF 때 우리 집이 폭삭 망한 거야. 30평 아파트 팔고 다시 월세 방으로 들어갔어. 게다가 빚까지 있으니 견디기 어려웠지. 그때는 이자가 20퍼센트, 30퍼센트씩 무섭게 나갔을 때야. 난 웬만한 일에는 끄떡도 안 하는데 이자 날짜가 다가오면 무서워지는 거야. 자다가도 벌떡벌떡 일어나. 전화벨 소리마저 '때릉때릉'이 아니라 '이자이자'로 들려.

원래 인생의 악재는 늘 한꺼번에 몰리게 돼 있어. 그 많던 강의도 구조조정이다 경비절감이다 해서 다 끊겨버린 거야. 이자는커녕 생활비를 걱정해야 할 상황이었지. 그때 생각했어.

'아는 사람들한테 애걸복걸해볼까? 아니면 정면 돌파해서 치고 나갈까?'

고민하다가 가장 나다운 선택을 했지. 돈이 없으면 행동이 과감해져. 어차피 바닥이니까. 크게 버는 방법이 없을까 찾다가 책을 내야겠다는 아이디어가 생긴 거야.

당시 사람들은 왜 갑자기 IMF가 왔는지, 앞으로 어떻게 극복해야 하는지 매일 물었어. 그런데 답을 아무도 안 해주더라고. 그래서 30대 주부로서 IMF에 대해서 할 말을 하기로 했어.

물론 이건 엄청난 용기가 필요했지. 난 그때까지 한 번도 책을 낸 적이 없었으니까. 심지어 백일장에서 상을 타본 적조차 없는 내가 글을 쓴다는 건 상상도 못할 일이었어.

그럼에도 돈 벌어야겠다는 독기로 똘똘 뭉치니까 몰입의 정도가 상상을 초월해. 컴퓨터도 없으니 연필로 꾹꾹 눌러서 원고지에 썼어. 책도 한 번 내보지 않은 내가 마음의 소리를 그대로 적은 거야. 그 책을 20일 만에 탈고했어. 무서운 속도였지. 거의 밥도 안 먹고 잠도 안 자고 썼으니까.

그런데 집필이 끝나니까 더 막막해지는 거야. 누가 처음 책을 내는 나에게 출판 기회를 주겠어? 당시 출판사를 열 군데도 더 찾아다녔어. 다 거절당했지. 참 서럽더라고. 결국 창피를 무릅쓰고 물어물어 대학 때 알던 선배를 찾아가 통사정했지. 완전 똥배짱이었어.

인세 받아서 인쇄비 주겠다고 무조건 찍어달라고 했으니까. 유명한 저자들은 출판사가 돈을 들여 내주지만 무명들은 자비 출판해야 하잖아. 물론 그것마저도 잘 안 내주지만.

결국 통사정해서 기적적으로 출판을 하게 됐어. 그런데 그게 베스트셀러가 된 거야. 책을 내고 나니 아주 고맙게도 MBC에서 전화가 왔어. 특집으로 IMF에 대해서 강의하자고. 책 제목 그대로 '나는 IMF가 좋다'라는 주제로 3회나 강연을 했지. 하나가 풀리니까 다 풀리기 시작하더라고. 당시 유명한 사람들만 나갔던 KBS 특강 프로그램에서도 연락이 온 거야. 정말 영광스러웠어. 그 프로에는 아무나 나갈 수 없었거든.

방송출연 이후 강의가 물밀 듯이 몰려오면서 전화에 불이 나기 시작했어. 그때는 회사도 없었고 비서도 따로 없었지. 한 달에 몇십만 원 내고 스케줄 관리해주는 회사를 이용했는데 스케줄 비서한테 전화가 왔어.

자기가 다른 CEO들 다섯 명을 같이 관리하는데 원장님 강의 때문에 아무것도 못한다고, 지금 두 명이나 투입돼서 내 강의요청을 받고 있다는 거야. 그때부터 한 달에 100~120시간씩 강의하기 시작했어. 거의 초인적인 힘을 발휘했지. 두 시간짜리 강의를 하루에 다섯 번도 하는 거야. 그것도 장소를 옮겨가면서. 서울, 대전, 천안, 용인, 수원 이런 식으로 스케줄을 잡는 거야.

돈이 급하니까 배차비도 아까워. 강의 한 번 할 때마다 6만 원씩 30만 원을 줘야 하는 거야. 물론 회사가 강사료 외에 배차비를 따로 주지만 내가 그걸 쓸 리 없지. 이미 독이 잔뜩 올랐는데. 혼자 운전하면서 다녔어. 한 달이면 6,000~7,000킬로미터를 뛰어. 거의 택시 수준이지. 그때 사람들이 나에게 지어준 별명이 '여자 비아그라'야. 남자도 그렇게는 못하거든.

대부분 그렇게 강의를 하면 차 안에서 녹초가 돼서 뻗는데 나는 여전히 눈에서 불을 뿜어. 그렇게 강의를 하고 나면 하루에 100만 원 이상을 번 날도 여러 날 됐어. 세상에, 그렇게 좋을 수가 없었지. 하늘을 날 것 같았어. 그렇게 5~6년 죽을힘을 다해 뛰니까 빚도 다 갚고 다시 일어나게 된 거야.『나는 IMF가 좋다』라는 내 책의 예언이 딱 맞아떨어진 거지.

태어나서 처음으로 맞았던 고난의 시절에 가장 많은 것을 얻었어. 한 달에 100시간씩 강의하면서 실력도 다지고 체력도 그때 길렀어. 지금은 책을 한 해에 몇 권씩 내지만 그때 돈이 그렇게 급하지 않았다면 아마도 저자로서의 첫발도 내딛지 못했을 거야. 방송에 등장하게 된 것도 다 돈의 결핍이 해낸 일이야.

가끔 나한테 IMF가 없었다면 어땠을까 생각해. 아마 지금의 나는 없었을 거야. 원래 사람은 더 나빠질 게 없으면 그때부터 치고 올라가. 그것이 바로 결핍이 가진 힘이야. 지금 돈 때문에 힘드니? 결핍돼 있어? 그렇다면 가난하고 힘든 지금이 기회야. 더는 돈 때문에 울지 말고 돈 때문에 웃는 미래를 만들어봐.

돈이 여자를
철들게 한다

———〰〰〰〰〰〰——— 요즘 직원 교육 때문에 자주 가는 화장품 회사가 있어. 500~600명의 직원이 몽땅 여자야. 대부분 30대에서 60대까지의 기혼여성들이지. 대개 살림만 하다가 다시 사회에 나온 분들인데 일하게 된 이유가 다양해.

먼저 소풍 가듯 아주 가벼운 마음으로 나오는 분들이 있어.

"집에서 노느니 나가서 사람들 만나고 좋은 얘기도 듣고 한 달에 30~40만 원 벌면 좋잖아요."

그런데 이런 분들은 절대 10원도 못 벌어. 원래 30~40만 원만 버는 노력은 세상에 없어. 집에서 그 돈 얻으려면 남편한테 바가지만 긁으면 되지만 사회는 그런 착한 남편이 아니거든. 하려면 제대로 하는 거고 아니면 마는 거야. 최선을 다하지 않으면 누구도 그에게 만 원 한 장도 주지 않아. 그게 돈의 법칙이거든.

또 그분들 중에는 생활비 벌기 위해 오는 사람, 애들 학원비 벌기 위해서 오는 사람, 노후를 대비하기 위해서 오는 사람도 있어. 그러나 가장 절박한 사람은 남편이 실직했거나 당장 먹고살 게 없는 사람들이야. 회사 관계자에게 "어떤 사람이 제일 일 잘해요?" 하고 물었더니 역시나 마지막 부류 사람들이었어. 우리나라가 망하지 않는 이유는 저렇게 건강한 엄마들이 있기 때문이야. 집안 살림이 어려우면 사회로 뛰쳐나오는 엄마들 덕에 우리가 이만큼 사는 거라고.

엄마들을 강하게 만드는 '돈'

~~~~~~~~~~~~~~~~~~~~ 돈이 급하면 벌어올 사람이 집마다 딱 두 명 있어. 남편과 아내. 그중에서도 많은 엄마가 남편한테 문제가 생기면 경제 예비군으로 뛰어나와. 물론 아닌 여자들도 있지. 남편이 돈 벌어오면 애들 잘 키우고 안 벌어오면 손 놓고 푸념만 하는 엄마도 있어.

"저는 남한테 아쉬운 소리 한번 안 해봤고요."

이런 여자는 돈 근처에도 못 와. 그렇게 무서워하는데 돈이 붙겠어? 돈도 사람 가려서 붙어. 자기를 무서워하고 싫어하는 사람한테 가겠냐고. 오라고 간절히 기도하고 애쓰는 사람 천지인데. 엄마들이 집에서 살림만 하다가 막상 사회에 나오면 고객한테 어떻게 전화하는지도 몰라. 제품 설명하라고 공부시키면 못 알아듣고 조는 아줌마들도 있어. 그런 와중에도 어떻게 한번 해보겠다고 눈을 부릅뜨는 거야.

돈은 그렇게 엄마를 철들게 하고 한 번도 해보지 않은 일을 하게 만들어. 그러면서 급격하게 성장하는 거야. 우리 엄마도 우리한테 항상 이렇게 말했어.

"사람은 뭐 사다가 똑똑해지는 경우가 없는거, 뭐 팔다가 똑똑해지는 거지."

내가 그 화장품 회사에서 강의할 때 이런 얘기를 했어.

"아는 사람한테 물건 파는 건 한계가 있죠. 내 주위 사람들은 이미 쓰고 있잖아요. 화장품을 널리 홍보하려면 기술을 연마하셔야 해요. 공부도 열심히 하시고 화장품과 피부에 대해서도 공부하세요. 개인 블로그, 트위터도 하나씩 만들어서 글도 올려보시고요. 여러분 자신을 개인 사업자라고 홍보해야 해요."

그랬더니 무슨 말인지 못 알아들어. 블로그랑 트위터가 뭔지도 몰라. 엄마들이 다 그렇잖아. 애들은 스마트폰 사주고 남편도 비싼 아이폰 사주면서 자기는 무료 공짜 휴대전화 써. 트위터가 뭔지, 블로그가 뭔지 알 리가 없지. 그런데 내가 하라고 하니 고민되잖아. 그래서 내 블로그에 와서 댓글 다는 것부터 시작하라고 했어. 그랬더니 정말 독수리 타법으로 댓글을 달아놓았더라고. 한 줄 쓰는 데 10분씩 걸렸을 텐데. 예순 살 분들이 이렇게 쓴 거야.

"원장님 사랑해요. 진짜 열심히 하기로 했어요. 저도 블로그 만들려고요."

이분들이 아들한테 배워서 블로그 만들고 화장품에 대한 글도 올리기 시작해. 몇 달 뒤에는 트위터까지 하시는 거야. 역시 돈에는 살면서 한 번도 해보지 않았던 것을 하게 만드는 힘이 있구나. 돈이 엄마들을 강하게 만든다는 걸 또 한 번 실감했지.

엄마는 절대 돈 앞에서
무릎 꿇지 말아야 해!

~~~~~~~~~~~ 돈에 강한 엄마라면 절대 빠지지 않는 여자가 있지. 증평의 홍순희 씨. 우리 엄마는 정말 돈에 관한 한 단 1년도 편안한 시절을 산 적이 없었어. 증평에서 4평짜리 양장점하면서 자식 다섯과 돈과 썩 인연이 없는 우리 아버지까지

거뒀으니까.

"엄마, 나 유학가고 싶어."

"엄마, 대학원 가고 싶어."

우리가 그렇게 말할 때도 엄마는 묵묵히 지원해줬어. 중간에 기성복 때문에 망하기 직전까지 갔지만 놀라운 기지를 발휘해서 우리 공부 다 시켰지. 그러다 양장점 40주년 세일을 마지막으로 예순 살에 은퇴하셨어. 그때 우리가 엄마한테 그랬지.

"엄마, 이제 강한 엄마로 살지 말고 약한 엄마로 살아. 우리가 용돈 줄게."

"그래, 나도 쉬련다."

그러시면서 밤이면 아버지랑 과일 깎아 드시고 낮에는 교회 다니면서 편안하게 사셨어. 생전 처음으로 전업주부로 산 거지. 물론 구성원이 아버지밖에 없어서 조금 섭섭했겠지만. 그런데 엄마가 1년 있다 전화를 한 거야.

"미경아, 양장점 다시 해야겠다."

"엄마, 왜 그래? 돈 없어? 용돈 더 드릴까?"

"아냐. 어제 TV 봤더니 우리가 아흔 살까지 산대. 지금 예순인데 30년 더 살려면 한 달에 200만 원씩만 쳐도 10억 원이 넘어. 난 그 돈 없어. 너희 공부시키느라 다 썼는데 노인네 둘이 먹고 살 돈이 어딨냐. 그러니까 지금이라도 벌어야지."

"내가 주면 안 될까?"

"미국에 있는 막내 보러 갈 때 니들이 주는 차비는 받아도 생활비는 안 받아. 내가 너희 자식이냐?"

그러더니 정말 다시 시작한 거야. 나는 속으로 그랬지.

'동네 아줌마들 또 힘들어지겠다.'

우리 엄마 리리 양장점에서 또 할부로 옷 맞춰야 하잖아. 1년 전에 간신히 바지값 다 갚았는데. 그렇게 10년을 더 하시더니 나이 칠순 되니까 문을 닫으시더라고. 엄마가 모은 돈이라고 통장을 보여주는데 깜짝 놀랐어.

"엄마, 이 많은 돈을 어떻게 모았어?"

"여름에 블라우스 주문받아 100만 원 저축하고 겨울에는 코트 맞춰서 매달 400만 원씩 모았지. 얘, 돈은 늙어서 벌어야 알짜여."

"그게 무슨 말이야?"

"40대 때는 돈이 아니야, 휴지여. 너희가 다 집어가서."

옛날 말에 자식 키울 때는 지갑 열어놓고 산다고 하잖아. 벌어놓은 족족 없어지고 마이너스니까. 그런데 예순 살이 넘으면 아무도 안 집어가는 거지. 아무도 달라는 사람이 없잖아. 오히려 자식들이 용돈 쓰라고 주면 줬지.

엄마가 칠순까지 일하는 모습을 보고 난 생각했어. 홍순희가 칠순까지 일했는데 나도 팔순까지 일해야겠다. 우리 엄마는 스무 살 때부터 돈 벌기 시작했어. 돈을 벌면서 처음에는 강한 딸로, 강한 엄마로, 마지막에는 강한 할머니로 마감을 확실히 했지. 가장 당당한 사람으로 평생을 살았어.

우리는 엄마가 옆에 있을 때 늘 든든하고 좋았어. 아버지가 단돈 10원도 못 벌거나 빚을 져도 엄마만 옆에 있으면 겁날 게 없었어. 엄마는 세상을 다 헤쳐나갈 수 있는 모든 걸 가졌다고 생각했으니까. 엄마가 돈 앞에서 기죽거나 무릎 꿇는 일은 본 적이 없어. 어떤 엄마들은 수도 없이 무릎 꿇잖아. 남편들이 사업 망하면 보따리 싸서 도망가는 여자도 있고 남편이 돈 못 벌어오면 바가지 긁고 애들 앞에서 우는 여자도 있어.

"엄마는 어디 가서 아쉬운 소리 한번 해본 여자도 아니니까 니네가 조금만 배워, 할 수 없어."

그러는 사람들도 있어. 왜 그렇게 쉽게 돈에 무릎 꿇느냐고. 자본주의 사회에서 엄마가 무릎을 꿇으면 그 집안 전체가 무릎을 꿇어야 해. 왜 잘난 자식들까지 무릎 꿇게 하느냐고. 엄마는 어느 순간에나 돈 앞에 당당하고 강해야 해. 그래야 진짜 엄마야.

지금 남편이 돈 못 벌어서 맞벌이한다고 생각하는 여자들이 있다면 자신을 불쌍하다고 생각하면 안 돼. 하나도 불쌍하지 않은데 왜 혼자 저를 불쌍하게 생각해.

'다른 친구들은 이 시간에 백화점 쇼핑하는데 나는 이게 뭐야.' 하면서 아침마다 자기 인생을 자기가 구겨. 쫙쫙 펴고 살아도 모자란데.

엄마가 돈 앞에서 강하면 나중에 어떤 상황에서도 돈 앞에 무릎 꿇지 않는 방법을 알게 돼. 자본주의 사회에서 단 한 번도 지지 않고 살 수 있어. 엄마가 지지 말아야 가족 전체가 지지 않아.

"돈 앞에서 무릎 꿇지 않는 엄마가 세상에서 가장 멋진 엄마다!"

그렇게 외치면서 어깨 쫙 펴고 출근하라고.

이 세상 최고의
주식 종목은 너야

~~~~~~~~~~~~"세상에서 제일 좋은 투자 종목 좀 하나 추천해주세요."

세상에서 가장 투자를 많이 해보고 가장 돈을 많이 번 사람에게 어떤 사람이 물었어. 그러자 그가 말했어.

"이 세상 최고의 투자 종목은 바로 자신입니다."

세계 최고 부호인 워렌 버핏이 한 말이야. 자기 자신에게 투자하는 것은 가장 안전한 투자이고 가장 올바른 투자이며 절대 손해 보지 않는 투자라는 거야. 게다가 가장 장기적으로 이익을 볼 수 있는 투자라는 거지. 나도 이 말에 전적으로 동의해. 나 역시 이미 워렌 버핏이 시키는 대로 했고 그 덕을 톡톡히 보고 사는 사람이니까.

자신에게 투자하려면 우선 너 자신이 투자 대상이라는 것부터 인정해야 해. 사람들은 평생 투자 대상을 찾아다니면서도 정작 자신은 쏙 빼고 생각하거든. 그러나 최고의 투자처는 바로 자기 자신이야. 일단 안전하기 때문이야. 먹고 튀지 않아. 자기 자신이니까 먹튀할 사람이 없잖아. 주식에 투자했다는 것은 내가 모르는 다른 사람의 능력에 투자하는 거야. 사실 불안한 투자지. 그 회사 운영진이 누구고 어떻게 경영할지 알고 내 돈을 맡기느냐고.

만약 CEO가 몸이 건강하지 않거나 회사 경영을 방만하게 한다거나 다른 회사에 잘못 투자하면 한순간에 망하잖아. 그럼 내가 투자한 돈이 휴지가 돼버려. 그럼에도 사람들은 남의 판단에 자기 돈을 맡겨.

하지만 나 자신에게 투자하면 그런 걱정은 할 게 없어. 내가 어떻게 할지 누구보다 잘 알잖아. 내가 내일 무엇을 하고 5년 후에 어떤 노력을 해서 얼마나 돈을 벌게 될지 알잖아. 죽지 않는 한 절대적으로 안전한 투자야.

그런데 사람들은 자기한테 투자하는 걸 제일 불안하게 생각해. 자기를 오히려 주식 한 주보다 못하다고 여기는 거야. 주식에는 20만 원 투자하면서 왜 자기에게는 투자를 안 하냐고. 물

론 우리 모두 처음에는 상장도 못한 주식이었지. 그러다 상장
주로 키우고 관심주에서 주목주로, 그다음에는 우량주로 만드
는 거지. 의미가 있잖아.

투자 없이는 절대 우량주가 되지 않아. 옛날에는 밥만 먹여
주면 우량주 되는 사람도 가끔 나왔는데 그건 몇십 년 전 이야
기고. 요즘엔 투자해야 해.

투자하지 않으면
절대 우량주가 될 수 없어

자식 기를 때 생각해봐. 상장하려면 아직 한
참 멀었는데 서너 살 때부터 투자하잖아. 우량주 되라고. 스물
다섯 살에 우량주가 되는 사람은 없어. 있다면 분명 작전주일 거
야. 나중에 금융감독원에 적발돼. 단계적으로 하는 게 정상이
지. 태어나서 스물다섯 살 때까지는 제1투자야. 대개 직접투자
가 아냐. 대리인이 있어. 우리는 그 대리인을 '부모'라고 불러.

만일 제1투자에서 실패했다 해도 실망하지는 마. 스물다섯
살 이후 직접투자에서 만회하면 돼. 직장에 들어가면서 제2투
자가 들어가. 인간관계, 전문성, 트렌드, 시사, 문화, 사회 등등
헤아릴 수 없이 많아. 무엇에 투자할지 아는 것도 투자자의 안

목이지.

이렇게 점차 성장해서 40대쯤 되면 주목주가 돼. 나이 쉰 살이 됐을 때는 우량주로 탄탄하게 단계를 밟고 올라서는 거지. 삼성, 포스코 주식 봐. 절대 안 떨어지잖아. 비싸긴 엄청나게 비싸고. 그런 우량주로 평생 살다가 갈 수 있는 거지. 그러기 위해서는 자신에게 투자할 수 있어야 해.

"이 세상 최대의 주식 종목은 나다!"

그렇게 거침없이 찍어야 해. 절대 불안해하지 말라고. 먹고 튀지 않으니까. 그러면 구체적으로 얼마씩 투자하는 게 좋을까? 월급의 10퍼센트는 투자해야 해. 100만 원이면 10만 원, 200만 원이면 20만원, 1,000만 원이면 100만 원씩 투자해야 해. 10퍼센트인 이유는 장기 투자이기 때문이야. 한꺼번에 많이 한다고 해서 수익이 높아지진 않아. 워렌 버핏의 투자법칙 중 하나지. 그는 우량주를 발굴하는 안목과 기다릴 줄 아는 인내, 이 두 가지가 성공투자의 기본이라고 평생 말해왔어.

문제는 이 10퍼센트를 투자하는 게 쉽지 않다는 거야. 몇 달은 하겠지. 그런데 10년, 20년 하는 사람은 드물어. 더 급한 데 쓰다가 보면 자신에게 쓸 돈은 늘 뒤로 밀려. 이때 우선순위로 만드는 방법이 있어.

살면서 혹시 전기 끊겨본 적 있어? 당장 깜깜한 방에 들어가려면 황당하지. 그래서 제일 먼저 해결하잖아.

'○월 ○일까지 미납될 때 사정상 전력공급이 중단되오니 양지하시기 바랍니다.'

집 문 앞에 최후 경고장이 붙으면 혹시 누가 볼까 봐 후다닥 떼고 다음 날 얼른 보내잖아. 누가 우리한테도 그런 경고장을 보내면 좋지 않을까?

'올해 내로 영어를 마스터하지 않으면 모든 직업이 중단되오니 양지하시기 바랍니다.'

이런 쪽지가 안 오니까 세월아 네월아 하다가 20년 홀딱 지나가버리잖아. 나에 대한 투자를 하면 좋고 안 해도 큰일 나지 않는 한가한 일로 생각하지 말라는 거지. 안 내면 생계를 위협받는 공과금에 추가하란 말이야. 자기계발을 위한 일명 '계발 공과금'. 계발 공과금 안 내면 내 직업 인생이 끝난다고 생각하라고. 월급날 어김없이 수납일 지키고 돈 낸 날 스스로 수납 도장을 마음에 찍어.

그렇게 한 해 두 해 지나기 시작하면 자기도 모르는 사이에 계발 공과금으로 이뤄낸 업적이 어마어마할 거야. 어느새 관심주에서 우량주로 성장한 자신을 발견하는 거지. 투자하지 않고서는 절대 우량주가 될 수 없어. 나이가 들어가니까 현상 유지도 못하고 내 가치는 마이너스로 떨어져.

죽을 때까지 이자 받는
'셀프 이자 시스템'을 만들어라

⎯⎯⎯⎯⎯⎯⎯⎯⎯ 자기에게 투자하면 덤으로 엄청난 수익을 또 하나 얻어. 이전과는 달라진 자신과 만나는 사건이지. 우리 보통 영어 학원 등록하면 얼마나 가기 싫어. 출석 반타작하잖아. 그런데 일어나기 싫은 거 다 참아가며 막상 갔어. 그러면서 초급, 중급, 고급까지 단계별로 마스터하는 자기 자신을 보면서 이렇게 기특할 수 없어. 갈수록 변해가는 자신을 보는 것처럼 즐거운 일이 없거든. 몽상이 아닌 직접 투자를 통해서 달라지는 자기 자신을 보게 되면 자신에 대한 확신을 갖게 돼.

'이거 봐라! 투자하니까 되네.'

이런 확신이 투자금을 늘리게 하지. 그러면 10퍼센트가 아니라 어느 순간 20퍼센트 투자할 날이 와. 10퍼센트를 투자했더니 그만큼 수익률이 높아진 거지. 돈을 더 많이 버는 사람이 된 거야. 그럼 바로 20퍼센트 투자해야 해. 될 만한 놈은 밀 때 확 밀어줘야 크잖아. 나도 마흔 살부터 투자금을 두 배로 늘리기 시작했어. 수익에 불이 붙으니까 한 해 한 해가 다르더라고. 중요한 것은 쓰면 쓸수록 강해지고 있는 나 자신을 발견하는 거야. 투자하면 뽑을 수 있을까? 손해나는 거 아냐? 절대 의심하지 마.

주식에 투자할 때 또 하나 중요한 게 믿음과 신뢰야. 넣다 뺐다 계속하면 꼭 망해. 자신을 믿고 일관성 있게 투자해. 그러면 가장 강해지는 자신을 만날 수 있어.

'계발 공과금'이 해내는 최고의 작품이 '셀프 이자 시스템'이야. 나를 근사한 빌딩으로 만들어 스스로 이자를 받는 거지. 많은 사람들이 나이 들어서 뭐 하고 싶으냐고 물으면 다들 건물 하나 지어서 이자 받고 살고 싶대. 모든 샐러리맨들 꿈이야.

"3층짜리 나지막한 건물 사서 한 달에 500이나 600만 원씩 건물에서 월세 받으면서 여행이나 슬슬 다니고 골프 치러 다니면 좋겠어요."

하지만 모든 사람이 빌딩 가질 수 없잖아. 빌딩 가졌다고 해서 다 월세 받는 것도 아니야. 관리 잘못하면 자기 혼자 4개 층다 써야 해. 그러지 말고 내가 빌딩이라고 생각하면 어떨까? 워렌 버핏이 자기 자신에게 투자하라고 한 것은 스스로 빌딩이되어 평생 자신으로부터 월세를 받으며 살라는 뜻이었어.

처음 강의를 했을 때 나는 빌딩은커녕 컨테이너 정도였지. 하지만 꾸준히 나한테 투자한 결과 지금은 빌딩이 되어가고 있어. 아마 2층은 올린 것 같아. 올해부터 투자금을 더 늘릴 생각이야. 이걸 3차 투자라고 하지.

내가 나한테 투자해본 결과 상태가 좋아. 투자해도 손해 절대 안 보고 수익률 최고일 거라고 확신해. 그래서 나는 나에게 예순다섯 살까지 집중투자할 거야. 그때쯤이면 아마 30층짜리 빌딩 정도는 돼 있지 않을까?

너희 중 누군가는 그러겠지.

'그건, 원장님한테나 해당하는 얘기죠.'

하지만 나의 30대도 너희와 다르지 않았어. 재산도 없고 수도권 전세에 강사로서도 무명에 가까웠어. 단지 내가 남들과 달랐던 것은 세상 누구보다 나 자신을 믿었다는 거야. 그리고 나에 대한 투자를 절대 아끼지 않았다는 사실이지. 가끔 투자금이 회수 안 되고 수익이 적게 날 때도 있었지만 날 믿고 기다려줬어. 내가 해낼 때마다 격려하면서 말이야.

지금 자기 자신을 돌아봐. 아무도 돌보지 않는 낡은 창고로 무너져가고 있진 않아? 기억해. 널 최고의 빌딩으로 만들 수 있는 투자자는 세상에서 오직 한 사람, 너뿐이야.

외모도 자산이다.
당당하게 키워라

〰〰〰〰〰〰〰〰 나는 직원들이 우리 회사에 들어와서 전보다 모든 게 나아졌으면 좋겠어. 능력을 키우고 실력이 좋아지는 건 기본이고, 남자 하나 없던 애는 남자를 많이 사귀면 좋겠고 일만 했던 애는 취미생활을 즐기면 좋겠어.

"오페라 돈 아까운데 뭐 하러 보러 가?"

그랬던 애는 한 달에 한 번 문화생활 즐기는 멋있는 애가 됐으면 좋겠고 뚱뚱해서 자신감 없던 애는 살을 빼서 신나게 즐기며 살았으면 좋겠어.

얼마 전 직원이 한 명 새로 들어왔는데 누가 봐도 좀 촌스러워. 옷도 구식이고 구두도 옷이랑 전혀 안 어울리고 헤어밴드도 이상한 걸 하고. 하여간 전체적으로 언밸런스해. 그런데 대놓고 타박할 수가 없잖아. 그냥 놔뒀지. 우리 회사가 고객들도 많이 만나고 외부 모임에 가는 일도 많거든.

개도 안 되겠다 싶었는지 인터넷에서 옷을 하나 산 거야. 그런데 좀 작았던 거지. 단추 두 개가 금방이라도 터져나갈 것 같고 소매랑 허리 부분에 주름도 잡히고 영 폼이 안 나더라고. 개는 옷이 이상한 것 같다고 툴툴대는데 우리가 볼 때 옷에는 아무 문제가 없었지.

그런데 한번은 어느 모임에 갔다가 자기랑 똑같은 옷을 입은 애를 만난 거야. 여자한테 그것처럼 당혹스러운 일이 없잖아. 문제는 그다음이야. 그 애는 간지가 좔좔 흘렀던 게지. 날씬했거든. 우리 직원은 80킬로그램이 넘었어. 그러니 무슨 옷이 맞겠니.

"우리 엄마는 푸짐한 게 좋대요."

자기도 좀 그랬는지 그렇게 둘러대더라고. 엄마 기준이야 그렇지. 모든 엄마는 딸이 조금이라도 짧은 거 입으면 야하다고 하고 조금만 힘들어하면 너무 고생하지 말라고 하잖아. 애는 모든 기준을 50대 엄마한테 맞추고 살았던 거야.

애가 원래 성격은 밝은 아이야. 그런데 남 앞에 나서는 걸 두려워해. 외부모임이나 고객 만나러 가라고 하면 그냥 회사에서 일하겠다고 그러더라고. 자꾸 밖에 나가서 신나게 사람들을 만나야 일이 늘 텐데 얘는 사무실에만 있으려고 하는 거야. 밖에 나갈 때도 가슴이 크다고 웅크리고 다녀. 다른 사람이 예쁜 옷 입고 오면 눈을 가늘게 뜨고 째려보기도 하고. 안타깝지. 그런데 주위 사람들은 얘가 상처받을까 봐 대놓고 살 빼라는 얘기는 못했어.

30대 여자들 살찌면 병 되잖아. 다리도 붓고 혈액순환도 잘 안 되고 아무리 잠을 자도 피곤이 안 풀려. 그러니까 스트레스 받고 더 먹어. 그래서 살이 더 찌는 거야. 어떤 날은 하루에 2킬로그램이나 쪘대. 그 얘길 듣고 다들 경악을 금치 못했지.

그러더니 자기도 이게 아니다 싶었나 봐. 어느 날부터 이를 악물고 다이어트에 돌입했어. 우리도 처음엔 반신반의했지. 그런데 진짜 같더라고. 그래서 직원들이 1만 원씩 돈을 걸었어. 다이어트에 성공하면 몰아서 주겠다고. 이번 기회에 꼭 살 빼라고 응원한 거지.

얘가 처음 이틀은 배가 고파서 기어 다니더라고. 먹을 것만 보면 침을 흘렸어. 그런데 4일 때쯤 되니까 먹을 것을 봐도 아무렇지도 않은가봐.

"저는 괜찮아요. 맛있게 드세요."

그러더라고. 만날 위가 아프다고 했거든. 불규칙적으로 먹는데다 많이 먹고 바로 자니까. 그런데 일주일쯤 지나니까 위가 편안해지더래. 그러더니 조금씩 예뻐지는 거야. 일주일 만에 5킬로그램을 뺐어.

풍선같이 터질 것 같던 애가 바람이 조금씩 빠지더니 볼 만해지더라고. 자기도 가벼워졌대. 자기 나름대로 다이어트의 기쁨을 느끼는 거야. 그래서 내일이 기다려지는 거지. 내일은 내가 어떤 모습일까? 그러다 한 달 후를 생각하면 기뻐서 죽는 거야.

다이어트는 대성공이었어. 자그마치 20킬로그램을 뺐거든. 그랬더니 날아갈 것 같은 거지. 갑자기 옷을 사기 시작하더라고. 옛날에 입던 옷은 맞는 게 없잖아. 그동안 째려보기만 하던 예쁜 옷도 사고 외출도 잦아졌지. 엄마 애기도 쏙 들어갔어. 예전에는 애들이 소개팅해준다고 하면 한사코 안 나갔거든. 자기는 남자를 싫어한대. 그런데 아니었지. 20킬로그램을 빼더니 쫙 달라붙는 청바지를 입고 남자 만나러 가더라고.

열등감을 떼고 자신감을 붙여라

～～～～～～～～～～ 애가 살을 뺀 게 회사에는 어떤 결과를 가져왔을까? 일을 열심히 해. 그것도 신이 나서 해. 옛날에는 거

울만 보면 시무룩하던 애가 이제는 거울을 보면서 혼자 낄낄 웃고 있어. 자신감이 완벽히 붙기 시작한 거지. 열등감을 떼어 내야 그 자리에 자신감이 붙는 거야.

열등감이 있는 상태에선 그 위에 아무리 다른 자신감을 갖다 붙여도 소용이 없어. 저 아래에 열등감이 떡 하니 자리 잡고 있거든. 그런데 얘는 자기 노력으로 열등감을 딱 떼버렸잖아. 그러니까 직원들도 얘를 다시 보게 된 거야.

"야, 너 대단한 애다. 끈기 있는 애구나."

그런 말을 들으니까 더 신이 나지. 세상에서 제일 어려운 게 남자가 담배 끊는 거랑 여자가 다이어트하는 거잖아. 이거 성공하면 독종의 반열에 올라서는 거지. 5킬로그램도 아니고 20킬로그램이면 독종 중의 독종이잖아.

얘는 다이어트를 했을 뿐이지만 많은 걸 얻었어. 뭐든지 해낼 수 있다는 자신감을 얻었지. 자신에 대한 믿음을 얻은 거야. 먹지 말라고 자기한테 명령했는데 정말로 먹지 않은 거잖아. 자기에게 신뢰가 생기는 거지.

'나는 뭐든지 할 수 있어, 나는 약속은 반드시 지켜.'

이런 강인한 끈기와 집념을 얻은 거야. 다이어트가 집념 없이는 안 되잖아. 자기 자신한테 지면 끝나는 게임이니까. 그래서 많은 여자가 다이어트를 못해.

"다이어트할 거예요."

그래놓고 음식이 앞에 있으면 그러잖아.

"오늘만 먹고 내일부터 해야지."

내일도 똑같은 소리를 하니까 영원히 못 하는 거지. 아침마다 작년에 산 옷이 안 맞아서 속상해. 나랑 똑같은 옷을 입었는데 나보다 훨씬 예쁜 여자를 만나면 황당하지. 거울을 볼 때마다 나 자신이 너무 초라한 것 같아서 싫어.

그런데도 뚱뚱하면 어때. 일만 잘하면 된다고 하면서 억지로 덮는 거야. 그런데 나는 건강에 무리가 가지 않고 다른 문제가 없다면 한 번쯤은 열등감을 떼고 그 자리에 자신감을 붙이는 데 몰입해봐야 한다고 생각해. 살만 빼는 게 아니라니까. 뭐든지 해낼 수 있다는 자신감, 자신에 대한 믿음, 강인한 끈기와 집념을 동시에 얻을 수 있잖아. 해볼 만한 게임이지.

다이어트에 성공한 직원은 요즘에도 인터넷 쇼핑으로 깜찍한 옷을 사서 걸치는 희열을 느끼고 있어. 얼마 전엔 55사이즈를 주문했대. 택도 없지. 그래도 자기는 책상 앞에 걸어놓고 그 옷이 맞을 때까지 살을 빼겠대. 그 아이의 타는 듯한 눈을 보면 분명 성공할 거라고 봐. 목표를 갖고 뛰는 사람은 그 언저리라도 뭔가를 이루게 되어 있거든.

사람마다 열등감을 느끼는 부분은 제각각일 거야. 뚱뚱한 게 열등감인 사람은 다이어트를 하고 못생긴 얼굴에 열등감을 느끼는 사람은 성형도 많이 하잖아. 나는 무조건 성형을 반대하고 자연주의가 좋다는 사람은 아니야. 내가 봐도 아름답고 남들이 봐도 아름다우면 더 신나고 즐겁게 살 수 있잖아. 물론 모든 수술에는 부작용이 있지.

그런데 신문에 그런 것만 나와서 그렇지, 실제로는 만족하는 사람이 더 많아. 내 코가 너무 마음에 안 드는데 평생 그 열등감에 찌들어 살 필요는 없잖아. 수술 한 번으로 해결할 수 있는 열등감이면 3년 동안 열심히 돈을 모아서 수술하라는 거야. 엄마한테 달라고 하지는 말고, 제발.

우리 직원 중에 한쪽 눈이 약간 찌그러진 사람이 있어. 그런데 워낙 겁이 많아서 맹장이 터져도 수술을 안 하겠다고 했던 애야. 한번은 괴물이 나오는 영화를 보러 갔다가 애가 괴성을 지르는 바람에 영화관이 초토화된 적도 있어. 그랬던 애가 고민하고 또 고민하더니 드디어 성형을 하기로 결심했어. 쌍꺼풀 수술을 한 거야. 처음에는 부어서 잘 모르겠더니 한두 달 지나니까 아주 예뻐졌어. 그리고 얼마 전에 남자를 만났는데 눈이 정말 아름다우시다고 했대. 애가 흥분해서 300만 원 들여서 성형하길 잘했다고 하더라고. 어찌나 귀엽고 예쁘던지.

부모님한테 돈을 달라고 한 것도 아니고 자기가 열심히 벌어

서 콤플렉스를 고친 거잖아. 건강하고 당당하게 열등감을 떼고
자신감을 얻는 30대, 얼마나 멋져. 나는 모든 여자들이 멋지고
당당하게 살았으면 좋겠어

나에게 주는 최고의 선물,
여행을 떠나라

~~~~~~~~~~~~~~~~~~~ '열심히 일한 당신 떠나라.'

오래전에 히트 친 광고 카피야. 그 광고를 보고 다들 떠나려고 했지. 그런데 모두 떠난 건 아니야. 돈 있는 사람만 떠났어. 돈 없는 사람은 못 떠났지. 그런데 여행이 돈만 있으면 되는 게 아니잖아. 시간도 있어야 한다고. 계획된 자만이 떠날 수 있는 게 바로 여행이란 말이야.

'우리 여행이나 갈까?'라는 말은 백 번이라도 하지. '유럽여행 갔으면 좋겠다. 가까운 동남아라도 괜찮은데.' 그러면 뭐 하느냐고. 한 번도 못 가잖아. 이유가 뭔지 알아? 말만 하고 계획을 안 세우거든. 계획을 세울 때 반드시 필요한 게 뭐겠어. 시간이랑 돈이야. 먼저 시간이 있어야 하고 그다음에 돈이 있어야 해. 그리고 같이 갈 사람이 있어야지. 혼자 갈 수도 있지만 나랑 마음 맞는 좋은 사람들이랑 같이 가면 더 좋잖아. 이중에 하나라도 없으면 여행은 꿈도 못 꾸는 거지.

직장생활의 백미가 뭐겠어. 여행이잖아. '떠나줘야 돼'가 아니고 '죽어도 가야 돼'야. 1년에 한 번은 꼭 가야 한다고. 그것도 남편이랑 가는 가족여행 말고 자신이 여자임을 확실히 확인할 수 있는 여행을 떠나란 말이야. 남편이랑 애들이랑 여행 가면 엄마임을 확실히 하고 와. 어디 구경 좀 하려고 하면 엄마 오줌 마려워. 사진 좀 찍으려고 하면 엄마 배 아파. 여행지에서 애들 열이라도 나면 끝장이지. 거기다가 남편이 벗어놓은 양말도 빨아야 해. 그게 무슨 여행이냐고.

그래, 가족여행도 가긴 가야지. 그런데 나는 30대 여자들한테 제발 혼자 떠나라고 하고 싶어. 아니면 친구랑 가든가. 자신이 결혼했다는 사실을 잊어버릴 수 있는 신선한 여행을 떠나란 말이야. 남편한테 어떻게 허락받느냐고?

그건 각자 알아서 처리해야지. 그런 것까지 나한테 묻지 말라고. 가기 전에 싸우든 갔다 와서 싸우든, 어쨌든 싸우면 결론이 나겠지. 설마 여행 갔다고 이혼하겠니? 뭐, 이혼하는 경우도 있겠지. 그런 남자면 다시 생각해보든가. 내가 말하는 건 언제든 나만의 여행을 떠날 수 있는 환경을 미리 만들어놓으라는 거야. 나는 그래야 하는 여자로 미리 못을 박아두든지.

여행을 떠나려면
'시스템'부터 가동시켜

～～～～～～～～ 1년간 직장생활을 하면 산소가 점점 줄어드는 느낌이 들잖아. 몇 년 지나면 숨이 막힌다는 애들도 있어. 애 키우고 남편 밥해주면서 직장생활까지 하고, 내가 미쳤나? 자기가 미친 짓 하고 있다는 느낌이 자꾸 드는 거야. 그러면서 계속 미친 짓을 하는 거지. 그런데 미치면 안 되잖아. 미치려고 돈 버냐? 잘살려고 돈 버는 거잖아. 그러니까 제발 자기 자신한테 보상을 해주라고.

그런데 나한테 보상을 해주려면 준비가 필요하거든. 1년에 한 번, 내가 나한테 줄 수 있는 최고의 보상 시스템을 만들어야 해. 이를테면 월급의 10퍼센트, 한 달에 10만 원씩 1년 동안 모으는 거지. 아무도 못 건드리는 적금통장 같은 거 말이야.

어느 날 아는 동생이 '나 여행 갈 건데 언니도 같이 갈래?' 그러는데 '돈 없어 지지배야. 네가 꿔주면 가고.' 이럴 거야? 여행을 뭘 꿔서 가니. 있는 돈으로 가야지. 그래서 시스템이라고 하는 거야. 보상 시스템은 갑자기 가동시키려고 하면 절대 안 되거든. 차곡차곡 돈을 모으고 7박 8일 여행을 위해 연월차 하나도 안 쓰고 모아야 해. 그래서 시스템이라고 하는 거야.

그러면 1년 동안 얼마나 즐거운지 알아? 같이 여행 가기로 한 친구들이 만나기만 하면 스페인 얘기를 하는 거야.

"스페인 여기가 그렇게 좋대." "우리 이번에는 여행사 깃발만 따라다니지 말고 우리가 동선을 다 짜보자."

그렇게 미리 일정을 짜면서 설레는 거야.

"어디에 벼룩시장이 있다던데 이번에 뭐 사가지고 오자."

쇼핑 리스트 작성하는 데 몇 달이 가. 면세점 쇼핑도 빼놓을 수가 없지. 그동안 너무 비싸서 흘겨만 봤던 화장품, 남들이 들고 다니는 거 구경만 했던 가방, 이런 걸 20~30퍼센트 싸게 사는 즐거움은 어디 비할 데가 없잖아. 여행을 가야 살 수 있는 즐거움이야.

싼 방 찾는 즐거움도 얼마나 큰데. 인터넷을 뒤지고 직접 스페인에 전화해서 예약도 해보고 그러면서 한 달이 가는 거야. 그러다가 남자 얘기가 꼭 나오지.

"얘, 스페인 남자들이 그렇게 잘생겼단다. 호호호……."

그렇다고 네가 스페인 남자랑 뭘 하고 오겠니. 아무것도 안 하지. 그래도 이런 얘기 하면 다시 옛날로 돌아간 느낌이 들잖

아. 뭔가 여자 둘이서 작당하는 느낌, 여자 둘이서 뭔가 해낼 수 있다는 느낌이 들잖아. 그러면서 1년이 후딱 가는 거지. 스페인에 가자고 했는데 벌써 스페인에 가 있는 거야.

직장 사람들한테도 계속 얘기하는 거야. 그러면 '이번 달에 간다고 했니?' 계속 물어보잖아. 그런 분위기를 만들어놓고 여행 다녀오면 사람들이 다 대단하다고 해. 욕 하나도 안 해. 왜? 그 사람들도 가고 싶은데 못 갔거든.

여행이 좋은 점은 인생에서 한 번도 안 가본 곳에 가서 한 번도 만나지 못한 나를 만날 수 있다는 거야. 그건 여행을 안 가본 사람은 느낄 수가 없지. 여행을 가면 얼마나 새롭겠니. 온통 신기한 거지. 아주 이국적인 레스토랑에서 둘이 밥을 먹고 있다고 생각해봐. 동양인은 우리밖에 없어. 다른 사람들이 우리를 보고 있는 느낌, 그게 얼마나 아찔한 경험인데. 똑같은 호프집에서 똑같은 사람이랑 어제 했던 이야기를 하면서 매일 늙어갈 거야? 그래서 여행을 가야 해.

당찬 여자의 여행은 뭔가 달라도 달라!

～～～～～～～～ 그런데 나를 발견하는 여행을 하려면 몇 가지 주의할 게 있어. 첫째, 가방은 제발 최소한으로 줄여. 필요한

건 거기서 사라는 거야. 일본 사람들이 우리나라에 여행 오면 가방이 진짜 쪼그마해. 필요한 건 다 명동에 가서 사는 거야. 거기서 허접한 신발 하나 사서 신어. 2,000원짜리 슬리퍼도 팔더라고. 여행지에서 신고 버리는 거지.

스페인에 가면 다 비싸냐? 싼 것도 많아. 우리나라보다 싼 거 사갖고 오면 그게 전리품이 되잖아. 스페인에 가서 이상하게 생긴 5,000원짜리 슬리퍼를 사가지고 왔어. 얼마나 멋있냐. 보따리 장사를 하라는 게 아니라 빈 배낭으로 가서 추억으로 간직할 것들을 사 오라는 거야.

'엄마가 스페인 골목 시장에 갔는데 할아버지가 피리를 불면서 이 티셔츠를 팔더라고. 스페인이 축구 좋아하는 거 알지? 스페인 애들이 많이 입는 거래. 너희들 주려고 사온 거야.'

짐을 풀면서 해줄 얘기가 있잖아. 물건 하나하나에 다 스토리가 묻어 있어. 여행의 즐거움은 스토리텔링이야. 평생 이야깃거리가 되는 거지. 입만 열면 글로벌한 이야기가 막 나오는 사람, 매력이 넘치잖아.

둘째, 먹을 것 좀 싸가지 마. 싸가지고 간 음식 다 먹고 오는 꼴을 못 봤어. 냄새 풀풀 나는 고추장이랑 된장은 그냥 집에 두고 떠나라고. 여행을 왜 가니? 먹는 즐거움 아냐. 강릉에 가면 순두부, 속초에 가면 오징어순대를 먹어줘야 하는 거 아냐.

어딜 가나 먹을 게 따로 있다고.

스페인에 가면 노란 밥이 나오잖아. 거기다가 고추장을 발라서 빨간 밥을 만들어 먹는 사람이 있어. 그러지 말라고. 그 나라의 특이한 음식을 먹어주는 것도 여행자의 기본 도리 아니겠니.

예를 들어 스페인 사람이 우리나라에 여행을 왔는데 자기나라 향신료 다 싸갖고 와서 만날 방에서 요리해서 먹고 있어. 그게 무슨 여행이냐고. 모험이 없는 여행이 무슨 여행이야. 음식에 대해서도 제발 모험심을 가지라고. 낯선 곳, 도전, 모험. 이게 여행의 세트 메뉴잖아. 싸가지고 가지 말고 그냥 가.

셋째, 나는 여행을 갈 때마다 꼭 다이어리를 챙겨 가. 외국여행을 하다 보면 역마다 스탬프가 있거든. 여행객들 찍어가라고. 그래서 나는 다이어리에 스탬프도 찍고 엽서도 끼우고 붙일 거 다 붙이고 그날의 느낌 같은 것도 다 적어. 여행의 전리품이 되는 거지. 잊어버릴 만하면 꺼내서 보는 거야.

여행의 즐거움은 전리품이 얼마나 많은지로 결정 나는 것 같아. 비싼 명품 들고 오다가 걸려서 세금 내는 거 말고 그 나라 고유의 추억을 되살릴 수 있는 거 말이야. 그럴 때 다이어리가 빠지면 안 되겠지. 갈 때 지갑은 챙기는데 다이어리는 안 챙기잖아. 그래서 꼭 영수증 뒤에다 뭘 써서 가지고 오는 애들이 있어. 그러지 말고 나만의 추억을 메모하고 돌아오라고. 남편이랑 애들한테 다이어리를 보여주며 이야기해주면 좋잖아.

넷째, 여행에서 돌아올 때 꼭 빠뜨리면 안 되는 게 있어. 남편 선물이야. 이거 빼먹으면 다시는 못 가. 내가 많이 해봐서 아는데 남편 선물은 꼭 사와야겠더라고. 그것도 제일 비싸고 좋은 걸로.

"당신 건 뭐 샀는데?"

남편들이 꼭 유치하게 물어보거든.

"나는 5,000원짜리 샌들 하나 샀어. 그랬더니 걷는 데 발이 너무 아프더라고. 그래도 당신 건 스페인 가죽으로 만든 거야. 장인이 한 땀 한 땀 공들여 만든 거래."

그러면서 내줘봐. 더 좋은 거 사 오라고 하면서 또 여행 보내주잖아. 사람은 미끼를 던질 줄 알아야 하는 거야.

마지막으로 여행 가서 돈은 절도 있게 써야 해. 흥분해서 자기 옷 사느라 카드 한도까지 다 쓰고 3개월 후회하는 애들이 있어. 내가 미쳤지, 다시는 가지 말아야지, 그러면서 말이야. 올해만 여행갈 거 아니잖아. 내년에 떠나는 여행이 더 재밌거든. 한 해 한 해 나이가 들수록 더 재미있어진단 말이야. 돈 아껴서 쓰고 1년에 한 번 항상 새로운 곳에 나를 던져. 그러고 나면 모든 것들이 충전이 돼. 배터리가 꽉 찬다고. 그걸 가지고 1년을 사는 거야. 한국으로 돌아오는 비행기 안에서 "내년에는 핀란드 가자." 이렇게 되는 거지.

한 번도 안 간 사람은 계속 못 가. 그런데 한 번 갔다 온 사람은 두 번째 여행을 떠날 용기가 생기지. 그래서 여행은 일단 떠나는 게 중요해. 낯선 곳에 나를 멋지게 보내주는 거야. 그전에 적금통장 만드는 거 잊지 말고!

KI신서 9930

흔들리는 30대를 위한
언니의 독설

1판 1쇄 발행 2011년 6월 30일
4판 1쇄 발행 2021년 10월 15일

지은이 김미경
펴낸이 김영곤 **펴낸곳** (주)북이십일 21세기북스
표지디자인 [★]규
영업팀 한충희
제작팀 이영민 권경민

출판등록 2000년 5월 6일 제406-2003-061호
주소 (10881) 경기도 파주시 회동길 201 (문발동)
대표전화 031-955-2100 **팩스** 031-955-2151 **이메일** book21@book21.co.kr

(주)북이십일 경계를 허무는 콘텐츠 리더

21세기북스 채널에서 도서 정보와 다양한 영상자료, 이벤트를 만나세요!
페이스북 facebook.com/jiinpill21   **포스트** post.naver.com/21c_editors
인스타그램 instagram.com/jiinpill21 **홈페이지** www.book21.com
유튜브 www.youtube.com/book21pub

당신의 인생을 빛내줄 명강의! 〈유니브스타〉
유니브스타는 〈서가명강〉과 〈인생명강〉이 함께합니다.
유튜브, 네이버, 팟캐스트에서 '유니브스타'를 검색해보세요!

ⓒ 김미경, 2018
ISBN 978-89-509-9773-1 03320